Marketing-Centricity im B2B-Mittelstand

AF167659

Torben Fangmann

Marketing Centricity im B2B-Mittelstand

Wie B2B-Marketing zum
Zentrum mittelständischer
Unternehmensentwicklung wird

 Springer Gabler

Torben Fangmann
Lohne (Oldenburg), Niedersachsen
Deutschland

ISBN 978-3-658-48867-3   ISBN 978-3-658-48868-0   (eBook)
https://doi.org/10.1007/978-3-658-48868-0

Die Deutsche Nationalbibliothek verzeichnet diese Publikation in der Deutschen Nationalbibliografie; detaillierte bibliografische Daten sind im Internet über https://portal.dnb.de abrufbar.

Planung/Lektorat: Maximilian David
Springer Gabler ist ein Imprint der eingetragenen Gesellschaft Springer Fachmedien Wiesbaden GmbH und ist ein Teil von Springer Nature.
Die Anschrift der Gesellschaft ist: Abraham-Lincoln-Str. 46, 65189 Wiesbaden, Germany

Vorwort

Ich bin Industriekind. Meine Heimat – das Oldenburger Münsterland in Niedersachsen – ist deutschlandweit bekannt für seine starke Industrie und Wirtschaftskraft. Nicht etwa, weil hier besonders viele industrielle Großkonzerne ihren Sitz haben – da wird man mit Blick in den Süden Deutschlands definitiv schneller fündig. Die meisten hier ansässigen Unternehmen sind Mittelständler. Handwerk, Landwirtschaft, Kunststoffproduktion – wer nicht für sein Studium in die weite Welt zieht, landet hier in einer dieser Branchen. Und wer irgendwann nach dem Studium wieder zurückkehrt, was durch die ländliche Lage und hohe Lebensqualität nicht unüblich ist, tritt auch dann gerne eine Stelle im B2B-Mittelstand an.

Mich hat das immer fasziniert. Natürlich schaue auch ich interessiert in Richtung großer Konzerne, Agenturen oder Digitalunternehmen. Doch für die eigene Karriere hatte ich das nie so recht in Betracht gezogen. Woran das liegt, ist schwierig zu beantworten. Spätestens nach dem BWL-Studium mit Marketingfokus hätte ich sagen können: Auf gehts nach Hamburg, in die großen Agenturen, um mir meine Lorbeeren mit der nächsten viralen Kampagne für Volkswagen, EDEKA oder Burger King zu verdienen. Und natürlich: „Like a BOSCH." oder „Real Beauty" haben definitiv ihren Reiz für einen jungen Menschen, der sich den lieben langen Tag mit der Vermarktung von Produkten und Dienstleistungen beschäftigt. Und doch hieß es für mich bis heute: Produktionshalle statt Pringles und Mittelstand statt McChicken.

Was das für den eigenen Arbeitsalltag bedeutet, durfte ich schnell begreifen. Frisch nach der Ausbildung, während meiner Arbeit im Vertrieb eines mittelständischen Automobilzulieferers, bekam ich über meine Führungskraft die frohe Botschaft: Eine Marketingabteilung solle nun im Unternehmen – eine gewachsene Organisation mit mehreren Hundert Mitarbeitenden – installiert werden. Freiwillige vor. Ich war nicht nur willens, ich war hoch motiviert. Zu dem Zeitpunkt wusste ich bereits, dass ich den Studienschwerpunkt Marketing und Vertrieb wählen werde. Also wurde ich der erste Marketing Manager des Unternehmens. Auch zwei Jahre später – bei meiner nächsten beruflichen Station im Maschinenbau – würde ich die erste Vollzeitstelle im Marketing besetzen und mit der Aufgabe betraut werden, den gesamten Marketingbereich mit Fokus auf digitale Medien aufzubauen. Was ich in beiden Fällen nicht so genau wusste: Wie soll ich das eigentlich machen?

Immerhin gab es keine wirklich praxistauglichen Vorbilder. Keine Best Practices, an denen ich mich hätte entlanghangeln können, oder Methodensets, die zu meiner alltäglichen Ausgangssituation passten. Fakt ist: Alle Beispiele und Cases meiner Lehrbücher im Studium waren zugeschnitten auf große Marketingorganisationen und Unternehmen auf Konzernebene. Die Marketingmethodik war schlüssig, aber der Praxistransfer in den B2B-Mittelstand meine ganz persönliche Aufgabe. Wenn ich mich heute mit mittelständischen B2B-Marketingkollegen unterhalte, bestätigen sie mir meine Erfahrungen. Der Tenor: Es scheitert weniger an den Methoden und Praktiken, sondern vielmehr an den organisatorischen Besonderheiten, denen das B2B-Marketing im Mittelstand gegenübersteht. Ganz gleich, ob es in der Diskussion um Markenentwicklung, Lead Management oder Personalmarketing geht – am Ende sprechen wir immer über die besondere Stellung der Marketingabteilung im Kontext der Gesamtorganisation.

Um ehrlich zu sein, ich hatte bis heute eine Menge Glück: Ein Hochschulkonzept, das den konsequenten Transfer in meine Mittelstandspraxis nicht nur ermöglichte, sondern zwingend vorsah. Arbeitgeber, die mir eine weitgehend grüne Wiese und extrem viele Freiräume in der Ausgestaltung der Marketingaktivitäten ließen. Vorgesetzte, die meine Ideen gemeinsam mit mir vorantrieben, statt sie als nettes kleines Nebenprojekt eines etwas übermotivierten Mittzwanzigers abzutun. Das alles hat mir nicht nur die Möglichkeit gegeben, schnell Verantwortung für weitreichende Marketing- und Vertriebsbereiche zu übernehmen, sondern mich vor allem in die Lage versetzt, die Unterschiede zwischen Marketingtheorie und der reellen Praxis im B2B-Mittelstand zu reflektieren.

Den Ausdruck „marktorientierte Unternehmensführung" als Synonym für Marketing hatte ich nämlich zum ersten Mal in der Vorlesung gehört. Ehrlicherweise wurde dieses gängige Managementkonzept bis heute in keinem Besprechungsraum im B2B-Mittelstand besprochen, in dem ich anwesend war. Erst recht wurde der Begriff „Marketing" nie damit gleichgesetzt. Der Arbeitsalltag zu Beginn meiner Marketingkarriere sah anders aus. Ich habe Powerpoint-Folien gebaut, Social-Media-Kanäle betreut und mich mit Agenturen über den Relaunch der Unternehmenswebsite unterhalten. Von Managementkonzept und Führungsverständnis war das weit entfernt.

Aus diesem inneren Konflikt heraus habe ich begonnen, mir meine eigene Vorgehensweise zur Positionierung von Marketing in der mittelständischen Gesamtorganisation zu bauen. Erst als Marketing Manager, später als Marketing- und Vertriebsleiter, heute als Gründer eines Beratungsunternehmens für die Digitalisierung und Transformation industrieller Marketing- und Vertriebsorganisationen mit Mittelstandsfokus. Dem zugrunde liegt eine simple Erkenntnis: Marketing kann nicht nur Sache der Marketingabteilung sein. Zukunftsfähiges Marketing im B2B-Mittelstand bedeutet interdisziplinäre Zusammenarbeit aller Funktionsbereiche an den Themen und Herausforderungen der Gegenwart und Zukunft. Und dennoch reicht es nicht aus, sich als Marketer auf dieser Erkenntnis auszuruhen. Es gilt mehr denn je ein System zu schaffen, das die Zusammenarbeit ermöglicht, fördert und zum Erfolg führt. Schluss mit Powerpoint-Folien, und Vollgas in Richtung Marketing Centricity.

Es war nie der Plan, dass daraus mal ein explizites Modell, geschweige denn ein gesamtes Buch entstehen würde. But here we are. Ich freue mich sehr, wenn die Ausführungen in diesem Buch dazu beitragen, das Marketing im B2B-Mittelstand zu transformieren und Unternehmen angesichts der Vielzahl aktueller Herausforderungen zukunftsfähig aufzustellen.

Denn das Buch ist für die Praxis geschrieben – für die Unternehmer, Marketingleiter und Marketing Manager im B2B-Mittelstand. Es soll nicht nur zur gesamtorganisatorischen Reflexion anregen, sondern auch konkrete Wege aufzeigen, wie Marketing Centricity in der Praxis des Mittelstands umgesetzt werden kann. Deshalb sind nicht nur meine eigenen Erfahrungen in den Kapiteln verarbeitet, sondern auch die Perspektiven der Kollegen aus der B2B-Praxis. Mit Einblicken, Kommentaren und Projekten direkt aus dem Geschehen, kombiniert mit erprobter Marketing- und Managementmethodik. Das Ziel: Ein Praxisbuch, das ich mir als angehender Marketing Manager und über meine gesamte Reise hinweg gewünscht hätte. Ein Buch, das den Herausforderungen des B2B-Mittelstands Tribut zollt und dem Marketing in diesem besonderen Umfeld die Aufmerksamkeit schenkt, die es verdient. Denn Mittelstand ist nach wie vor die zentrale Säule deutschen Wohlstands. Zeit, dass wir dieser Säule genau die Marketingbasis bauen, die sie in Zukunft brauchen wird.

An der Stelle möchte ich Danke sagen! Danke an meinen damaligen Marketingdozenten Prof. Dr. Ralf Elsner, der mir neben fachlicher Brillanz durch seine ansteckende Begeisterung für Marketing als allumfassendes Managementkonzept beigebracht hat, was es heißt, Marketing ganzheitlich zu denken, und wie ich Menschen für diese Transformation gewinne. Danke an meinen ehemaligen Chef und Mittelstandsunternehmer Dennis Lenkering, der mir nicht nur die absolute Freiheit in der Verwirklichung meiner Vorstellung einer funktionierenden Marketingorganisation gegeben hat, sondern mir stets mit all seinen Mitteln und vollstem Vertrauen bei der Umsetzung zur Seite stand. Danke an meinen Co-Founder und Geschäftspartner Markus Batta für das jahrelange Sparring – vor allem dann, wenn ich in gut gemeinter Naivität mal wieder mit dem Kopf durch die Wand wollte und einen guten Rat von jemandem brauchte, der schon ein paar mehr Jahre Industrie auf dem Buckel hat. Und zu guter Letzt: Danke an meine Familie und Freunde, die auch immer am Start sind, wenn ich – wie jetzt gerade beim Schreiben dieser Zeilen – neben Fulltimejob die Wochenenden am Schreibtisch statt in Bars und Cafés verbringe und die mich zu jedem Zeitpunkt zu 100 % in meinem Vorhaben unterstützen. Ihr seid großartig!

Inhaltsverzeichnis

1

Status quo: B2B-Marketing im Mittelstand

Zusammenfassung Es sind herausfordernde Zeiten, in denen wir uns im B2B-Mittelstand und speziell im B2B-Marketing befinden. Eine kaum zu überblickende Vielzahl an wirtschaftlichen, ökologischen und gesellschaftlichen Entwicklungen wirkt in einem Tempo und in einer Gleichzeitigkeit auf die Unternehmen und Marketingverantwortlichen ein, dass diese kaum noch in der Lage sind, all diesen Themen und Herausforderungen angemessen zu begegnen. Das folgende erste Kapitel gibt einen Einblick in die Zusammenhänge all dieser Herausforderungen und beantwortet die zentrale Frage: Wie ist das B2B-Marketing im Mittelstand im Kontext dieser Herausforderungen aufgestellt? Los gehts.

1.1 B2B-Mittelstand im Kontext aktueller Herausforderungen

Von „Angriffskrieg" bis „Klimakleber", von „Inzidenzzahlen" bis „Doppelwumms" – die jüngste wirtschaftliche und gesellschaftliche Entwicklung Deutschlands ist geprägt von Wörtern und Wortkombinationen, die vor einigen Jahren noch niemand zu seinem Wortschatz gezählt, geschweige denn im Zentrum öffentlicher Berichterstattung vermutet hätte. Am 08. Dezember 2022 leitete das Fachmagazin „Produktion" den industriellen Jahresrückblick mit folgendem Satz ein: „Der Ukraine-Krieg, Lieferengpässe,

T. Fangmann, *Marketing-Centricity im B2B-Mittelstand*, https://doi.org/10.1007/978-3-658-48868-0_1

Geschäftserwartungen der Unternehmen
Saldo in Punkten

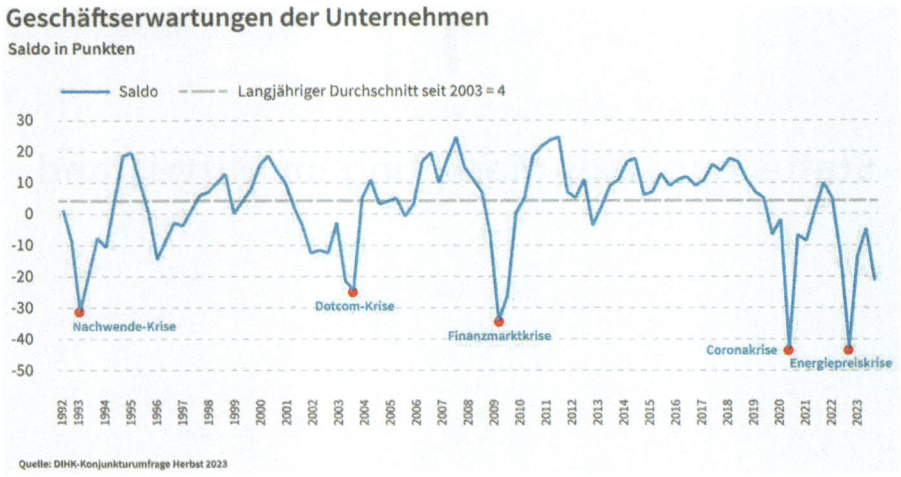

Quelle: DIHK-Konjunkturumfrage Herbst 2023

Abb. 1.1 Geschäftserwartungen deutscher Unternehmen im Zeitverlauf

Halbleitermangel und natürlich die Energiekrise: 2022 war ein herausforderndes und turbulentes Jahr für die deutsche Wirtschaft" (Ringel, 2022). Turbulenz und Herausforderungen haben bis heute – drei Jahre später – nicht abgenommen. Mehr noch: Diverse deutsche Leitmedien sprechen in ihrer Berichterstattung von „Polykrise" (vgl. Schönauer, 2023; Pinzler & Schmitt, 2022). Gemeint sind multiple, zeitgleich stattfindende Krisen, die nicht nur alleinstehend Herausforderungen mit sich bringen, sondern sich gegenseitig beeinflussen, oft verstärken.

Es handelt sich um externe Einflüsse, die mitunter tiefgreifende Auswirkungen auf die deutsche Wirtschafts- und Industrielandschaft haben. Ein Blick auf die Konjunkturumfrage der Deutschen Industrie- und Handelskammer (vgl. DIHK, 2023) zeigt das Ausmaß im historischen Vergleich anhand der Geschäftserwartungen der Unternehmen (vgl. Abb. 1.1). Im Saldo liegen diese deutlich im negativen Bereich und unter dem langjährigen Durchschnitt. Die Stimmungslage der Unternehmen ist pessimistischer als bspw. während der Dotcom-Krise oder der Finanzmarktkrise.

Trotz pessimistischer Stimmungslage bestehen die externen Einflüsse auf Unternehmen keinesfalls nur aus Krisen. Vielmehr handelt es sich um ein komplexes Gefüge aus Chancen und Risiken, dem die deutsche Industrie und speziell der Mittelstand gegenüberstehen. Abb. 1.2 zeigt ein Modell zur Darstellung dieses Gefüges. Im Rahmen des Modells werden die externen Einflüsse unterteilt in ökonomische, gesellschaftliche und ökologische

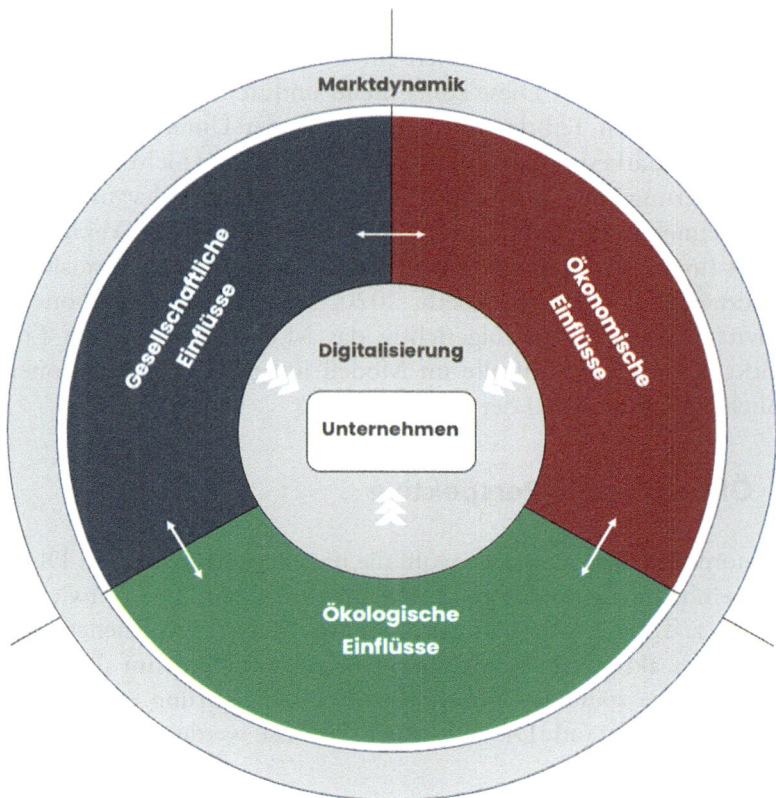

Abb. 1.2 Modell externer Einflüsse auf Industrieunternehmen

Einflüsse. Die doppelseitigen Pfeile symbolisieren die Wechselwirkungen zwischen den jeweiligen Dimensionen und den darin subsumierten Einflüssen. Das Ausmaß der Wechselwirkungen ist jedoch weit größer als in einem Modell darstellbar.

Sowohl die einzelnen Dimensionen als auch die Wechselwirkungen werden im Verlauf dieses Kapitels näher beschrieben. Innerhalb dieser Ausführungen wird immer wieder der direkte Bezug zur digitalen Transformation von Industrie, Wirtschaft und Gesellschaft erkennbar. Entsprechend nimmt der Einfluss der Digitalisierung auf die Unternehmen in diesem Modell eine Sonderstellung ein. So ist die Digitalisierung keiner der drei Dimensionen zuzuordnen. Vielmehr wirkt sie sich – oft verstärkend und/oder beschleunigend – auf alle Dimensionen aus und umgekehrt (wie ein Katalysator).

Neben der Vielzahl der externen Einflüsse fällt vor allem die Geschwindigkeit auf, in der sie eintreten, sich entwickeln, aufeinander Einfluss nehmen und sich verändern. Diese zunehmend undurchsichtige Marktdynamik fordert einen großen Teil der Aufmerksamkeit der Unternehmen. So kommen führende Marketingexperten zu dem Schluss, dass nicht mehr allein die Marktorientierung (im Sinne einer Reaktion auf marktrelevante Einflüsse), sondern vielmehr die permanente Auseinandersetzung mit Veränderungen am Markt (im Sinne einer Marktflexibilität) zur zentralen Herausforderung der Unternehmen wird (vgl. Voeth, 2020, S. 66 f.). Die Komponente der Marktdynamik umschließt folgerichtig das Modell der externen Einflüsse und wirkt allumfassend auf alle im Modell integrierten Dimensionen einschließlich (und besonders) der Digitalisierung.

1.1.1 Ökonomische Perspektive

Die ökonomische Perspektive ist wohl die naheliegendste der drei Dimensionen. So beinhaltet sie direkte politische und wirtschaftliche Entwicklungen, welche sich z. T. bereits seit einigen Jahren/Jahrzehnten vollziehen und z. T. die Folgen des aktuellen Weltgeschehens sind. Im Zentrum der ökonomischen Perspektive steht die fortschreitende Globalisierung inkl. der Folgen für den B2B-Mittelstand. Die folgenden Einflüsse werden in diesem Kapitel thematisiert:

- Wettbewerbsdynamik durch Wandel zu Käufermärkten
- Globale Krisen: Energiekrise, Lieferkettenprobleme, Folgen von COVID-19
- Generelle Folgen der Globalisierung: Globale Märkte und globaler Wettbewerb
- Innovationsgeschwindigkeit: Innovations- und Produktlebenszyklen

Die Globalisierung ist der Kern der deutschen Industrie. Hüther et al. charakterisieren das deutsche Geschäftsmodell als „industriebasiert und exportgetrieben" – im weltweiten Vergleich gilt Deutschland als Industrienation und Exportweltmeister (Hüther et al., 2021, S. 5). Ohne diese Kombination wäre das Wirtschaftswachstum der letzten Jahre/Jahrzehnte nicht möglich gewesen, denn globale Märkte waren und sind seit jeher die deutsche Antwort auf Marktsättigung (vgl. Statista, 2023a). Dabei sind globale Geschäftsbeziehungen längst nicht nur den Großkonzernen vorbehalten. Auch der B2B-Mittelstand befindet sich im Spannungsfeld globaler Märkte, profitiert

davon und setzt sich mit den Herausforderungen auseinander (vgl. Feldmeier et al., 2015, S. 5). Selbst wenn KMU keine eigenen Produkte ins Ausland exportieren, sind sie zumindest indirekt von der Globalisierung betroffen, da sie sich i. d. R. in einer globalen Wertschöpfungskette befinden.

Dabei ist die internationale Ausrichtung der eigenen Geschäftstätigkeiten
denkbar logisch für deutsche Industrieakteure. Neben lange etablierten internationalen Märkten (bspw. USA) eröffnet der Wohlstandszuwachs großer
Volkswirtschaften (bspw. China oder Indien) attraktive Absatzmärkte. Viele
Unternehmen profitieren außerdem von internationalen Produktionsstandorten oder Kooperationen mit ansässigen Unternehmen. Im Kontext des
aktuell vorherrschenden Fachkräftemangels (siehe Abschn. 1.1.2) bietet der
internationale Arbeitsmarkt – z. T. in Kombination mit der Möglichkeit zu
Remote Work – neue Möglichkeiten der Mitarbeitergewinnung.

Doch das Bild des „Exportweltmeisters Deutschland" bröckelt. Speziell
im globalen Wettbewerb mit China haben deutsche Unternehmen in immer
mehr Segmenten das Nachsehen. So betrug das deutsche Exportvolumen im
Jahr 2022 deutlich weniger als die Hälfte des chinesischen Exportvolumens
(Statista, 2023b). Besonders schmerzhaft dürfte die globale Entwicklung in
deutschen Vorzeigebranchen sein: So hat der chinesische Maschinen- und
Anlagenbau sein deutsches Pendant in puncto Export nicht nur überholt,
sondern baut den Vorsprung souverän aus (vgl. FAZ, 2021a, 2021b). Die
Automobilindustrie – immerhin Deutschlands wichtigster Industriezweig –
pflegt ebenfalls ein ambivalentes Verhältnis zu China (vgl. Destatis, 2019).
Während der chinesische Markt mittlerweile zu den wichtigsten Absatz-
märkten der deutschen Automobilisten gehört, bauen chinesische Hersteller
– u. a. durch Innovationen in der E-Mobilität – Wettbewerbsdruck auf VW,
Daimler und Co. auf, was sich auf die Preispolitik der Konzerne auswirkt
(vgl. Handelsblatt, 2021; Freiwah, 2023; Freyeisen, 2023). Der automobile
Wettbewerbsdruck aus den USA – akut spürbar durch Tesla, perspektivisch
durch Technologiekonzerne wie Google, die Fortschritte im Bereich „autonomes Fahren" machen – ist in dieser Betrachtung noch gar nicht berücksichtigt (vgl. Scheuer, 2023).

Die Beispiele verdeutlichen: Globalisierung eröffnet der deutschen Industrie nicht nur attraktive Märkte, sondern sorgt auch für globalen Wettbewerb. Das ist zunächst keine neue Entwicklung, doch tritt mit dem rasanten
Fortschritt internationaler Volkswirtschaften (neben China bspw. Indien)
immer mehr ins Zentrum der Aufmerksamkeit. Globaler Wettbewerb führt
zu Preis- und Innovationsdruck, denn beim Wettlauf um die Themen und
Märkte der Zukunft gehen (logischerweise) immer mehr Teilnehmer an den

Start. Hinzu kommt, dass auf Industriegütermärkten (im historischen Vergleich) kaum noch langfristig technologische Differenzierung gelingt. Dieser zunehmende Mangel an produktseitiger Alleinstellung verschärft den Preis- und Innovationsdruck und erfordert alternative Wege der Marktbearbeitung (vgl. Backhaus & Voeth, 2015, S. 18; Bruhn, 2015, S. 338; Masciadri & Zupancic, 2013, S. 10).

Deutlich wird außerdem: Globalisierung schafft Abhängigkeiten. Diese haben sich gezeigt, als der COVID-19-Lockdown im Jahr 2020 einige internationale Wertschöpfungsketten komplett zum Erliegen gebracht hat. So war (und ist) die deutsche Industrie besonders abhängig von den damals gestoppten Güterlieferungen aus China und Norditalien (vgl. Hüther et al., 2021, S. 137). Auch wenn der Lockdown der Vergangenheit angehört, spürt die Industrie nach wie vor die vielfach strapazierten globalen Lieferketten. In einer Umfrage aus dem Jahr 2022 gaben 84 % der Industrieunternehmen an, von Lieferschwierigkeiten betroffen zu sein, 49 % sogar in erheblichem Umfang (vgl. Statista, 2023c).

Eine weitere prominente Abhängigkeit zeigt sich mit Blick nach Russland: Am 27.02.2022 kam der Deutsche Bundestag zu einer außerordentlichen Plenarsitzung zusammen. Kurz zuvor hatte der russische Präsident Wladimir Putin seine Drohungen wahr gemacht und einen Angriff auf die Ukraine begonnen. Ein Konflikt von globalem Interesse, der nicht nur politische und humanitäre, sondern auch wirtschaftliche Folgen nach sich zieht. „Zu den größten Verlierern gehören […] Branchen, die energieintensiv produzieren […]. Die erhöhten Energiepreise erschweren die Produktion", schreibt die Tagesschau online (Atif, 2023). Die Einschätzung verwundert nicht, entfallen doch knapp 30 % des deutschen Energieverbrauches auf die Industrieproduktion (vgl. Destatis, 2023). Im Rahmen der DIHK-Konjunkturumfrage festigt sich das Bild: Mit 71 % bewerten die befragten Industrieunternehmen die Energie- und Rohstoffpreise als größtes Geschäftsrisiko (vgl. DIHK, 2023). Die aus der Energiekrise entstehenden Investitionsrückgänge vieler Unternehmen intensivieren die angespannte Lage der Gesamtwirtschaft, speziell im Mittelstand zusätzlich (vgl. Schwartz & Gerstenberger, 2023, S. 19).

Zusammenfassend ergeben sich aus ökonomischer Perspektive eine Reihe Herausforderungen für den B2B-Mittelstand, die einen adäquaten Umgang erfordern:

- Globaler Wettbewerbsdruck (v. a. Preis- und Innovationsdruck)
- Kaum (langfristig) technologische Differenzierungsmöglichkeiten
- Angeschlagene globale Lieferketten
- Gestiegene Kosten (v. a. durch Energie- und Rohstoffpreise)

1.1.2 Gesellschaftliche Perspektive

Die gesellschaftliche Perspektive setzt sich primär mit den strukturellen Veränderungsprozessen in der Gesellschaft auseinander (auch sozialer Wandel genannt). Diese Veränderungen beeinflussen Unternehmen in hohem Maße. Die folgenden Einflüsse werden in diesem Kapitel thematisiert:

* (Generationen)Wandel in der B2B-Käuferlandschaft
* Veränderte Erwartungshaltung an Marken und Unternehmen
* Demografischer Wandel und Fachkräftemangel

Vom Babyboomer zur GenZ – unsere (westliche) Gesellschaft unterliegt einem stetigen natürlichen Wandel. Oftmals ist die Rede vom Generationenwandel, wobei dieser Begriff mit Vorsicht zu genießen ist. In der Praxis wird vielfach eine strikte Abgrenzung zwischen den Generationen vorgenommen, was wenig zweckmäßig ist. So kommen Experten im Rahmen wissenschaftlicher Untersuchungen zu dem Schluss, dass ein starres Generationenkonzept eine zu starke Vereinfachung und zunehmend „Schubladendenken" nach sich ziehen könne (vgl. Pfeil, 2017, S. 290). Eine Argumentation à la „So tickt die GenZ." wird der Komplexität der Thematik nicht gerecht.

Dennoch ist es unumstritten, dass unsere Gesellschaft im Laufe der Zeit von verschiedenen externen Faktoren beeinflusst wird. Was die Generationen unterscheidet, ist die Lebensphase, in welcher die jeweilige Beeinflussung stattfindet. Ein prägnantes Beispiel hierfür ist die Digitalisierung. Der Einfluss dieses globalen Megatrends erfolgt generationenübergreifend. Während die sog. Baby-Boomer-Generation (geb. ca. 1956–1965) den Einzug des Internets jedoch erst im fortgeschrittenen Alter miterlebte, prägte dieselbe Entwicklung ihre Kinder, die sog. Generation Y (geb. ca. 1981–1995) bereits in der Jugend. Die sog. Generation Z (geb. ca. 1996–2010) – umgangssprachlich GenZ – wird sogar „Generation Internet" genannt und ist durch Aufwachsen im digitalen Zeitalter gänzlich durch Internet, Smartphones und Social Media sozialisiert (vgl. Klaffke, 2022, S. 21 ff.).

Da die beiden Generationen Y und Z nun zunehmend relevante Funktionen in den Unternehmen einnehmen, verändert sich auch die B2B-Käuferlandschaft. Seebacher weist in diesem Kontext auf eine sich „dramatisch verjüngende B2B Einkäufer Community" hin, mit welcher es sich im B2B-Marketing auseinanderzusetzen gelte (Seebacher, 2023, S. 62). Vor allem die o. g. digitale Sozialisierung (siehe auch Abschn. 1.1.4) spielt hier eine Rolle. Digital Natives verändern bereits heute das betriebliche Einkaufsverhalten und werden es in den kommenden Jahren intensivieren.

Eine Konsequenz ist das veränderte Verhältnis zu Marken. Da B2B-Kunden zunehmend an Marktmacht gewinnen (Käufermärkte), verschärfen sich Preisanforderungen und die Markenloyalität sinkt (vgl. Masciadri & Zupancic, 2013, S. 10). Mit sinkender Markenloyalität steigt die Wechselbereitschaft. Zeitgleich erweitern sich die Erwartungen, die (B2B) Kunden an Marken und Unternehmen stellen. So geht es bei der Vermarktung nicht mehr allein um Preis und Produktqualität, sondern auch um gesellschaftliche Dimensionen wie den ökologischen Impact (siehe Abschn. 1.1.3), soziale Verantwortung, regionales Engagement etc. Umgangssprachlich werden Unternehmen und Marken heute vermehrt daran gemessen, inwiefern sie glaubhaft „die Welt zu einem besseren Ort machen" (vgl. Reinartz, 2020, S. 350). Begriffe wie „Corporate Social Responsibility (CSR)" erleben in diesem Kontext einen Aufschwung. Walsh et al. berücksichtigen dies im heutigen Marketingverständnis und bezeichnen die gesellschaftliche Erweiterung der Marketingdisziplin als „Deepening" (vgl. Walsh et al., 2020, S. 11). Wichtig ist, dass damit zwangsläufig auch eine Erweiterung der Zielgruppen einhergeht. Neben dem Kunden als zweifellos wichtigste Zielgruppe ist es die Aufgabe des Marketing, verschiedene Stakeholder wie bspw. Lieferanten, Kapitalgeber, Arbeitnehmer, Medien oder auch die breite Gesellschaft zu berücksichtigen.

Eine aktuell in der Praxis besonders gefragte Zielgruppe sind (potenzielle) Arbeitnehmer. Die Schaffung von Arbeitsplätzen gilt seit jeher als gesellschaftliche Aufgabe eines Unternehmens. In der aktuellen Diskussion geht es jedoch nicht mehr allein um die Quantität der Arbeitsplätze, sondern immer stärker um die Qualität im Sinne moderner Arbeitsplatzgestaltung. Ein Treiber dessen ist der demografische Wandel und der damit einhergehende Fachkräftemangel in diversen Branchen. So kommt der Fachkräftereport der Deutschen Industrie- und Handelskammer DIHK zu dem Ergebnis, dass mehr als die Hälfte der befragten Unternehmen aktuell und langfristig nicht in der Lage sind, ihre offenen Stellen zu besetzen (vgl. DIHK, 2022, S. 5 ff.). Sowohl in der Industrie als auch in der Baubranche gaben 58 % der befragten Unternehmen an, ihre Stellen nicht besetzen zu können. Mit Blick auf den demografischen Wandel und die benötigten Qualifikationen – überwiegend werden Auszubildende und Fachkräfte (duale Berufsausbildung oder höherer Abschluss) gesucht – dürfte sich die Lage in den kommenden Jahren weiter verschärfen.

In Konsequenz setzen sich Unternehmen verstärkt mit dem Arbeitsmarkt und ihrer Rolle als Arbeitgeber auseinander. Zum einen wird der Arbeitsmarkt (logischerweise) zunehmend global verstanden. Beispielsweise ist – getrieben durch die Covid-Pandemie – die Arbeitsform „Remote Work" in den letzten Jahren salonfähig geworden und bietet Unternehmen die Möglichkeit, ortsunabhängige Stellen weltweit auszuschreiben und zu besetzen. Zum anderen werden gesellschaftliche Zieldimensionen mitunter zum entscheidenden Argument der Mitarbeitergewinnung und -bindung. Dies unterstreicht u. a. die Deloitte European Workforce Survey (vgl. Deloitte, 2018, S. 10): Neben personalpolitischen „Dauerbrennern" (Gehalt, Arbeitsplatzsicherheit, Führung) erachten es 83 % der befragten deutschen Arbeitnehmer als wichtig, für ihre Zufriedenheit den Sinn und Zweck ihrer Tätigkeit zu sehen – 77 % halten es zudem für wichtig, etwas zu tun, das ihren persönlichen Werten entspricht. Eine Auseinandersetzung mit dem gesellschaftlichen Wertewandel wird folgerichtig zu einem Schlüsselelement ganzheitlicher B2B-Vermarktung – sowohl kunden- als auch mitarbeiterseitig.

Zusammenfassend ergeben sich aus gesellschaftlicher Perspektive eine Reihe Herausforderungen für den B2B-Mittelstand, die einen adäquaten Umgang erfordern:

- Generationen Y und Z in der B2B-Käuferlandschaft
- Erweiterte gesellschaftliche Erwartungshaltung an Marken und Unternehmen
- Demografischer Wandel und Fachkräftemangel
- Veränderung des Arbeitsmarktes (Flexibilisierung, Globalisierung, (kulturelle) Vielfalt)

1.1.3 Ökologische Perspektive

Die ökologische Perspektive ist determiniert durch den rasant fortschreitenden Klimawandel, der sich – z. T. bereits heute, z. T. in (naher) Zukunft – signifikant auf die Art und Weise, wie wir leben und wirtschaften auswirkt. In diesem Kontext entstehen relevante Einflüsse, die in diesem Kapitel thematisiert werden:

- Nachhaltigkeit als zentrales Handlungsfeld für wirtschaftlichen Erfolg (interne Perspektive)
- Nachhaltigkeit aus Sicht der Zielgruppen (externe Perspektive)

„Der Klimawandel ist die größte Herausforderung für die Menschheit" titelt das Robert Koch-Institut in einer Pressemitteilung vom 01.06.2023 (Robert Koch-Institut, 2023). Die Tatsache, dass ökologische Veränderungen für die Zukunft von Wirtschaft und Gesellschaft zwingend erforderlich sind, ist in

Wissenschaft und Praxis weitgehend unumstritten. Das zeigt sich u. a. im Sustainability Transformation Monitor 2023 der Bertelsmann Stiftung (vgl. Edinger Schons et al., 2023, S. 32): So geben 84 % der befragten Vertreter aus der Realwirtschaft an, das Thema Nachhaltigkeit sei in ihrer Organisation im letzten Jahr wichtiger geworden – knapp 43 % erachten es als „viel wichtiger". Begründet liegt dies zu einem bedeutenden Teil in der öffentlichen Wahrnehmung des Themas. Angeführt durch öffentliche Demonstrationen – bspw. durch die Fridays-for-Future-Organisation – ist der Klimawandel wie kaum ein anderes Thema zum Zentrum der gesamtgesellschaftlichen Debatte geworden. Entsprechend verwundert es nicht, dass die „Junge Generation" als größter Treiber der Nachhaltigkeitstransformation in den Unternehmen erachtet wird. Die öffentliche und mediale Debatte – „Medien" werden in der Studie als drittgrößter Treiber identifiziert – baut Druck auf Politik und Wirtschaft auf (vgl. Edinger Schons et al., 2023, S. 43).

Anhand der ökologischen Perspektive zeigt sich besonders stark die in Abschn. 1.1.2 erläuterte gesellschaftliche Erwartungshaltung an Unternehmen und Marken. Folglich wird der Faktor Nachhaltigkeit im Marketing gerne auf diese externe Perspektive reduziert. Wenn das Bewusstsein für Nachhaltigkeit am Markt steigt – erkennbar u. a. am verstärkten Konsum von vegetarischen/veganen Produkten oder zunehmender Nutzung von E-Mobilität (vgl. Statista, 2024a, 2024b) – wird die Erwartungshaltung über die gesamte Wertschöpfungskette hinweg weitergetragen. Ein Beispiel ist die Kunststoffindustrie, die sich stark um die Weiterentwicklung einer Kreislaufwirtschaft bemüht, um Plastikmüll zu reduzieren.

Das Zufriedenstellen ökologischer Interessen der eigenen Zielgruppen sollte jedoch nicht die einzige Motivation sein, sich mit Nachhaltigkeitsmarketing auseinanderzusetzen. Nicht nur, dass durch eine solche Reduktion die Gefahr des „Green Washing" besteht – die fortschreitende Regulierung im Sinne von Nachhaltigkeitsvorgaben sorgt dafür, dass eine langfristige zielgruppenrelevante Differenzierung über nachhaltige Initiativen ohnehin kaum möglich ist. Vielmehr sind solche Initiativen grundlegend wichtig, um als Unternehmen überhaupt langfristig am Markt erfolgreich zu sein. Einfach ausgedrückt: Ohne funktionierendes Klima keine funktionierende Wirtschaft. Wie bereits in Abschn. 1.1.1 aufgezeigt, ist die deutsche Industrie abhängig von globalen Lieferketten und Ressourcen. Diese gilt es durch nachhaltiges Wirtschaften zu erhalten. In letzter Konsequenz und in Kombination mit der zielgruppenorientierten Perspektive bedeutet dies: Die Kunst des nachhaltigen Marketing besteht im nachhaltigen Wirtschaften, welches vom Markt wahrgenommen und honoriert wird (vgl. Meffert, 2020, S. 20).

Zusammenfassend ergeben sich aus ökologischer Perspektive folgende Herausforderungen für den B2B-Mittelstand, die einen adäquaten Umgang erfordern:

- Starke öffentliche und mediale Debatte rund um das Thema Nachhaltigkeit
- Bewusstsein für Nachhaltigkeit am Markt steigt
- Auseinandersetzung mit Nachhaltigkeit im gesamten Geschäftsmodell
- Nachhaltige Initiativen müssen vom Markt honoriert werden

1.1.4 Digitalisierung

Die Tatsache, dass keine der vorangegangenen Perspektiven ohne Erwähnung der Digitalisierung hinreichend hätte ausgeführt werden können, zeigt deutlich den übergreifenden Einfluss, den dieses Thema auf sämtliche Bereiche von Wirtschaft und Gesellschaft hat. Die digitale Transformation als wohl größte Revolution der Neuzeit hält Einzug in sämtliche Lebensbereiche. Im Rahmen der Coronakrise wurde dieser Prozess in den letzten Jahren – wenn auch ungewollt – nochmals beschleunigt (vgl. Bundesministerium für Wirtschaft und Energie, 2021, S. 3). Wir alle sind ein aktiver Teil davon, sowohl beruflich als auch privat. Wir arbeiten mobil, kommunizieren über den gesamten Globus, senden mitunter große Datenmengen in Echtzeit ans andere Ende der Welt, und das alles auf Knopfdruck mit einem Gerät, welches wir danach in unserer Hosentasche verschwinden lassen. Was vor ein paar Jahren ein Ding der Unmöglichkeit war, ist heute Realität. Mehr noch: Es ist Normalität.

Vor allem ist es die Voraussetzung dafür, dass die in Abschn. 1.1.1 beschriebene globale Wirtschaft so funktionieren kann, wie sie funktioniert. Gleichzeitig jedoch sorgt die Digitalisierung für radikale Veränderungen in den (globalen) Marktstrukturen, die großen Einfluss auf den B2B-Mittelstand haben (vgl. Purle et al., 2023, S. 31). Es liegt nahe, diese Veränderungen im Marketing-Kontext auf Entwicklungen in der digitalen Kommunikation zu reduzieren. Dies wird der Größe der Thematik jedoch nicht gerecht und ignoriert jene Einflüsse, welche die digitale Transformation auf sämtliche Bereiche des Marketing-Mix und darüber hinaus hat (vgl. Köhler, 2020, S. 525 f.). Meffert et al. bringen den holistischen Einfluss auf den Punkt, indem sie Digitalisierung als „branchenübergreifende Querschnittstechnologie [beschreiben], die zunehmend Eingang in Beschaffungs-, Produktions-,

Vermarktungs-, Service und Nutzungsprozesse findet" (vgl. Meffert et al., 2019, S. 72). Unterteilen lässt sich der Einfluss in drei Perspektiven:

- Wettbewerb
- Nachfrager
- Anbieter

Zunächst ist zu beobachten, wie die Digitalisierung der Märkte herkömmliche Wettbewerbsstrukturen neu sortiert, erweitert und teilweise gänzlich obsolet macht. Die weitreichendste Veränderung in diesem Kontext ist die geografische Erweiterung des Wettbewerbs. So sorgen digitale Informationsbeschaffung und digitale Kommunikation dafür, dass einst lokale und regionale Anbieter nicht mehr nur in einem regionalen Wettbewerbsumfeld agieren, sondern mit Anbietern auf der ganzen Welt konkurrieren. Ganz gleich, ob Beschaffung einer neuen Produktionsanlage oder Auswahl eines neuen Werkzeuglieferanten – es ist üblich, neben regionalen Anbietern auch Angebote aus dem europäischen, asiatischen und amerikanischen Ausland einzuholen. Je fortschrittlicher die digitalen Technologien werden – bspw. durch Möglichkeiten der virtuellen Produktpräsentation, der digitalen Erreichbarkeit oder der ferngesteuerten Serviceeinsätze – desto irrelevanter wird die geografische Nähe zwischen Anbieter und Nachfrager. Der klassische „Lieferant von nebenan" verliert sein komfortables Monopol. Selbst natürliche Sprachbarrieren stellen – getrieben durch technologischen und gesellschaftlichen Fortschritt – nur noch selten ein ernstes Problem dar.

Neben der geografischen Erweiterung verschiebt die Digitalisierung Märkte nahezu gänzlich ins Digitale. So verlieren die industrieüblichen großen Fachmessen ihre Vormachtstellung als bevorzugte Informationsquelle zunehmend an Websites, Suchmaschinen, Foren und soziale Plattformen. In einigen B2B-Branchen lässt sich mittlerweile die gesamte Customer Journey – von der Informationsbeschaffung bis zur finalen Transaktion und darüber hinaus – digital abbilden. Angesichts der sog. Plattformökonomie zeigt sich ein rasanter Aufstieg digitaler B2B-Netzwerke (bspw. LinkedIn) und B2B-Marktplätze (bspw. wlw.de). Entsprechend befindet sich der B2B-Mittelstand in einem immer komplexeren globalen Konkurrenzkampf, der zunehmend mit einem digitalen Werkzeugkasten ausgefochten wird.

Zugleich hat dies starke Auswirkungen auf das Beschaffungs- und Nutzungsverhalten der Nachfrager. Wo immer mehr digitale Touchpoints zur Verfügung stehen, findet ein Großteil der Markt-, Produkt- und Anbieterrecherche statt, bevor überhaupt ein persönlicher Erstkontakt mit dem

Vertriebler eines Anbieters stattfindet (vgl. Purle et al., 2023, S. 76 f.). Damit verbunden bauen sich auch die traditionellen Informationsasymmetrien ab, die bis dato zugunsten der Anbieter gegenüber den Nachfragern bestanden. Die Rolle der Nachfrager verändert sich von einer passiven zu einer aktiven Rolle im Vermarktungsprozess. So ist in Wissenschaft und Praxis die Rede von einem Perspektivwechsel vom Push- zum Pull-Marketing (umgangssprachlich: Der Nachfrager „zieht" sich aktiv die benötigten Informationen, statt sie anbieterseitig „gedrückt" zu bekommen). Die aufgeklärten Nachfrager – vielerorts aufgrund von Käufermärkten ohnehin in einer marktmächtigen Position – führen intensive Onlinevergleiche durch und werden im Zuge dessen preissensibler. Angesichts der verschwindend geringen Transaktionskosten im Bereich der Onlinesuche und Informationsbeschaffung ist das nur logisch. Eine schnelle Google-Suche bringt häufig einen größeren Informationswert hervor als der traditionelle Messebesuch, der zeitlich, logistisch und organisatorisch ein Vielfaches des Aufwandes bedeutet. Im Zuge der aktiven Nachfragerrolle wird auch die herkömmliche Einwegkommunikation (Monolog) über Massenmedien abgelöst durch einen interaktiven, zunehmend personalisierten Kontakt (Dialog) auf Websites und in sozialen Netzwerken (vgl. Walsh et al., 2020, S. 24 ff.; Meffert et al., 2019, S. 72 ff.). Diese digitale Organisation in sozialen Netzwerken bringt eine Form der Netzwerkkommunikation hervor, in der Nachfrager im Rahmen des Kaufprozesses miteinander in Kontakt treten, Informationen austauschen und Empfehlungen aussprechen (eWOM = electronic Word-of-Mouth; vgl. Purle et al., 2023, S. 77).

Der Blick auf Wettbewerb und Nachfrager zeigt: Anbieterseitig ergibt sich durch die Digitalisierung eine Reihe an Herausforderungen, aber auch Chancen. Grundsätzlich ist festzuhalten, dass Unternehmen durch digitale Transformation die Möglichkeit haben, die eigene wirtschaftliche Leistungsfähigkeit – etwa durch Effizienzsteigerung, Kostenreduktion oder Optimierung der Kundenbeziehung – signifikant zu erhöhen (vgl. Werner et al., 2022, S. 10; Purle et al., 2023, S. 5). Dem zugrunde liegen drei zentrale (und miteinander verbundene) Handlungsfelder:

- Die Analyse von Daten (neben soziodemografischen Daten auch Verhaltensdaten oder Produktdaten/Maschinendaten im Kontext des Industrial Internet of Things (IIOT)),
- Die Automatisierung und Digitalisierung bestehender Prozesse,
- Die Nutzung neuer Technologien (Tools, Plattformen etc.), welche im Zuge der Digitalisierung entstehen (u. a. Künstliche Intelligenz).

Aus den drei Handlungsfeldern ergibt sich eine Bandbreite an Möglichkeiten, die von simpler Prozessoptimierung bis zur radikalen Umstrukturierung des gesamten Geschäftsmodells reicht. Besonders attraktiv sind die geringen Eintrittsbarrieren, die digitale Lösungen mit sich bringen. So sind bei den meisten Tools und Plattformen keine hohen Startinvestitionen und Entwicklungsaufwände notwendig, um von ihnen zu partizipieren. Aus Sicht des Mittelstands führt das zu einer interessanten Verschiebung der Marktverhältnisse: Das ökonomische Gesetz „Groß frisst klein" wird in digitalen Zeiten abgelöst durch „Schnell frisst langsam" (vgl. Kröger & Marx, 2024, S. 1).

Was auf den ersten Blick vielversprechend klingt, wird zeitgleich jedoch zur großen Herausforderung, denn die Tatsache, dass der Einstieg in die digitale Welt verhältnismäßig leicht von der Hand geht, sollte nicht zu dem Trugschluss führen, das eigene Unternehmen wäre „mit einem Fingerschnippen digitalisiert". So zählt die sog. „Marketing Technology Landscape", welche jährlich einen Überblick über die zur Verfügung stehenden Tools im MarTech-Bereich liefert, für das Jahr 2023 satte 11.038 Lösungen – im Jahr 2020 waren es noch 8000 Lösungen (vgl. Brinker, 2023). Die Komplexität, entstehend aus der schlichten Vielzahl digitaler Technologien und den riesigen Datenmengen (Big Data), bildet die Kehrseite der Medaille. In den kommenden Jahren dürfte sich die Komplexität zusätzlich erhöhen, denn mit dem Launch von ChatGPT durch OpenAI inkl. dem bis heute anhaltenden Hype um Künstliche Intelligenz (KI) wurde ein Stein ins Rollen gebracht, dessen Tempo und Ausmaß selbst von Experten nur erahnt werden kann.

Letztlich ist die Digitalisierung nicht nur Treiber diverser wirtschaftlicher und gesellschaftlicher Entwicklungen, sondern besticht vor allem durch das Tempo und die Beschleunigung, die sie eben diesen Entwicklungen verleiht. Zugleich beschleunigt die Digitalisierung vor allem sich selbst, und zwar in exponentiellem Maße. Vor diesem Hintergrund ist die digitale Transformation der zentrale Treiber für die aktuell größte Herausforderung der Unternehmen: Marktdynamik.

1.1.5 Marktdynamik

Was heute am Markt funktioniert, kann bereits morgen gänzlich überholt sein. Dieser Tatsache sind sich Experten in Wissenschaft und Praxis übergreifend bewusst. Voeth beschreibt es folgendermaßen: „Anstatt der vormals dominierenden Aufgabe, sich auf Käufermärkte einstellen zu müssen, sehen sich Unternehmen nun eher der zentralen Herausforderung gegenüber, dass die Märkte, auf denen sie tätig sind, Wandlungsprozessen unterliegen, die oftmals sehr zügig von statten gehen" (Voeth, 2020, S. 66 f.). Wiederum andere Experten sprechen von immer komplexeren Marktbedingungen, hoher Veränderungsgeschwindigkeit und dem Faktor „Zeit" als strategischen Erfolgsfaktor Nummer 1 (vgl. Hiemeyer & Stumpp, 2020, S. 43; Busch et al., 2008, S. 64). Gemeint ist die Marktdynamik, welche getrieben durch globale, digitale Marktstrukturen Einfluss auf alle ökonomischen, gesellschaftlichen und ökologischen Faktoren im Umfeld von (B2B) Unternehmen nimmt. Angesichts der rasant fortschreitenden Vernetzung von Marktteilnehmern ist das nur logisch, denn mit jeder neuen Vernetzung steigt die Anzahl der Marktinteraktionen und folgerichtig die Anzahl der Veränderungen (so klein sie auch sein mögen), die am Markt stattfinden.

Selbstverständlich ist nicht jede kleine Marktinteraktion von globalem wirtschaftlichem Interesse. Anders ausgedrückt: Nicht jeden Tag kauft ein Multimilliardär ein soziales Netzwerk auf, entfernt das Logo mit dem Vogel und krempelt das gesamte Unternehmen um. Dennoch sorgt die schiere Quantität der Marktteilnehmer und Vernetzungen dafür, dass die Summe der Marktinteraktionen eine Dynamik erschafft, welche kaum zu überblicken, geschweige denn mit herkömmlicher Marketing- und Managementmethodik hinreichend zu bewältigen ist. „Unternehmen, die noch so aufgestellt sind, als befänden sie sich in der Blüte der industriellen Revolution, werden früher oder später das Nachsehen haben" (Kröger & Marx, 2024, S. 4).

Es gibt verschiedene Modelle, um die Entwicklung und Auswirkungen von Marktdynamik zu beschreiben. Ein besonders anerkanntes und in Wissenschaft wie Praxis oft genutztes Akronym lautet *VUCA* und subsumiert die vier Faktoren volatility (Volatilität, Unbeständigkeit), uncertainty (Unsicherheit), complexity (Komplexität) und ambiguity (Mehrdeutigkeit) (vgl. Kröger & Marx, 2024, S. 4).

Volatilität (volatility) beschäftigt sich im Kern mit Schwankungen. Volatile Märkte schwanken besonders stark und schnell. Ein anschauliches Beispiel dafür ist der Vergleich zwischen analoger und digitaler Produktentwicklung. Die digitale Entwicklung von Produkten (Software) oder auch Services ist deutlich schneller umsetzbar als ihr analoges Pendant. Entsprechend schnell können Lösungen, Optimierungen und (ergänzende) Services am Markt platziert werden.

Unsicherheit (uncertainty) meint die Unvorhersehbarkeit zukünftiger Entwicklungen und Ereignisse. So lässt sich etwa die Weiterentwicklung der Marketingtechnologielandschaft in den kommenden Jahren (u. a. im Kontext von KI) unmöglich vorhersagen. Welche Tools oder Systeme künftig in welchem Ausmaß einen Wettbewerbsvorteil (oder auch Nachteil bei Nichtnutzung) bieten, bleibt ungewiss.

Komplexität (complexity) bezieht sich auf die steigende Anzahl der Wechselwirkungen und Zusammenhänge, sodass klassische Schlussfolgerungen (wenn A, dann B) kaum noch möglich sind. So besteht ein zunehmend digitaler B2B-Kaufprozess (vom Problembewusstsein bis zur Kaufentscheidung) aus einer Vielzahl möglicher Interaktionswege und Berührungspunkte zum Unternehmen. All diese Berührungspunkte – von Social Media über Website, Vergleichsportale, Veranstaltungen bis zum persönlichen Vertriebskontakt – stehen in unmittelbarer Wechselwirkung zueinander und erschaffen ein komplexes Gesamtbild der Customer Journey.

Mehrdeutigkeit (ambiguity) beschreibt die Tatsache, dass Ereignisse und Informationen auf unterschiedliche Art und Weise interpretiert werden können. So bietet die Online- und Social-Media-Kommunikation eine nie da gewesene Anzahl an auswertbaren Metriken, aus denen jedoch umso schwieriger eindeutige Erkenntnisse gezogen werden können.

Die Dynamik der VUCA-Welt hat starken Einfluss auf die Art und Weise, wie Produkte und Dienstleistungen im B2B-Mittelstand vermarktet werden. Letztlich benötigt es Wege, um all den in diesem Kapitel aufgezeigten ökonomischen, ökologischen und gesellschaftlichen Herausforderungen in einer Art und Weise zu begegnen, die dem Tempo, der Ungewissheit und der Komplexität moderner Marktdynamiken gerecht wird.

1.2   Marketing im B2B-Mittelstand

Angesichts der dargestellten Herausforderungen stellt sich die Frage, wie B2B-Unternehmen – speziell im Mittelstand – ihre Marketingorganisation zukunftsfähig aufstellen. Grundsätzlich ist seit einigen Jahren viel Bewegung im Marketing zu beobachten. So sprechen führende Experten von einer Strategisierung und Erweiterung des Marketing, weg von einer rein handwerklichen Betrachtung der (werbeorientierten) Marketingfunktion, hin zu einem übergreifenden, marktorientierten Konzept der strategischen Unternehmensführung, welches neben dem Kunden auch weitere erfolgskritische Zielgruppen integriert (vgl. Walsh et al., 2020, S. 8 ff.). Mit Blick auf die (B2B) Praxis lassen sich jedoch wichtige Diskrepanzen erkennen:

- Wissenschaftliches Marketingverständnis vs. Marketingverständnis in der Praxis
- Theoretische Idee des Marketingmanagements vs. Marketingfunktion in der Praxis

Eine Studie der Wissenschaftlichen Gesellschaft für marktorientierte Unternehmensführung e. V. (durchgeführt in den Jahren 2006 und 2012) etwa zeigt, dass das Verständnis von Marketing als (marktorientierte) Führungsphilosophie in der Wissenschaft eindeutig überwiegt, während die Vertreter aus der Unternehmenspraxis Marketing vielmehr als gleichberechtigte Funktion innerhalb des Unternehmens oder gar als verkaufsunterstützendes Instrument betrachten (vgl. Meffert et al., 2019, S. 13 f.). In der konkreten Praxis des B2B-Mittelstands ist dieses instrumentelle, vertriebsunterstützende Verständnis noch deutlich stärker ausgeprägt, wie im Laufe dieses Kapitels beschrieben wird. Um der Praxisorientierung dieses Buches gerecht zu werden, ist mit dem Begriff „Marketing" im Folgenden die Funktion in der Praxis gemeint (wenn nicht anders ausgewiesen). Eine tiefere Auseinandersetzung mit dem Kampf „Theorie vs. Praxis" findet im zweiten Kapitel statt (vgl. Abschn. 2.1). Zunächst liegt das Interesse auf dem Status quo des B2B-Marketing in der Praxis des Mittelstands.

1.2.1 B2B-Trendbarometer des Bundesverbandes Industriekommunikation e. V.

Um eine Idee davon zu bekommen, womit sich das Marketing in der B2B-Praxis beschäftigt, bietet sich zunächst ein Blick in die aktuelle Studienlage an. So führt bspw. der Bundesverband Industrie Kommunikation e. V. (bvik) jährlich eine Studie mit dem Namen „Trendbarometer Industriekommunikation" durch, um die Trends in der B2B-Marketingpraxis im Zeitverlauf zu ermitteln. Die Ergebnisse zeigen jährlich die Top-10 Trends und bieten darüber hinaus weiterführende Erläuterungen und Kommentare aus der B2B-Praxis. Eine Analyse der Ergebnisse aus dem Zeitraum 2018–2024 gibt Aufschluss darüber, mit welchen Themen sich Verantwortliche im B2B-Marketing (Fokus Industrie) in welcher Intensität beschäftigen (vgl. Abb. 1.3). Analysiert wurde v. a., welche Handlungsfelder über mehrere Jahre hinweg in den Top 10 auftauchen. Die Detailergebnisse des Trendbarometers stellt der bvik online zur Verfügung.[1]

---

[1] bvik Trendbarometer Industriekommunikation: www.bvik.org/trendbarometer-ergebnisse-archiv (letzter Abruf: 31.03.2025).

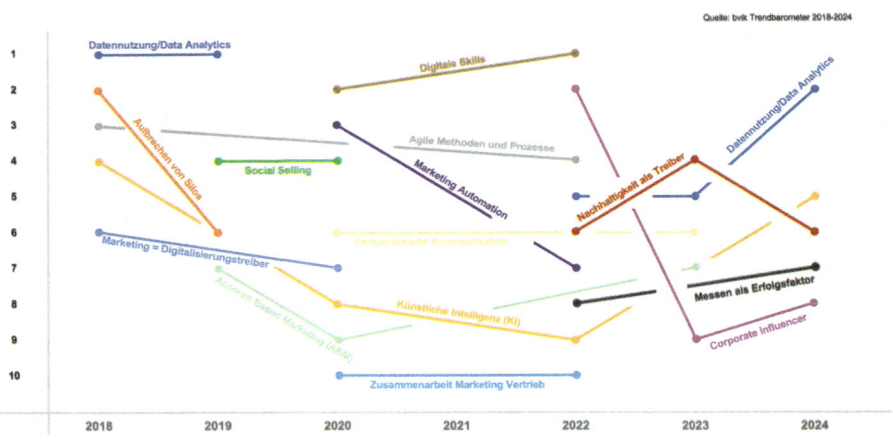

Abb. 1.3 bvik Trendbarometer Industriekommunikation Ergebnisanalyse im Zeitverlauf

„Datengetriebenes Management (DGM) ist nicht neu, aber eröffnet durch neue Technologien völlig neue Möglichkeiten", schreibt B2B-Experte Prof. Dr. Uwe Seebacher im bvik-Trendbarometer 2023 und weiter: „Im Kontext von multiplen Krisen entscheidet präziser Ressourceneinsatz über Wachstum oder Untergang." (bvik, 2023, S. 21) Über alle Jahre der Datenerhebung hinweg bestätigt sich deutlich der Einfluss, den die Digitalisierung auf das B2B-Marketing hat. Nicht nur das Selbstverständnis des Marketing als *Treiber der Digitalisierung* liegt dem zugrunde, sondern auch die steigende Relevanz von *Datennutzung/Datenanalyse, Künstlicher Intelligenz (KI)* und *digitaler Skills* im B2B-Marketing. „Durch den digitalen Wandel wächst die Anzahl der Kanäle, die mit passendem Content bespielt werden müssen. Das Aufgabenfeld des Marketers hat sich heute deutlich erweitert", berichtet Silke Lang, Director Marketing Mobile Hydraulics, Bosch Rexroth AG aus der B2B-Praxis (bvik, 2022b, S. 8).

Indirekt wirkt sich die fortschreitende digitale Transformation auf nahezu alle im Trendbarometer dargestellten Handlungsfelder aus. So basieren Themen wie *Social Selling* oder *Marketing Automation* auf dem Fortschritt der Digitalisierung, beeinflussen/beschleunigen sich gegenseitig und stehen somit in zwangsläufiger Wechselwirkung zueinander. Weitere Handlungsfelder – etwa *Account Based Marketing (ABM), Personalisierte Kommunikation* oder *Corporate Influencer* – profitieren von den digitalen Möglichkeiten des B2B-Marketing. Angesichts der Tatsache, dass sukzessiv mehr Digital Natives die Entscheiderpositionen in Industrie und Co. einnehmen (werden), ist der extreme Fokus auf digitale Themen im B2B-Marketing nur logisch.

Ebenso logisch ist es, dass Marketingverantwortliche den Käufermärkten und steigenden Kundenanforderungen Rechnung tragen. Diese Interpretation wird gestützt durch Handlungsfelder wie *Personalisierte Kommunikation* oder Social Selling (im Sinne des gezielten Aufbaus starker Kundenbeziehungen, u. a. über soziale Medien). Auch Maßnahmen in den Bereichen Account Based Marketing (ABM) und Marketing Automation fördern letztlich eine starke Kundenorientierung.

Gleichzeitig zeigt sich durch die sichtbare Datenorientierung gepaart mit Maßnahmen, die eine hohe Vertriebsnähe aufweisen (Social Selling, Marketing Automation, Account Based Marketing, *Messen als Erfolgsfaktor*), die schon beschriebene starke Vertriebsorientierung in B2B-Marketingorganisationen. Anhand der Kommentare aus der B2B-Praxis deutet sich bereits die starke Relevanz der *Zusammenarbeit von Marketing und Vertrieb* in diesem Kontext an. So berichtet z. B. Christine Roth, Online Marketing Manager, August Faller GmbH & Co. KG, dass Account Based Marketing als feste Ergänzung klassischer Maßnahmen der Leadgenerierung die Zusammenarbeit der beiden Funktionsbereiche intensiviere (vgl. bvik, 2023, S. 27).

Während die Markenführung im klassischen Sinne eine geringe Priorität im B2B-Marketing zu haben scheint, zeigt sich jedoch ein verstärktes Interesse bei den Verantwortlichen, Corporate Influencer (auch Markenbotschafter genannt) aus den eigenen Reihen als Kommunikatoren zu gewinnen. Diese persönliche, authentische Art der (Marken)Kommunikation ist weniger vertrieblich einzuordnen (wie etwa Social Selling), sondern trägt vielmehr zur Erweiterung des Marketing auf verschiedene Ziel- und Bezugsgruppen bei. So wirkt Corporate Influencing nicht nur in Richtung Kunde, sondern bspw. auch in Richtung potenzieller Mitarbeiter in Zeiten des Fachkräftemangels. Die Erweiterung des Marketing (auf gesellschaftliche Dimensionen) zeigt sich zudem durch die sichtbar steigende Relevanz der *Nachhaltigkeit als Treiber* des Marketing.

Die Tatsache, dass all diese Themen im Kontext beschriebener Marktdynamik stattfinden, zeigt sich zuletzt anhand der Handlungsfelder, denen die B2B-Marketingverantwortlichen auf organisatorischer Ebene in den letzten Jahren die größte Relevanz beimessen. So werden sowohl *Agile Prozesse und Methoden* als auch das *Aufbrechen von Silos* (z. T. spezifiziert durch die naheliegende Zusammenarbeit von Marketing und Vertrieb) mehrfach als besonders relevante Themen gekennzeichnet. Kai Halter, Director Marketing, ebm-papst Mulfingen GmbH & Co.KG, bringt dies bereits 2018 auf den Punkt: „B2B-Marketingverantwortliche müssen dafür sorgen, dass ihre Teams agil aufgestellt sind, um jederzeit auf die neuen Entwicklungen, die sich durch die digitaleTransformation ergeben, reagieren zu können. Es gilt deshalb, nicht in Kommunikations- und Marketing-Silos zu denken, sondern bereichsübergreifende Kommunikationsteams zusammenzustellen, um die richtigen Themen in passender Weise zu adressieren." (bvik, 2018).

Abschließend liegt die Vermutung nahe, dass v. a. die Fortschritte im vertriebsorientierten digitalen Marketing (speziell datenbasierte Maßnahmen) die Stellung und Akzeptanz des Marketing in den B2B-Unternehmen stärken und sich somit positiv auf die Strategisierung des Marketing auswirken. So bestätigen 67 % der im Jahr 2022 befragten B2B-Marketingverantwortlichen den steigenden Stellenwert der Marketingabteilung im Unternehmen (vgl. bvik, 2022a, S. 23).

1.2.2 Erkenntnisse aus der Personalnachfrage im B2B-Marketing

Neben bestehenden Studien bieten auch Stellenportale wie Stepstone wertvolle Einblicke in den Status quo des B2B-Marketing im Mittelstand. So konnten im Zeitraum vom 08.10.2023–13.12.2023 unter dem Suchbegriff „Marketing" in Summe 174 passende Stellenanzeigen identifiziert und inhaltlich analysiert werden (gefiltert nach industriellen Branchen und einer Unternehmensgröße bis einschließlich 1000 Mitarbeitende), um Erkenntnisse zur Rolle und Aufgabe des Marketing im B2B-Mittelstand zu gewinnen (vgl. Abb. 1.4).

Eine zentrale Frage in diesem Kontext: Ist die Marketingabteilung nicht eigentlich eine Kommunikationsabteilung? Mit Blick auf die Stellenanzeigen

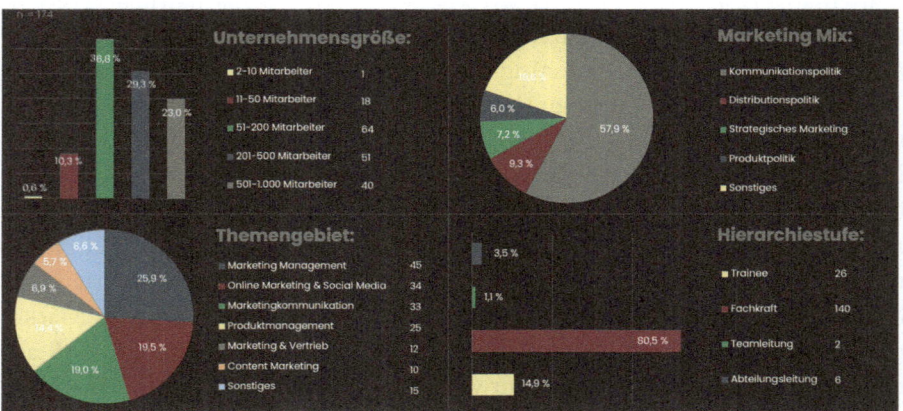

Abb. 1.4   Stepstone-Auswertung: Personalnachfrage im B2B-Marketing 2023

festigt sich das Bild. Rund 58 % der Aufgaben im Jobprofil sind der *Kommunikationspolitik* zuzuordnen. Beispielsweise:

* „Unterstützung des Marketingteams bei der internen und externen Kommunikation"
* „Zielgruppengerechte Erstellung von Content für Print und Digital"
* „Konzeption, Organisation und Produktion von On- und Offline-Kampagnen"

Weit abgeschlagen auf Rang 2 liegt die *Distributionspolitik (Vertrieb)* mit 9 %, was angesichts der starken Vertriebsorientierung im B2B nicht verwunderlich ist. Die strategische Rolle des B2B-Marketing deutet sich zumindest an – liegt doch das *Strategische Marketing* mit 7 % vor der *Produktpolitik* (6 %) auf Rang 3.

Eine konkrete Jobbezeichnung mit strategischem Fokus (bspw. Mitarbeiter strategisches Marketing) ist jedoch selten zu finden (3 %). In den meisten Fällen sind „Allrounder", also Marketinggeneralisten oder Kommunikationsgeneralisten gesucht. Der klassische „Marketing Manager" ist nach wie vor der Platzhirsch im B2B-Mittelstand. So sind 26 % der Stellenanzeigen dem Bereich *Marketing Management* und 19 % dem Bereich *Marketingkommunikation* zuzuordnen. Angesichts der großen Aufgabenvielfalt im (operativen) B2B-Marketing ist der Fokus nicht verwunderlich, wenngleich die marketingseitig vielfach geäußerte Kritik der „eierlegenden Wollmilchsau" durchaus ihre Berechtigung hat. Eine Spezialisierung in der Jobbezeichnung findet sich jedoch mit Blick auf die Digitalisierung. So fallen rund 20 % der Stellenanzeigen in den konkreten Bereich *Online Marketing & Social-Media-Marketing*. Es bestätigt sich demnach das Bild: B2B-Marketing wird zunehmend digital und der Mittelstand reagiert.

1.2.3 Online-Umfrage: Status quo B2B-Marketing im Mittelstand

Während das bvik-Trendbarometer einen guten Einblick in den Status quo des B2B-Marketing unabhängig der Unternehmensgröße gibt, konnten über die Auswertung der Stellenanzeigen bereits erste Erkenntnisse mit Fokus auf den Mittelstand gewonnen werden. Um diese Erkenntnisse jedoch zu intensivieren und ein umfassendes Bild zum Status quo zu erhalten, wurde im Rahmen dieses Buches eine Online-Umfrage im B2B-Mittelstand durchgeführt (vgl. Fangmann, 2024).

- Stichprobe: n = 200
- Erhebungszeitraum: 28.10.2023–29.01.2024
- Zielgruppe: Mitarbeitende in mittelständischen B2B-Unternehmen (Fokus Industrieunternehmen und Mitarbeitende in Marketing und Vertrieb)
- Befragungsmethode: Online-Fragebogen (Microsoft Forms), versendet per Direktnachricht via LinkedIn

Abb. 1.5 zeigt die Aufteilung der Umfrageteilnehmer nach Unternehmensgröße, Branche, Tätigkeitsbereich und Hierarchiestufe. Im folgenden Abschnitt werden die wesentlichen Erkenntnisse aus der Umfrage zusammengefasst und interpretiert. Eine detaillierte Darstellung der Ergebnisse ist online abrufbar: www.torbenfangmann.com

Die gesamte Befragung kann unterteilt werden in fünf Themengebiete. Das erste dieser Themengebiete beschäftigt sich mit dem *Marketing in der Gesamtorganisation*. In diesem Kontext zeigt sich zunächst, dass die Marketingabteilung bei 80 % der befragten B2B-Mittelständler max. 5 Mitarbeitende umfasst. Bei kleineren Unternehmen (2–500 Mitarbeitende insg.) ist dies sogar zu 88 % der Fall. Doch selbst 50 % der größeren Unternehmen (+500 Mitarbeitende insg.) geben an, max. 5 Personen im Marketing zu beschäftigen. Die klassische „One-Man-Show" (1 Person im Marketing beschäftigt) ist in 21 % der befragten B2B-Unternehmen zu finden.

In der Gesamtorganisation kann die Marketingabteilung verschiedenen Bereichen hierarchisch unterstellt sein. Die Besonderheit im B2B-Mittelstand: In

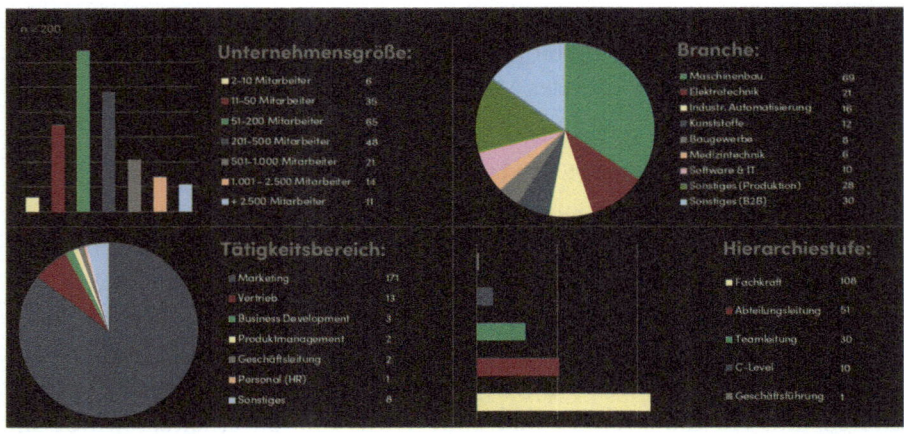

Abb. 1.5 Teilnehmer-Informationen der Umfrage „Status quo: B2B-Marketing im Mittelstand"

77 % der Fälle ist die Marketingabteilung direkt der Geschäftsleitung unterstellt und arbeitet demnach direkt an der Schnittstelle zur Führungsebene der Unternehmen. 17 % der befragten Unternehmen geben an, die Marketingabteilung sei hierarchisch dem Vertrieb unterstellt (6 % Sonstiges).

Im zweiten Themengebiet der Befragung dreht sich alles um *Themen und Inhalte im Marketing.* Von großem Interesse ist die Frage, welche Themen in welcher Intensität in den Marketingabteilungen bearbeitet werden. Im Ergebnis zeigt sich deutlich die vorherrschende Vertriebsorientierung im B2B-Mittelstand. So liegt „Support des Vertriebs" mit 65 % hoher bis sehr hoher Intensität auf Platz 1 der Marketingthemen. Die Leadgenerierung findet sich mit 37,5 % auf Platz 4 wieder. Dazwischen liegen die Markenführung (60 % hohe bis sehr hohe Intensität) und Employer Branding (41 % hohe bis sehr hohe Intensität). Da außerdem die Personalgewinnung mit 33 % direkt hinter der Leadgenerierung liegt, zeigt sich bereits die steigende Tendenz zum Personalmarketing im B2B-Mittelstand. Der Fachkräftemangel hinterlässt Spuren im Alltag der Marketingabteilungen. Im Bereich der Marktforschung und Produktentwicklung fehlt dem Marketing im B2B-Mittelstand jedoch fast gänzlich der Einfluss. Ein Großteil der befragten Unternehmen gibt hier eine geringe bis gar keine Intensität an (Produktentwicklung 77,5 %; Marktforschung 73,5 %). Anhand der Marketingthemen wird der Unterschied zwischen Theorie und Praxis erstmals besonders deutlich.

Ein weiteres deutliches Signal gibt die Untersuchung des erweiterten Marketing-Mix (7Ps = Produktpolitik/Product, Preispolitik/Price, Distributionspolitik/Place, Kommunikationspolitik/Promotion, Personalpolitik/People, Prozesspolitik/Process, Ausstattungspolitik/Physical Evidence). Hier zeichnet sich die klare Reduzierung der Marketingfunktion auf die Kommunikationspolitik ab. 88 % der befragten Unternehmen aus dem B2B-Mittelstand geben hier eine hohe bis sehr hohe Intensität an, während bereits Platz 2 im Marketing-Mix deutlich weniger von der Marketingabteilung tangiert wird. Innerhalb der Personalpolitik (25,5 % hohe bis sehr hohe Intensität) ist die Marketingabteilung zumindest noch moderat involviert, gefolgt von der Distributionspolitik (18,5 %) und der Produktpolitik (17,5 %). Neben der Reduzierung des Marketing auf Kommunikationstätigkeiten bestätigt sich die Tendenz zum Personalmarketing und Vertriebssupport. In lediglich 3,5 % der befragten Unternehmen ist die Marketingabteilung in hoher bis sehr hoher Intensität in die Preispolitik eingebunden.

Im Anschluss an die thematische Einordnung lohnt sich ein detaillierter Blick auf die Aufgabenfelder, die zum Zuständigkeitsbereich der Marketingabteilung gehören. Zunächst bestätigt sich auf Ebene des Mittelstands das Bild, welches bereits innerhalb des bvik-Trendbarometers (vgl. Abschn. 1.2.1) gezeichnet wurde: B2B-Marketing ist digital und wird zunehmend digitaler. So besteht die Top-3 der Aufgabenfelder mittelständischer B2B-Marketingabteilungen aus der Betreuung der Social-Media-Kanäle (96 % Zustimmung), der Contenterstellung für Online-Medien (95 % Zustimmung) und der Betreuung der Unternehmenswebsite (94 % Zustimmung). Bei aller Aufmerksamkeit auf digitale Lösungen sind analoge Maßnahmen (v. a. vertriebsorientiert) jedoch nach wie vor von großer Präsenz im B2B-Mittelstand. Die Planung und Organisation von Messen und Events (93 % Zustimmung) und die Contenterstellung für Printmedien (91 % Zustimmung) belegen Platz 4 und 5 im Ranking der Aufgabenfelder. Ein Bruch in der Wahrnehmung ergibt sich mit Blick auf einige Trends im B2B-Kontext. Während B2B und Industrie sich insgesamt (unabhängig der Unternehmensgröße) verstärkt mit Themen wie Marketing Automation oder Data Analytics beschäftigen (siehe bvik-Trendbarometer), gibt der B2B-Mittelstand eine moderate Auseinandersetzung mit diesen Themen an (Marketing Automation 52 % Zustimmung; Data Analytics 37 % Zustimmung). Auch vermeintliche Marketingklassiker wie Kampagnenmanagement oder Customer Relationship Management (CRM) sind nicht in der Intensität vertreten, wie es die Ergebnisse des bvik-Trendbarometers vermuten lassen. Während Kampagnen zur Leadgenerierung (71 % Zustimmung) und zur Personalgewinnung (66,5 % Zustimmung) zumindest im oberen Bereich des Rankings zu finden sind, befinden sich die CRM-Aktivitäten (41,5 % Zustimmung) im Mittelfeld des Rankings. Produktentwicklung (12,5 % Zustimmung) und Pricing (4,5 % Zustimmung) bestätigen das Bild des reduzierten Marketing in der Praxis des B2B-Mittelstands.

Das dritte Themengebiet der Befragung beschäftigt sich mit der *Zusammenarbeit des Marketing mit anderen Funktionsbereichen* in der Gesamtorganisation (vgl. Abb. 1.6).

Die Erhebung zeigt deutlich, dass die stärkste Zusammenarbeit mit dem Vertrieb und der Geschäftsleitung stattfindet. Mit dem Vertrieb findet zu 84,0 % eine koordinierte Zusammenarbeit oder stärker statt – mit der Geschäftsleitung ist dies zu 81,5 % der Fall. Positiv stechen auch die Schnittstellen zum Personalmanagement (62,5 %) und zum Produktmanagement (56,5 %) heraus. Andere „marktnahe" Bereiche wie Service (29,5 %), Innovationsmanagement (27,5 %) und F&E (28,5 %) schneiden schwächer ab.

Das bisherige Bild bestätigt sich mit Blick auf die Beteiligung/Integration der Marketingabteilung an marketingrelevanten Themen innerhalb der Gesamtorganisation (vgl. Abb. 1.7). Aus der Erhebung geht klar hervor, dass der Fokus der Marketingabteilungen auf der Kommunikation und der

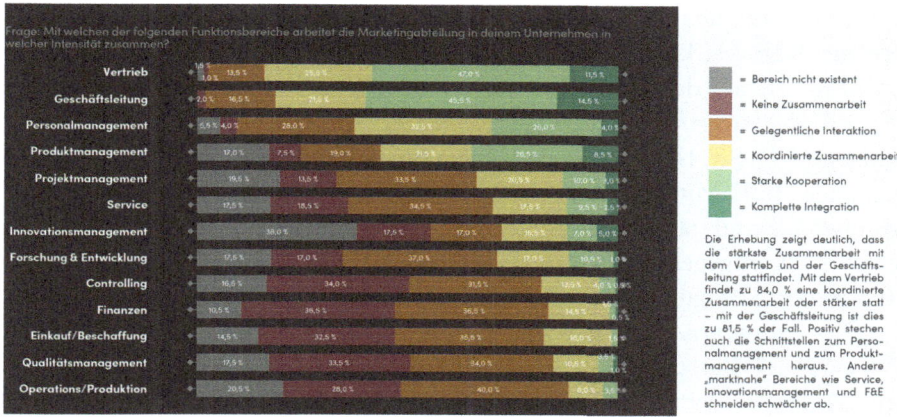

Abb. 1.6 Zusammenarbeit des Marketing mit anderen Funktionsbereichen im B2B-Mittelstand

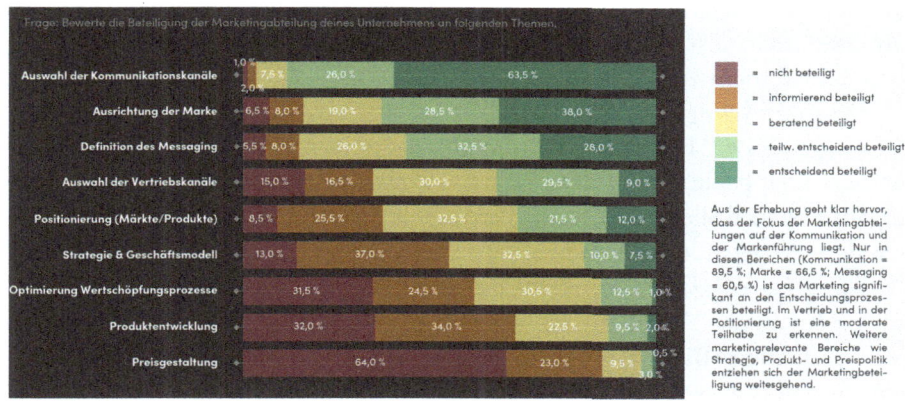

Abb. 1.7 Integration der Marketingabteilung in marketingrelevante Themen im B2B-Mittelstand

Markenführung liegt. Nur in diesen Bereichen (Kommunikation = 89,5 %; Marke = 66,5 %; Messaging = 60,5 %) ist das Marketing signifikant (teilw. entscheidend oder entscheidend) an den Entscheidungsprozessen beteiligt. In der Auswahl der Vertriebskanäle (38,5 %) und in der Positionierung (33,5 %) ist teilweise eine Teilhabe zu erkennen. Weitere marketingrelevante Bereiche wie Strategie (17,5 %), Produkt- und Preispolitik (11,5 %; 3,5 %) entziehen sich der Marketingbeteiligung weitestgehend.

Im vierten Themengebiet der Befragung wurden *fünf Thesen zum Status quo* des B2B-Marketing im Mittelstand ausgegeben, um diese Thesen auf Zustimmung aus der Praxis zu prüfen.

„Das Marketing hat wenig bis gar keinen Einfluss auf die Strategie des Unternehmens." Diese These wird nur teilweise bestätigt. Rund ein Viertel der befragten B2B-Mittelständler (26,5 %) bestätigen die These (stimme zu; stimme voll und ganz zu), während dem jedoch über die Hälfte der Befragten (53 %) entgegensteht (stimme nicht zu; stimme ganz und gar nicht zu). 20,5 % der Befragten geben eine neutrale Antwort ab.

„Die Zusammenarbeit verschiedener Abteilungen an Marketingthemen ist ausbaufähig." Bei dieser These ist klare Zustimmung zu beobachten. Die überwiegende Mehrheit der befragten B2B-Mittelständler (79,5 %) sieht in der Zusammenarbeit der Abteilungen an Marketingthemen eine Baustelle. Nur 9,5 % der Befragten stehen dem entgegen (11 % neutral).

„Das Marketing ist personell unterbesetzt, um die aktuellen Herausforderungen zu meistern." Dieser These stimmen über zwei Drittel der befragten B2B-Mittelständler zu (68 %) und stufen die Marketingabteilung ihres Unternehmens als personell unterbesetzt ein. 21 % der Befragten stimmen dem jedoch nicht zu (11 % neutral).

„Dem Marketing wird im Unternehmen eine vergleichsweise untergeordnete Rolle zugewiesen." Bei dieser These ergibt sich ein ausgeglichenes Bild. Zwar tendiert knapp die Hälfte der befragten B2B-Mittelständler (45 %) zur untergeordneten Rolle und stimmt der These zu, doch 35 % der Befragten stehen dem entgegen (20 % neutral).

„Die Marketingabteilung lässt sich überwiegend als Kommunikationsabteilung beschreiben." Auch wenn die vorherigen Erhebungen hier ein besonders eindeutiges Bild vermuten lassen, ist lediglich eine Tendenz zu erkennen. So stimmt zwar über die Hälfte der befragten B2B-Mittelständler der These zu (54 %), doch knapp ein Drittel (29 %) der Befragten sieht aktuell bereits mehr als Kommunikation in der Marketingabteilung und stimmt nicht zu (17 % neutral).

Das letzte Themengebiet der Befragung beschäftigt sich mit der *Zukunft des B2B-Marketing* im Mittelstand. Dabei wurden sowohl relevante Themen und Inhalte abgefragt als auch die künftige Relevanz von Schnittstellen zu anderen Funktionsbereichen in der Gesamtorganisation.

Anhand der Relevanz globaler Trends und Marketingthemen bestätigen sich ein letztes Mal zwei bereits oft genannte Entwicklungen: Der Fortschritt der Digitalisierung (und digitaler Kanäle), und die steigende Relevanz des Personalmarketings. So geben die befragten B2B-Mittelständler die

Digitalisierung (83 % Zustimmung) und Social Media (83 % Zustimmung) als die Trends mit der größten Relevanz für ihr Unternehmen an – gefolgt vom Fachkräftemangel (66,5 % Zustimmung) und Künstlicher Intelligenz (66,5 %). Im Ranking der Relevanz ausgewählter Marketingthemen für das eigene Unternehmen ergibt sich folgendes Bild der Top-5 Themen: Content Marketing (88,5 % Zustimmung), Social Media Marketing (84 % Zustimmung), Markenführung (80,5 % Zustimmung), Produktmarketing (72,5 % Zustimmung), Employer Branding (71 % Zustimmung).

Die künftige Relevanz von Schnittstellen zwischen Marketingabteilung und anderen Funktionsbereichen in der Gesamtorganisation ähnelt zunächst dem Bild der aktuellen Zusammenarbeit der Funktionsbereiche. So ist die Zusammenarbeit mit dem Vertrieb (90 % hohe bzw. sehr hohe Relevanz), der Geschäftsleitung (78 % hohe bzw. sehr hohe Relevanz), dem Personalmanagement (63,5 % hohe bzw. sehr hohe Relevanz) und dem Produktmanagement (63,5 % hohe bzw. sehr hohe Relevanz) im B2B-Mittelstand besonders gefragt. Relevanter werden zudem die Schnittstellen zur erweiterten Produktpolitik. So messen immerhin 36,5 % der befragten B2B-Mittelständler der Zusammenarbeit mit der Forschung & Entwicklung eine hohe bis sehr hohe künftige Relevanz bei – beim Innovationsmanagement tun dies 38,5 % der Befragten.

Welches Fazit ziehen wir aus dem Status quo des B2B-Mittelstands? Die gesamtwirtschaftliche Lage ist – vor allem aufgrund ihrer Komplexität und Dynamik – eine enorme Herausforderung, auch und gerade aus Sicht des B2B-Marketing. Den zentralen Katalysator der wirtschaftlichen Dynamik haben die Unternehmen im Visier: So ist die Digitalisierung für keinen Marketer, Manager oder Geschäftsführer im B2B-Mittelstand eine neue Vokabel. Speziell innerhalb der Marketingabteilung nehmen digitale Maßnahmen und Kanäle eine zunehmend wichtige Rolle ein und sind bereits das Zentrum der Marketingarbeit in den Unternehmen. Jedoch stellt sich die Frage, ob dies genügt, um den aktuellen Herausforderungen zu begegnen. Immerhin zeigen sich deutliche Defizite in der tatsächlichen Umsetzung fortgeschrittener digitaler Marketingthemen und auch die Beteiligung an Themen über das operative Marketing bzw. die Marketingkommunikation hinaus signalisiert: Hier ist Luft nach oben. Es liegt nahe, dass ein hochdynamisches Marktumfeld das Zusammenspiel aller marketingrelevanten Bereiche – von der Strategie und Positionierung über den (erweiterten) Marketing-Mix bis zur operativen Umsetzung innerhalb der verschiedenen Funktionsbereiche der Gesamtorganisation – verlangt, um mit der Veränderungsgeschwindigkeit, der Undurchsichtigkeit und der steigenden Anzahl der Themen und Herausforderungen umzugehen. Die folgenden Kapitel entwickeln ein Modell, um dieses Zusammenspiel in der Praxis des B2B-Mittelstands zu realisieren.

Literatur

Buch

Busch, R., Fuchs, W., & Unger, F. (2008). *Integriertes Marketing. Strategie – Organisation – Instrumente* (4. Aufl.). Gabler.

Hiemeyer, W.-D., & Stumpp, D. (2020). *Integration von Marketing und Vertrieb. Ein konzeptioneller Ansatz für ein erfolgreiches Schnittstellenmanagement.* Springer Gabler.

Hüther, M., Diermeier, M., & Goecke, H. (2021). *Erschöpft durch die Pandemie. Was bleibt von der Globalisierung?* Springer.

Kröger, J., & Marx, S. (2024). *Agiles Marketing. Wie Marketing in dynamischen Zeiten zum Business Enabler wird* (2. Aufl.). Springer Gabler.

Masciadri, P., & Zupancic, D. (2013). *Marken- und Kommunikationsmanagement im B-to-B-Geschäft. Clever positionieren, erfolgreich kommunizieren* (2. Aufl.). Springer Gabler.

Meffert, H., Burmann, C., Kirchgeorg, M., & Eisenbeiß, M. (2019). *Marketing. Grundlagen marktorientierter Unternehmensführung Konzepte – Instrumente – Fallbeispiele* (13. Aufl.). Springer Gabler.

Pfeil, S. (2017). *Werteorientierung und Arbeitgeberwahl im Wandel der Generationen. Eine empirisch fundierte Analyse unter besonderer Berücksichtigung der Generation Y.* Springer Gabler.

Purle, E., Arica, M., Korte, S., & Hummels, H. (2023). *B2B-Marketing und Vertrieb. Strategie – Instrumente – Umsetzung.* Springer Gabler.

Walsh, G., Deseniss, A., & Kilian, T. (2020). *Marketing. Eine Einführung auf der Grundlage von Case Studies* (3. Aufl.). Springer Gabler.

Werner, D. B., von Lindequist, O., Sinz, A., Herkommer, R., & Kuhnle, H. (2022). *Nachhaltiges Wachstum im Mittelstand. Ein Praxisleitfaden für Geschäftsführer:innen.* Springer Gabler.

Beitragswerke

Backhaus, K., & Voeth, M. (2015). Besonderheiten des Industriegütermarketing. In K. Backhaus & M. Voeth (Hrsg.), *Handbuch Business-to-Business-Marketing* (2. Aufl., S. 17–29). Springer Gabler.

Bruhn, M. (2015). Kommunikationspolitik für Industriegüter – ein Überblick. In K. Backhaus & Voeth, M. (Hrsg.), *Handbuch Business-to-Business-Marketing* (2. Aufl., S. 337–363). Springer Gabler.

Feldmeier, G., Lukas, W., & Simmet, H. (2015). Vorwort. In G. Feldmeier, W. Lukas, & H. Simmet (Hrsg.), *Globalisierung KMU. Entwicklungstendenzen, Erfolgskonzepte und Handlungsempfehlungen* (S. 5–6). Springer Gabler.

Klaffke, M. (2022). Erfolgsfaktor Generationen-Management – Roadmap für das Personalmanagement. In M. Klaffke (Hrsg.), *Generationen-Management. Konzepte, Instrumente, Good-Practice-Ansätze* (3. Aufl., S. 3–46). Springer Gabler.

Köhler, R. (2020). Marketing-Organisation im Umbruch – Neue Anforderungen an die Implementierung einer marktorientierten Unternehmensführung. In M. Bruhn, C. Burmann, & M. Kirchgeorg (Hrsg.), *Marketing Weiterdenken. Zukunftspfade für eine marktorientierte Unternehmensführung* (2. Aufl., S. 523–538). Springer.

Meffert, H. (2020). Marketing heute – Status und Perspektiven. In M. Bruhn, C. Burmann, & M. Kirchgeorg (Hrsg.), *Marketing Weiterdenken. Zukunftspfade für eine marktorientierte Unternehmensführung* (2. Aufl., S. 17–24). Springer.

Reinartz, W. (2020). Kundenansprache in Zeiten digitaler Transformation. In M. Bruhn, C. Burmann, & M. Kirchgeorg (Hrsg.), *Marketing Weiterdenken. Zukunftspfade für eine marktorientierte Unternehmensführung* (2. Aufl., S. 341–356). Springer.

Seebacher, U. (2023). Das B2B Marketing Öko-System – Eine Reise durch die bunte Welt der B2B Begriffe. In U. Seebacher (Hrsg.), *Praxishandbuch B2B-Marketing. Neueste Konzepte, Strategien und Technologien sowie praxiserprobte Vorgehensmodelle – mit 14 Fallstudien* (S. 53–102). Springer Gabler.

Voeth, M. (2020). Marketing und/oder marktorientierte Unternehmensführung. In M. Bruhn, C. Burmann, & M. Kirchgeorg (Hrsg.), *Marketing Weiterdenken. Zukunftspfade für eine marktorientierte Unternehmensführung* (2. Aufl., S. 61–74). Springer.

Online-Dokumente oder -Artikel mit Autoren

Atif, E. (2023). Welche Branchen vom Krieg profitieren (23.02.2023). *tagesschau.de.* https://www.tagesschau.de/wirtschaft/weltwirtschaft/gewinner-verlierer-ukrainekrieg-101.html. Zugegriffen: 31. Okt. 2023.

Brinker, S. (2023, Mai 2). 2023 Marketing Technology Landscape Supergraphic: 11,038 solutions searchable on martechmap.com. chiefmartec. https://chiefmartec.com/2023/05/2023-marketing-technology-landscape-supergraphic-11038-solutions-searchable-on-martechmap-com/. Zugegriffen: 28. Jan. 2024.

Edinger Schons, L., Kunzlmann, J., Reppmann, M., & Putzhammer, F. (2023, Januar 1). Sustainability transformation monitor 2023. Bertelsmann Stiftung. https://www.bertelsmann-stiftung.de/de/publikationen/publikation/did/sustainability-transformation-monitor-2023. Zugegriffen: 21. Jan. 2024.

Fangmann, T. (2024, April 1). Status quo: B2B-Marketing im Mittelstand. https://torbenfangmann.com. Zugegriffen: 17. Febr. 2025.

Freiwah, P. (2023, Juli 5). China wird Export-Weltmeister – Rekordgewinne für deutsche Autoindustrie vorbei? *merkur.de.* https://www.merkur.de/wirtschaft/

weltmarkt-autoexporte-china-autoindustrie-statistik-2023-studie-deutsche-hersteller-zr-92382118.html. Zugegriffen: 5. Nov. 2023.

Freyeisen, A. (2023, September 11). Chinas Ehrgeiz auf dem deutschen Elektroautomarkt. *tagesschau.de*. https://www.tagesschau.de/wirtschaft/unternehmen/iaa-china-elektroautos-100.html. Zugegriffen: 5. Nov. 2023.

Pinzler, P., & Schmitt, S. (2022, November 10). Polykrise: Wie kommen wir da wieder raus? *ZEIT ONLINE*. https://www.zeit.de/wissen/2022-10/globale-polykrise-krieg-klima-krisenpodcast. Zugegriffen: 30. Okt. 2023.

Ringel, A. (2022, Dezember 8). Das Wirtschaftsjahr 2022 in Zitaten. *Produktion*. https://www.produktion.de/wirtschaft/das-wirtschaftsjahr-2022-in-zitaten-637.html. Zugegriffen: 30. Okt. 2023.

Scheuer, S. (2023, August 11). Was ein Robotaxi-Selbstversuch über autonomes Fahren sagt. *Handelsblatt*. https://www.handelsblatt.com/technik/it-internet/waymo-was-ein-robotaxi-selbstversuch-ueber-autonomes-fahren-sagt/29263550.html. Zugegriffen: 5. Nov. 2023.

Schönauer, I. (2023, Oktober 10). Polykrise. *Frankfurter Allgemeine Zeitung*. https://www.faz.net/aktuell/finanzen/polykrise-19234177.html. Zugegriffen: 30. Okt. 2023.

Schwartz, M., & Gerstenberger, J. (2023, Oktober). KfW-Mittelstandpanel 2023. Belastungsfähigkeit des Mittelstands wird auf die Probe gestellt: Bislang nur leichte Blessuren, aber erhöhte Anspannung ist spürbar. *KfW Research*.

Homepage/Unternehmen als Quelle (kein Autor)

Bundesministerium für Wirtschaft und Energie (2021). *Digitalisierung in Deutschland – Lehren aus der Corona-Krise*. https://www.bmwk.de/Redaktion/DE/Publikationen/Ministerium/Veroeffentlichung-Wissenschaftlicher-Beirat/gutachten-digitalisierung-in-deutschland.pdf. Zugegriffen: 28. Jan. 2024

Bundesverband Industrie Kommunikation e.V. (2018). *bvik Trendbarometer Industriekommunikation 2018*. https://bvik.org/bvik-trendbarometer-industriekommunikation-ergebnisse/. Zugegriffen: 22. Sept. 2023.

Bundesverband Industrie Kommunikation e.V. (2019). *bvik Trendbarometer Industriekommunikation – Trends im B2B-Marketing 2019*. https://bvik.org/bvik-trendbarometer-industriekommunikation-ergebnisse-2019/. Zugegriffen: 22. Sept. 2023.

Bundesverband Industrie Kommunikation e.V. (2021). *bvik Trendbarometer Industriekommunikation*. https://bvik.org/bvik-trendbarometer-industriekommunikation-ergebnisse-2020. Zugegriffen: 22. Sept. 2023.

Bundesverband Industrie Kommunikation e.V. (Hrsg) (2022a). B2B-Marketing-Budgets 2022. Augsburg: Bvik.

Bundesverband Industrie Kommunikation e.V. (Hrsg) (2022b). *bvik Trendbarometer Industriekommunikation 2022*. Augsburg: Bvik.

Bundesverband Industrie Kommunikation e.V. (Hrsg) (2023). *bvik Trendbarometer Industriekommunikation 2023*. Augsburg: Bvik.

Bundesverband Industrie Kommunikation e.V. (Hrsg) (2024). *bvik Trendbarometer Industriekommunikation 2024*. Augsburg: Bvik.

Deloitte (2018). *Voice of the Workforce in Europe. Ergebnisse Deutschland*. https://www2.deloitte.com/de/de/pages/human-capital/articles/neue-arbeitswelt-studie.html. Zugegriffen: 21. Jan. 2024.

Deutsche Industrie- und Handelskammer (2023). *Unsichere Rahmenbedingungen bremsen deutsche Wirtschaft. DIHK Konjunkturumfrage Herbst 2023*. https://www.dihk.de/de/themen-und-positionen/wirtschaftspolitik/konjunktur-und-wachstum/konjunkturumfrage-herbst-2023. Zugegriffen: 30. Okt. 2023.

Deutsche Industrie- und Handelskammer (2022). *Fachkräfteengpässe weiter steigend. DIHK-Report Fachkräfte 2022*. https://www.dihk.de/de/themen-und-positionen/fachkraefte/beschaeftigung/trotz-schwieriger-wirtschaftslage-fachkraefteengpaesse-nehmen-zu-89118. Zugegriffen: 21. Jan. 2024.

Frankfurter Allgemeine Zeitung (2021a). *Deutschland nicht mehr Exportweltmeister im Maschinenbau*. https://www.faz.net/aktuell/wirtschaft/vdma-deutschland-nicht-mehr-exportweltmeister-im-maschinenbau-17426062.html. Zugegriffen: 5. Nov. 2023.

Frankfurter Allgemeine Zeitung (2021b). *Chinas Maschinenbauer hängen deutsche Konkurrenz deutlich ab*. https://www.faz.net/aktuell/wirtschaft/china-ueberholt-deutschland-neuer-maschinenbau-exportweltmeister-17483512.html. Zugegriffen: 5. Nov. 2023.

Handelsblatt (2021). *Chinesischer Exportanteil deutscher Autobauer steigt auf Rekordhöhe*. https://www.handelsblatt.com/unternehmen/industrie/automobil-industrie-chinesischer-exportanteil-deutscher-autobauer-steigt-auf-rekord-hoehe/26845224.html. Zugegriffen: 5. Nov. 2023.

Robert Koch-Institut (2023). *„Der Klimawandel ist die größte Herausforderung für die Menschheit" – neuer Sachstandsbericht zu Klimawandel und Gesundheit erschienen*. https://www.rki.de/DE/Content/Service/Presse/Pressemitteilungen/2023/06_2023.html. Zugegriffen: 21. Jan. 2024.

Statista (2023a). *Bruttoinlandsprodukt (BIP) in Deutschland von 1991 bis 2022*. https://de.statista.com/statistik/daten/studie/1251/umfrage/entwicklung-des-bruttoinlandsprodukts-seit-dem-jahr-1991/. Zugegriffen: 5. Nov. 2023.

Statista (2023b). *Die 20 größten Exportländer weltweit im Jahr 2022*. https://de.statista.com/statistik/daten/studie/37013/umfrage/ranking-der-top-20-exportlaender-weltweit/. Zugegriffen: 5. Nov. 2023.

Statista (2023c). *Ist Ihr Unternehmen aktuell von Lieferschwierigkeiten betroffen?* https://de.statista.com/statistik/daten/studie/1290362/umfrage/lieferschwierig-keiten-von-unternehmen-in-deutschland/. Zugegriffen: 5. Nov. 2023.

Statista (2024a). *Anzahl der E-Autos knackt Millionen-Marke. Anzahl der Elektroautos und Anteil am Pkw-Bestand in Deutschland bis 2023*. https://de.statista.com/themen/608/elektromobilitaet/#topicOverview. Zugegriffen: 21. Jan. 2024.

Statista (2024b). *Anzahl der Personen in Deutschland, die sich selbst als Vegetarier einordnen oder als Leute, die weitgehend auf Fleisch verzichten, von 2015 bis 2023.* https://de.statista.com/statistik/daten/studie/173636/umfrage/lebenseinstellung-anzahl-vegetarier/. Zugegriffen: 21. Jan. 2024.

Statistisches Bundesamt Destatis (2019). *Automobilindustrie: Deutschlands wichtigster Industriezweig mit Produktionsrückgang um 7,1% im 2. Halbjahr 2018.* https://www.destatis.de/DE/Presse/Pressemitteilungen/2019/04/PD19_139_811.html. Zugegriffen: 5. Nov. 2023.

Statistisches Bundesamt Destatis (2023). *Bedeutung der energieintensiven Industriezweige in Deutschland.* https://www.destatis.de/DE/Themen/Branchen-Unternehmen/Industrie-Verarbeitendes-Gewerbe/produktionsindex-energieintensive-branchen.html. Zugegriffen: 31. Okt. 2023.

2

Marketing Centricity im B2B-Mittelstand

Zusammenfassung Im letzten Kapitel haben wir uns mit den diversen Herausforderungen beschäftigt, denen die Unternehmen und Marketer im B2B-Mittelstand gegenüberstehen. Im folgenden Kapitel stellen wir das Marketing-Centricity-Framework als Modell vor, um diesen Herausforderungen zu begegnen. Dabei geht es nicht nur um die Rolle der Marketingabteilung in der Gesamtorganisation, sondern um eine praxistaugliche Betrachtung aller relevanten Funktionsbereiche, Schnittstellen und Anwendungsfälle – bis hin zur konkreten Implementierung in der Praxis. Los geht's.

2.1 B2B-Marketing: Theorie vs. Praxis

Was ist Marketing? Wenn wir zehn Menschen unabhängig voneinander befragen würden, würden wir mit großer Wahrscheinlichkeit zehn unterschiedliche Antworten bekommen. Der Laie in der Fußgängerzone denkt an Werbeplakate, TV-Spots und Social Media. Der studierte Marketingprofi ist sich sicher: Marketing ist alles, was Organisationen unternehmen, um erfolgreich zu sein. Wer hat Recht? Beide und keiner von beiden. Tatsächlich ist die Diskussion darüber, was Marketing denn nun ist und tut, genauso alt wie die Disziplin selbst. Entsprechend hat das wissenschaftliche Verständnis von Marketing ein paar zentrale Entwicklungen hinter sich – von der rein handwerklichen, absatzmarktorientierten Betrachtung (Werbung, Absatzförderung) hin zu einem ganzheitlichen Führungsverständnis im Sinne einer marktorientierten Unternehmensführung (vgl. Meffert et al., 2019,

T. Fangmann, *Marketing-Centricity im B2B-Mittelstand*, https://doi.org/10.1007/978-3-658-48868-0_2

S. 6 ff.). Spricht man mit den Menschen in der Praxis des B2B-Mittelstands (Abschn. 1.2.3 hat dies getan), kommt der Ausdruck „ganzheitliches Führungsverständnis im Sinne einer marktorientierten Unternehmensführung" jedoch in keiner Konversation vor. Wir erkennen schnell: Marketing ist Definitionssache. Hinzu kommt, dass die Art und Weise, wie wir Marketing in der Praxis definieren, keineswegs trivial ist. Vielmehr ist sie die Basis dafür, wie Marketing sich selbst versteht, welche Stellung es in der Gesamtorganisation einnimmt und welchen Einfluss es auf die Gestaltung (und den Erfolg) des Unternehmens hat. Einfach ausgedrückt: Wenn wir Marketing bereits in der Definition reduzieren, wird es auch in der praktischen Umsetzung immer eine reduzierte Rolle einnehmen.

Werfen wir also zunächst einen Blick auf den Idealzustand: Die führenden Marketingexperten – ob Meffert, Walsh oder Bruhn – sind sich einig im Verständnis von Marketing als Leitkonzept der marktorientierten Unternehmensführung (vgl. Meffert et al., 2019, S. 12; Walsh et al., 2020, S. 18; Bruhn, 2022, S. 2). Dabei hat sich in den meisten Publikationen die Marketingdefinition der American Marketing Association (AMA) durchgesetzt: „Marketing is the activity, set of institutions, and processes for creating, communicating, delivering, and exchanging offerings that have value for customers, clients, partners, and society at large". (AMA, 2013) Im Kern geht es also darum, als gesamte Organisation – von der Unternehmensführung bis in jeden einzelnen Funktionsbereich – einen Nutzen für die relevanten Zielgruppen (v. a. Kunden, aber auch weitere Bezugsgruppen) zu schaffen. Die gesamte Organisation ist nach diesem Verständnis am Markt auszurichten (vgl. Meffert et al., 2019, S. 12).

Anhand der Definition wird schnell deutlich, warum dieses Marketingverständnis in der (B2B) Praxis selten zu finden ist. Wenn in der Praxis von Marketing die Rede ist, ist i. d. R. der Funktionsbereich gemeint. Dieser bildet neben anderen Funktionsbereichen wie bspw. Einkauf, Produktion, Entwicklung, Logistik und Vertrieb die Aufbauorganisation des Unternehmens. Folgerichtig ist Marketing nicht allein die Aufgabe der Marketingabteilung. Marketing ist Aufgabe jeder Abteilung im Unternehmen. Die Funktionsteilung als Urkonzept der Betriebswirtschaft ist nur logisch, doch genauso logisch ist die Relevanz der Zusammenarbeit all dieser Funktionsbereiche am Markt, um als Gesamtorganisation wirklich marktorientiert unterwegs zu sein. Damit wird das Schnittstellenmanagement zur zentralen Herausforderung im B2B-Marketing. Denn klar ist: Die Standardfloskel „Wir müssen alle Abteilungen an einem Tisch versammeln." klingt zwar nett und griffig, doch wird der Komplexität in der Praxis nicht gerecht. Mit Blick auf den B2B-Mittelstand ergeben sich nun drei zentrale Fragestellungen:

• Wie viel modernes Marketing steckt bereits im B2B-Mittelstand?
• Wo liegen die wesentlichen Baustellen im B2B-Mittelstand?
• Welche Rolle hat die Marketingabteilung im B2B-Mittelstand?

2.1.1 Wie viel modernes Marketing steckt bereits im B2B-Mittelstand?

In der öffentlichen Diskussion wird der B2B-Mittelstand gern belächelt. Aussagen wie „Die machen doch gar kein richtiges Marketing." oder „Deren Marketing steckt noch in den 80ern fest." sind keine Seltenheit. Es wird schnell ersichtlich, woher diese Denkweise stammt. Im Vergleich zu dem, was im B2C-Marketing oder auch auf B2B-Konzernebene tagtäglich öffentlichkeitswirksam aus dem Boden gestampft wird, wirkt die Vermarktung im B2B-Mittelstand vorsichtig ausgedrückt „zurückhaltend". Man kommt demnach schnell zu dem (Trug)Schluss, Marketing hätte in diesen Unternehmen keinerlei Priorität. Das stimmt nur teilweise. Tatsächlich hatte (und hat) das Marketing als Funktion (also die Marketingabteilung) im B2B-Mittelstand bis heute eine untergeordnete Rolle. Ein Großteil der Unternehmen ist eine sehr lange Zeit sogar gänzlich ohne eigene Marketingabteilung ausgekommen. Nicht etwa, weil sie sich – wie gerne propagiert wird – dem Thema verweigern, sondern schlicht, weil es nicht notwendig war, um am Markt erfolgreich zu sein.

Dennoch betreibt der B2B-Mittelstand seit jeher Marketing. In erster Linie kann dies als implizites Marketing bezeichnet werden. Denn wo das Lehrbuch einen klaren Managementprozess der Marktanalyse, der Positionierung und anschließenden Angebotsentwicklung in allen operativen Marketingdisziplinen (klassisch: Produkt, Preis, Distribution, Kommunikation) vorsieht, wurde dieser Prozess in jedem mittelständischen B2B-Unternehmen – in welcher Form auch immer – vollzogen. Wäre dies nicht der Fall, könnte das Unternehmen nicht wirtschaftlich existieren. Jedes Unternehmen benötigt ein Produkt, welches zu einem Preis an eine Zielgruppe verkauft wird, die in irgendeiner Weise am Markt erreicht werden möchte.

Der zentrale Akteur, um die Zielgruppe am Markt zu erreichen (explizites Marketing), ist in den meisten B2B-Branchen bis heute der Vertrieb. Der Vertrieb ist der direkte Kontakt zum Kunden, besucht Fachmessen, gewinnt Neukunden, kalkuliert und verhandelt Preise, und verkauft schließlich die Produkte und Dienstleistungen. Je nach Unternehmensgröße ist der Vertrieb entweder (zu Teilen) aktiv in der Geschäftsleitung verankert, oder steht in direkter Verbindung zur Managementebene und bildet als eigene Funktion oft das Zentrum des Unternehmens. Angesichts des lange vorherrschenden, traditionellen Marktgefüges auf B2B-Märkten ist das nur logisch. So war ein starker Vertrieb der entscheidende Hebel für wirtschaftlichen Erfolg und Unternehmenswachstum. Daneben stehen ebenso starke technische Funktionsbereiche (v. a. F&E und Produktmanagement), welche relevante Marketingaufgaben im Bereich der Marktanalyse, Positionierung, Produktentwicklung, und Preisgestaltung übernehmen.

Auch Marktorientierung ist kein Fremdwort im B2B-Mittelstand. Vielmehr ist Marktorientierung in vielen B2B-Branchen schon immer ein entscheidender Erfolgsfaktor gewesen. Man schaue nur mal auf all die Individualanbieter, vom Maschinen- und Anlagenbau, über den Werkzeugbau, bis zu kundenspezifischen Komponentenherstellern. In diesen Branchen ist Kundenorientierung nicht nur überlebenswichtig, es ist das Geschäftsmodell. Bis heute bietet ein großer Teil mittelständischer B2B-Unternehmen zumindest teilweise Individuallösungen für seine Kunden an. Auch vertriebliche Besonderheiten wie bspw. das Key Account Management sind klare Anzeichen für Kundenorientierung (ergo Marktorientierung), wenn auch konzentriert auf einzelne lukrative Schlüsselkunden.

Fakt ist: B2B-Mittelstand macht Marketing. Die Frage ist vielmehr: Reicht das aus? Denn Fakt ist auch: Die Zeiten ändern sich. Kap. 1 hat dies hinreichend beschrieben. Folgerichtig entstehen relevante Baustellen in der traditionellen Art und Weise des Marketings im B2B-Mittelstand.

2.1.2 Wo liegen die wesentlichen Baustellen im B2B-Mittelstand?

Die Herausforderung moderner B2B-Vermarktung liegt nicht allein in der Intensität des (globalen, digitalen) Wettbewerbs. B2B-Märkte werden umkämpfter, Markenloyalität sinkt, Produkte werden zunehmend austauschbar und die Preissensibilität der Zielgruppen steigt – all das wurde im Zuge der Status-quo-Analyse (vgl. Kap. 1) bereits erläutert. Die große Herausforderung moderner B2B-Vermarktung ist ein Mix aus Intensität und Komplexität des Marktgefüges (Marktdynamik), federführend getrieben durch die rasant voranschreitende Digitalisierung in sämtlichen B2B-Branchen. Das verkompliziert nicht nur die Vermarktung – die gesamte Art und Weise, wie Vermarktung auf diesem digitalen Spielfeld stattfindet, verändert sich.

Welche Auswirkungen hat das auf den B2B-Mittelstand? Zum einen steht der traditionelle Vertrieb, wie viele B2B-Branchen ihn noch kennen, auf dem Prüfstand. Die Zeiten, in denen der Vertrieb die Informationsquelle

Nummer 1 über den Kunden, und der Ansprechpartner Nummer 1 für den Kunden war, neigen sich dem Ende. Warum das der Fall ist, verrät ein Blick auf die B2B Customer Journey (vgl. Abb. 2.1).

Ob Onlinesuche, Besuch diverser Websites, Download von Informationen oder Social-Media-Diskussion – all diese Aktivitäten innerhalb des B2B-Kaufprozesses werden proaktiv vom Kunden gesteuert. Bedeutet, ein signifikanter Teil der Customer Journey findet nicht nur digital, sondern gänzlich ohne Direktkontakt zum Vertrieb statt. Damit verliert der traditionelle Vertrieb gewissermaßen seinen direkten Draht zum Kunden, und auch die Möglichkeit der Beeinflussung in wichtigen Phasen der Kaufentscheidung. Hinzu kommt, dass all die aufgezeigten digitalen Touchpoints relevante Daten und Informationen über den Kunden bereithalten. Die Analyse und Interpretation dieser Daten ist Chance und Herausforderung zugleich, und zeigt deutlich: Kundenwissen ist längst kein exklusives Vertriebsgut mehr. Vielmehr möchten Daten und Informationen aus verschiedenen Abteilungen, Kundenschnittstellen und externen Quellen zusammengeführt, analysiert, in Kombination interpretiert und zur ganzheitlichen Weiterentwicklung des Unternehmens genutzt werden.

Die Entwicklungen machen den B2B-Vertrieb keinesfalls obsolet, sondern verändern – wie bereits angekündigt – die Art und Weise des Vertriebs. Ähnliche Veränderungen vollziehen sich innerhalb anderer Funktionsbereiche. So passt auch die traditionelle, technikorientierte Produktentwicklung

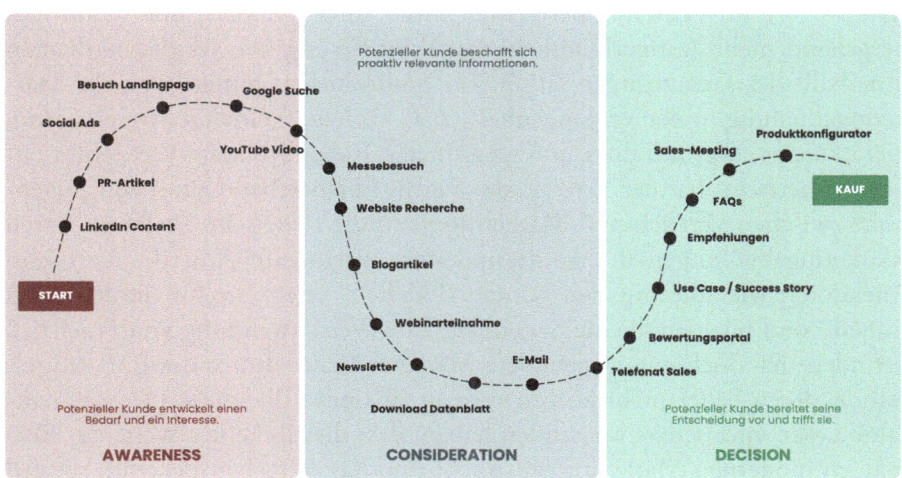

Abb. 2.1 B2B-Customer-Journey

im Sinne starrer Wasserfallprojekte nicht länger in die Zeit dynamischer B2B-Märkte. Vielmehr braucht es kurze Innovationszyklen und schnelle Produkttests direkt am Markt, um Geschäftsideen auf den Prüfstand zu stellen, Ergebnisse zu validieren und Produkte iterativ zu optimieren.

Während Vertrieb, Produktmanagement oder F&E im Umbruch sind, setzt sich ein weiterer Funktionsbereich im B2B-Mittelstand z. T. erstmalig intensiv mit Vermarktungsfragen auseinander: Das Personalmanagement (HR). Zwar galten Themen wie Recruiting und Employer Branding schon immer zur Klaviatur des Personalwesens, doch der Fachkräftemangel in der Industrie macht das Personalmarketing zum Thema Nummer 1 auf dem Schreibtisch mittelständischer HR-Manager. Bedeutet, personalseitig ist zunehmend ein Skillset gefordert, das traditionell in den Marketingabteilungen zu finden ist. Zu einer ähnlichen Erkenntnis gelangen wir mit Blick auf Vertrieb oder Produktentwicklung. In letzter Konsequenz lässt sich also festhalten: Ein strategisch guter Riecher auf Managementebene und ein starker traditioneller Vertrieb reichen künftig nicht mehr aus, um auf modernen B2B-Märkten (kundenseitig, mitarbeiterseitig, etc.) erfolgreich zu sein. Hier kommt ein neuer, zentraler Akteur ins Spiel: Die Marketingabteilung.

2.1.3 Welche Rolle hat die Marketingabteilung im B2B-Mittelstand?

Seit einiger Zeit schon fordern Marketingverantwortliche im B2B-Mittelstand – zurecht – einen höheren Stellenwert ihrer Funktion und damit einhergehend mehr Aufmerksamkeit und Priorisierung von Marketingthemen innerhalb der Gesamtorganisation. Im traditionellen Sinne hatte die Marketingabteilung in der Vergangenheit (z. T. bis heute) einen schweren Stand, nicht zuletzt aufgrund ihrer untergeordneten Rolle. Wo klare Vertriebsorientierung herrscht, hat der Vertrieb das Sagen. Entsprechend kann von Augenhöhe zwischen Vertrieb und Marketing nicht die Rede sein. Vielmehr waren Marketingabteilungen der kommunikative verlängerte Arm des Vertriebs. Anekdoten wie „die mit den bunten Bildchen" oder „die für die Präsentationen" sind bis heute keine Seltenheit. Eine Verschwendung von Potenzial, befinden sich doch gut ausgebildete Marketer in den Büros des B2B-Mittelstands, deren Feder mehr zu tun vermag als bunte Bildchen. Der aufmerksame Leser wird bereits verstanden haben, dass dies in keiner Weise der Realität im modernen Marketing entspricht und das Aufgabenspektrum speziell im digitalen Umfeld weit über klassischen Vertriebssupport hinausgeht.

Das wird nicht zuletzt anhand der o. g. Herausforderungen deutlich. Wenn der Vertrieb nach neuen – spätestens seit der Coronapandemie digitalen – Vertriebswegen schreit, bewegt er sich schnell im Kompetenzbereich der Marketingabteilung. Wenn sich die Produktentwicklung neben technischen Fragestellungen nun vermehrt mit Testkampagnen, Markterprobung und operativen Themen wie A/B-Testings beschäftigt, bewegt sie sich schnell im Kompetenzbereich der Marketingabteilung. Wenn die Personalabteilung digitale Recruitingkanäle und soziale Medien zur Personalgewinnung nutzen möchte, bewegt sie sich schnell im Kompetenzbereich der Marketingabteilung. Damit geht die Praxis des B2B-Mittelstands – gezwungenermaßen – einen großen Schritt auf das Ideal zu, welches in der Wissenschaft seit jeher gepredigt wird. Am Ende des Tages sind sämtliche Fragestellungen innerhalb der einzelnen Funktionsbereiche direkt geknüpft an Vermarktungsfragen.

Dieses Buch trägt den Titel „Marketing Centricity". Wie der Name bereits vermuten lässt, empfiehlt das Konzept einer Marketing Centricity, die Marketingfunktion zum Zentrum der B2B-Vermarktung zu transformieren. Damit steht die Marketingabteilung nicht nur auf Augenhöhe mit Vertrieb, Produktmanagement, F&E oder Personalmanagement, sondern bildet die direkte Schnittstelle zu all diesen Abteilungen, um einen ganzheitlichen Ansatz der Vermarktung zu realisieren. Einfach ausgedrückt: Wir entwickeln die Marketingabteilung vom Support zum Bindeglied.

Dieser Ansatz der interdisziplinären Zusammenarbeit im Marketing wird in den kommenden Kapiteln detailliert beschrieben. Dabei schauen wir auf verschiedene, in der Praxis relevante Schnittstellen zwischen der Marketingabteilung und weiteren Abteilungen in der Gesamtorganisation. Wir verknüpfen wissenschaftliche Erkenntnisse und Methoden des ganzheitlichen Marketing mit den Praxisbedingungen im B2B-Mittelstand, um ein anwendbares Modell zu erhalten, welches zur Weiterentwicklung des B2B-Marketing im Mittelstand genutzt werden kann.

Denn wichtig ist: Eine Transformation zu Marketing Centricity nimmt nicht nur alle Funktionsbereiche des Unternehmens in die Pflicht, Marketing neu zu denken, sondern ist auch eine große Herausforderung für die Marketingabteilung selbst. So wird sich die Marketingfunktion innerhalb der B2B-Unternehmen ebenfalls neu erfinden dürfen, um Aktuelles (Skillset, Methodik, Aufgabenbereiche, Teamstruktur) auf den Prüfstand zu stellen und sinnvolle Veränderungen umzusetzen. Marketing Centricity ist letztlich ein Transformationsprojekt für jedermann innerhalb der Organisation. Dieses Projekt möchten wir nun gemeinsam angehen.

2.2 Das Marketing-Centricity-Framework

Marketing Centricity? Noch ein Modell, das uns sagt, dass der Markt und der Kunde im Zentrum stehen? Dieser Skepsis werden wir uns wohl oder übel stellen müssen. Denn Fakt ist: Marktorientierung und Kundenzentrierung (engl. Customer Centricity) sind längst keine Neuheiten mehr. Auch verwandte Begrifflichkeiten wie Customer Experience (CX) erfreuen sich großer Beliebtheit, wenngleich sie sich z. T. mit ganz unterschiedlichen Themen beschäftigen und aus diversen Blickwinkeln auf den Kunden und Märkte als solches schauen. Eine kurze Bestandsaufnahme:

„Irgendwann sind auch die intensivsten und besten Verkaufsbemühungen nicht mehr steigerungsfähig bzw. so weit verbreitet, dass sich darauf kein Wettbewerbsvorteil mehr begründen lässt. So entstand die Idee, bereits vor dem Herstellungsprozess Informationen über die Bedürfnisse der möglichen Tauschpartner zu beschaffen, um sich anschließend zu bemühen, ein Gut herzustellen, das diesen Bedürfnissen am ehesten entspricht." (Busch et al., 2008, S. 5) Diese Aussage aus dem Jahr 2008 bildet den Kern eines integrierten Marketingverständnisses (gleichgesetzt mit Marktorientierung), welches bereits ausdrücklich empfiehlt, der Marketingfunktion die Aufgabe der Koordination aller marktrelevanten Aktivitäten des Unternehmens über sämtliche Bereiche hinweg zuzusprechen (vgl. Busch et al., 2008, S. 618). „Das Marketing in einer wo auch immer im Organisationsplan angelagerten Stelle als Aufgabe einer einzelnen Abteilung zu sehen, muss der Vergangenheit angehören." (Busch et al., 2008, S. 631). Die Idee eines integrierten Marketing baut demnach auf dem Konzept einer marktorientierten Unternehmensführung. Auch der Begriff der Kundenorientierung (Customer Centricity) greift auf dieselbe Basis zurück wie die Marktorientierung. Der wesentliche Unterschied ist, dass Kundenorientierung den Fokus aller Aktivitäten des Unternehmens rein auf aktuelle und potenzielle Kunden legt, während Marktorientierung den gesamten Markt (Wettbewerb, Lieferanten, Mitarbeiter, Medien, Öffentlichkeit etc.) betrachtet (vgl. Staudacher, 2021, S. 10 f.). Mit Blick auf den Status quo im B2B-Mittelstand wird schnell klar, dass Kundenorientierung allein nicht ausreicht. Marktdynamik und Diversität der Stakeholder erfordern ein breiteres Sicht- und Handlungsfeld. Dennoch bedient sich das Konzept der Customer Centricity wichtiger Leitideen, Fragestellungen und Methoden, die auch für die praktische Ausgestaltung von Marketing Centricity wertvoll sind. Zum einen bauen aktuelle Modelle der Customer Centricity im großen Stil auf die Nutzung von Daten, um Kundenbedürfnisse und Kundenverhalten besser zu verstehen, zu analysieren und für die eigenen Aktivitäten nutzbar zu machen (vgl. Nenninger & Seidel, 2021, S. 3). Zum anderen wird die Umsetzung einer (datenbasierten oder datengestützten) Kundenorientierung i. d. R. als agiler Prozess verstanden, welcher Veränderungsdynamiken als Grundlage iterativer Optimierung einordnet (vgl. Nenninger & Seidel, 2021, S. 165 ff.). Dieser Prozess bezieht sich letztlich nicht nur auf Marketing- und Vertriebsmaßnahmen, sondern umfasst – ganz im Sinne eines modernen Marketingverständnisses – das gesamte Geschäftsmodell und folgerichtig die Ausgestaltung der gesamten Wertschöpfungskette im Unternehmen (z. B. die Ausgestaltung der 4 Ps), um diese nicht nur auf den Kunden auszurichten, sondern den Kunden gar mit einzubinden (vgl. Staudacher, 2021, S. 36 ff.).

Was ist also das Ziel von Marketing Centricity? Das Modell möchte die Grundlagen der Marktorientierung aufnehmen und in die Praxis mittelständischer B2B-Unternehmen transferieren, um konkrete und pragmatische Empfehlungen zur Organisationsentwicklung und zur interdisziplinären Zusammenarbeit an einer dynamischen Vielfalt marktrelevanter Themen zu geben. Durch die interdisziplinäre Organisation soll eine möglichst effektive Kombination von Informationen, Kompetenzen und Ressourcen realisiert werden. Abb. 2.2 zeigt das grundlegende Framework, um dies zu bewerkstelligen.

2.2.1 Grundlagen des Marketing-Centricity-Frameworks

Die bisherigen Ausführungen machen deutlich: Marketing Centricity entspringt dem Grundgedanken der Markt- und Kundenorientierung. Darüber hinaus gelingt der Praxistransfer im B2B-Mittelstand nur dann, wenn wir Marketing agil verstehen. Mit Blick auf die Einsatzgebiete agiler Methoden – ursprünglich im Projektmanagement in der Softwareentwicklung – ist das nur logisch: So entfalten agile Methoden genau dann ihr volles Potenzial, wenn sie in einem komplexen Umfeld zum Einsatz kommen. Agilität ist der Schlüssel, um mit unbekannten Herausforderungen und sich schnell verändernden Rahmenbedingungen umzugehen. Sprich: Immer dann, wenn mehr unbekannt als bekannt ist (vgl. Maximini, 2018, S. 28). Vermarktung ist komplex. Die Veränderungen und vor allem das Tempo, in dem sich die Veränderungen (im B2B-Mittelstand) vollziehen, wurden in Kap. 1 hinreichend diskutiert. Darüber hinaus handelt es sich bei der Einführung von Marketing Centricity im Unternehmen – wie es bei anderen Modellen, Frameworks etc. auch der Fall ist – immer um Veränderung. Diese

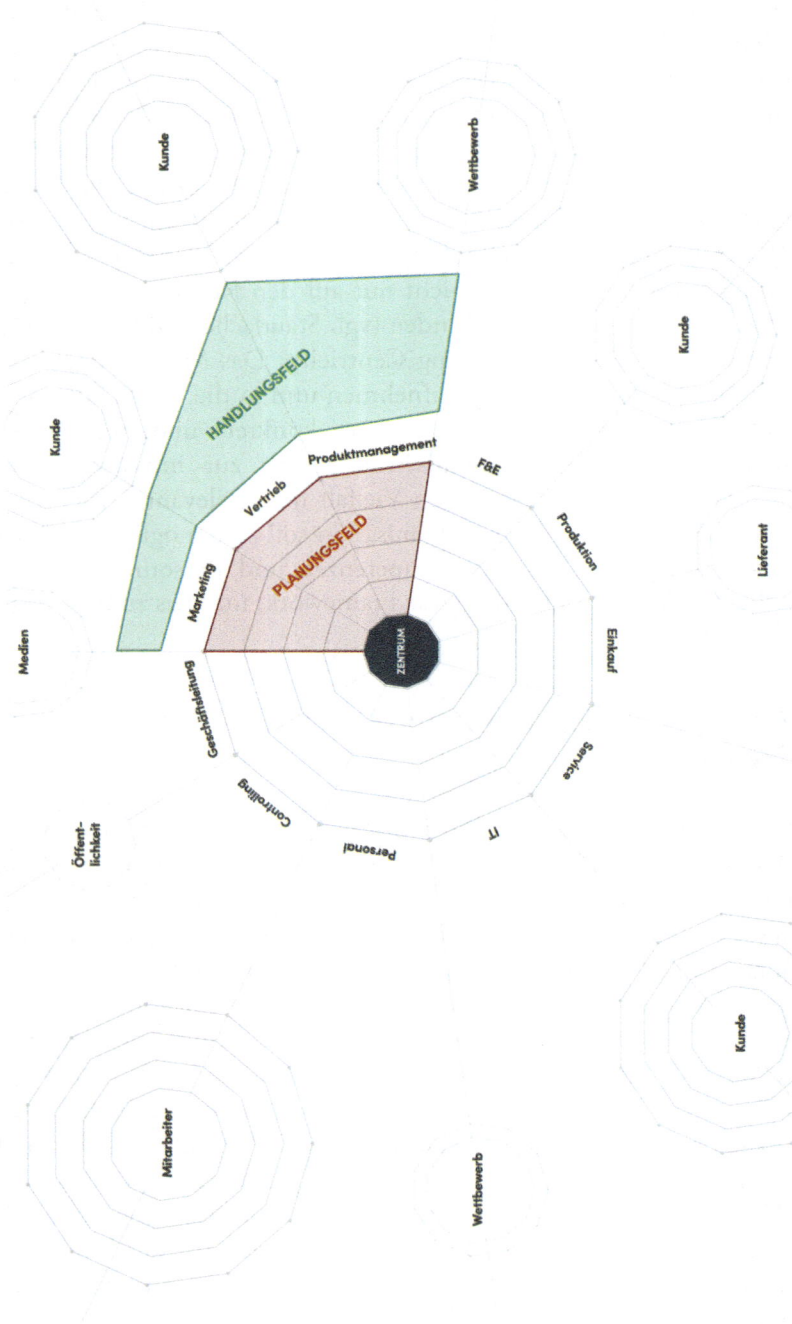

Abb. 2.2 Das Marketing-Centricity-Framework

Veränderung wirkt sich auf die Dynamik im Team, auf die Art der Zusammenarbeit und letztlich auf die Ausprägung der Organisation aus. Wie vorhersehbar bzw. standardisierbar sind solche zwischenmenschlichen Dynamiken? Kaum bis gar nicht. Entsprechend ist Agilität sowohl aus interner als auch aus externer Perspektive das Mittel der Wahl.

Agilität beruht auf klaren Prinzipien, niedergeschrieben im „Manifesto for Agile Software Development" und frei zugänglich im Internet zu finden (www.agilemanifesto.org). Ebenfalls frei zugänglich ist der Transfer dieses agilen Kerns auf die Marketingdisziplin. So haben schlaue Menschen das in Wissenschaft und Praxis anerkannte „Agile Marketing Manifesto" (www.agilemarketingmanifesto.org) entwickelt, das neben seinen Kernwerten auf zehn Prinzipien beruht. Marketing Centricity greift konsequent auf diese Prinzipien zurück:

1. „Great marketing requires close alignment, transparency, and quality interactions with internal and external customers": Interdisziplinäre Zusammenarbeit ist der Kern von Marketing Centricity. Der Teamgedanke innerhalb des Frameworks setzt auf die beschriebenen Interaktionen zwischen den unterschiedlichen Funktionsbereichen. Planungs- und Handlungsfeld tragen der Relevanz von internen wie externen Stakeholdern Rechnung.
2. „Seek out different and diverse points of view": Die Idee von Marketing Centricity beruht auf der begründeten Annahme, dass die unterschiedlichen Perspektiven auf den Markt (z. B. durch Marketing, Vertrieb, Service, Produktmanagement) in Kombination zu besseren Ergebnissen führen als der fragmentierte Blick einzelner Abteilungen.
3. „Embrace and respond to change to enhance customer value": Die Dynamik zwischen Planungs- und Handlungsfeld inkl. agiler Methoden in der Zusammenarbeit sorgt dafür, dass Veränderungen am Markt schnell erkannt werden, um flexibel auf sie zu reagieren.
4. „Plan only to a level sufficient to ensure effective prioritization and execution": Marketing Centricity setzt auf kurze Planungszyklen anstelle der traditionellen (und überholten) Marketingjahresplanung.
5. „Take chances, and learn from your failures": Die agilen Methoden im Kontext von Marketing Centricity beinhalten klare Bausteine, um Lernprozesse anhand konkreter Marktdaten und Erkenntnisse zu ermöglichen.
6. „Organize in small, cross-functional teams where possible": Marketing Centricity setzt immer auf kleine, interdisziplinäre Teams in der Umsetzung.

7. „Build marketing programs around motivated individuals and trust them to get the job done": Im Rahmen des Veränderungsprozesses stehen intrinsische Motivation, Eigenverantwortung und Selbstorganisation im Fokus. Der Teamgedanke von Marketing Centricity greift genau das auf.
8. „Long-term marketing success benefits from operating at a sustainable pace": Marketing Centricity konzentriert sich auf klar abgesteckte Zeithorizonte für die Umsetzung von Maßnahmen, um in regelmäßigen Abständen wichtige Anpassungen vorzunehmen.
9. „Agile marketing isn't enough. Excellence in marketing requires continuous attention to marketing fundamentals as well": Entgegen der hiesigen Marketingpraxis reduziert Marketing Centricity die Marketingfunktion nicht auf die operative Umsetzung von Maßnahmen, sondern würdigt die Managementrolle des Marketing als zentralen Erfolgsfaktor.
10. „Strive for simplicity": Die Einführung von Marketing Centricity muss pragmatisch sein, um in der Praxis des B2B-Mittelstands zu funktionieren.

Damit sind die zehn Prinzipien des Agile Marketing Manifesto die Grundlage, auf welcher alle Komponenten des Marketing-Centricity-Frameworks (Zentrum, Team, Planungsfeld, Handlungsfeld) entwickelt wurden (vgl. Agile Marketing Manifesto, 2020). Darüber hinaus greift Marketing Centricity auf drei zentrale agile Methoden zurück, welche im folgenden näher erläutert werden und im gesamten weiteren Verlauf des Buches Anwendung finden:

Objectives und Key Results (OKR's): Der Einsatz der OKR-Methodik hat sich vor allem auf Strategieebene (z. B. bei der Entwicklung der Marketingstrategie) bewährt. OKR steht für Objectives und Key Results und gehört neben Scrum, Kanban oder Design Thinking zu den beliebtesten agilen Methoden in der Praxis. Das durch Google bekannt gewordene Framework setzt auf das Zusammenspiel von qualitativen Zielen (Objectives) und spezifischen, messbaren Schlüsselergebnissen (Key Results), welche die Ziele operationalisieren und so Aufschluss darüber geben, ob die Zielerreichung gelingt (vgl. Kreutzer, 2024, S. 62; Meissner et al., 2024, S. 77 f.). So lässt sich die OKR-Methodik sehr gut als übergeordnetes Zielsystem nutzen, um darunter diverse Themen zu verorten (etwa eine Lead-Management-Initiative, eine Recruiting-Initiative und auch einen Produktlaunch). Der große Vorteil von OKR gegenüber der herkömmlichen Jahresplanung im Marketing ist der Fokus auf kurze Umsetzungs- und Optimierungszyklen. Die selbstorganisierten Teams machen – wie auch in den anderen agilen Frameworks

– ihre Ergebnisse jederzeit transparent, reflektieren die Umsetzung und nehmen sinnvolle Anpassungen vor (vgl. Meissner et al., 2024, S. 77). OKR sieht einen dreimonatigen Rhythmus vor, um adäquat auf Marktdynamik und Veränderungen reagieren zu können. Eine nähere Auseinandersetzung mit der OKR-Umsetzung folgt in Abschn. 2.2.4.

Spotify-Organisationsmodell: Die Teamidee innerhalb des Marketing-Centricity-Frameworks ist angelehnt an das sog. Spotify-Organisationsmodell, das seinen Namen dem gleichnamigen schwedischen Musikstreamingdienst als Initiator verdankt und als besonders agil gilt. Dieses Organisationsmodell passt hervorragend, weil es ein Unternehmen nicht in Hierarchien (inkl. Silobildung), sondern als ein Netzwerk kollaborierender Einheiten betrachtet (vgl. Grundei, J., 2024, S. 290). Klassische hierarchische Koordination soll hier weitgehend vermieden werden. Stattdessen setzt das Organisationsmodell auf lose gleichberechtigte Einheiten, die sich sowohl in Squads als auch in Chapter aufteilen. „Squads bilden die unterste Basis des Spotify Modells. Ein Squad ist selbstorganisiert und multidisziplinär – es hat also dieselben Eigenschaften wie ein Scrum Team" (Schiefer, 2022, S. 60). Während ein Squad also eine fachlich heterogene Gruppe von Menschen in sich vereint (z. B. Marketing, Vertrieb, Service, IT), ist ein Chapter das homogene Pendant zum Squad. In einem Chapter kommen Menschen mit ähnlichem fachlichen Profil zusammen (z. B. mehrere Vertriebler). Anders als bei der Organisation in Abteilungen – hier wird die Arbeit innerhalb der Abteilung organisiert – findet die eigentliche Arbeit innerhalb der interdisziplinären Squads statt, während die Chapter lediglich dem fachlichen Austausch mit Gleichgesinnten dienen (vgl. Schiefer, 2022, S. 62).

Scrum: Die Vordenker von Scrum definieren es als „leichtgewichtiges Rahmenwerk, welches Menschen, Teams und Organisationen hilft, Wert durch adaptive Lösungen für komplexe Probleme zu kreieren" (Schwaber & Sutherland, 2020, S. 3). Obwohl es auf dem Lean Gedanken aufbaut, der in der Industrie weit verbreitet ist, ist Scrum deutlich öfter in der Softwareentwicklung zu finden. Im Kern geht es um die iterative, inkrementelle Entwicklung von Ergebnissen (in der Softwareentwicklung ist häufig die Rede vom Produkt). Scrum setzt darauf, sich stets auf das Wesentliche zu konzentrieren, um schnell Ergebnisse zu produzieren, welche dann auf Basis von Empirie (Erfahrungen und Beobachtungen) optimiert werden können (vgl. Schwaber & Sutherland, 2020, S. 3). Operationalisiert werden diese Grundgedanken in zweiwöchigen Sprints, welche die Basis von Scrum darstellen. Ein Sprint beginnt immer mit einem Sprint Planning, in dem das Scrum Team das Ziel des kommenden Sprints und die daraus resultierenden Maßnahmen definiert. Während des Sprints kommt das Team täglich zum Daily

Scrum zusammen und bespricht in Kürze den Status quo und mögliche Hindernisse. Ein Sprint endet mit der Sprint Review als Ergebnispräsentation und Feedbackloop und der Sprint Retrospektive als konstruktiv-kritisches Optimierungswerkzeug, bevor die nächste Iterationsschleife in Form des nächsten Sprints angestoßen wird (vgl. Kröger & Marx, 2024, S. 175 f.). Im Ergebnis entstehen zweiwöchige Zyklen, in denen ein konkretes, auslieferbares Ergebnis geschaffen wird. Die Zeit, die es braucht, um für eine Initiative reelles Marktfeedback zu erhalten, wird somit drastisch verkürzt. Getreu dem Motto „Better done than perfect."

Marketing Centricity bedient sich den Grundlagen und Eigenschaften dieser drei Methoden, um Agilität zu erreichen. So baut der Grundgedanke auf einer Marketingstrategie, die sich mittels OKR-Methodik in ein Zielsystem und schließlich auf konkrete Kollaborationen herunterbrechen lässt. Interdisziplinäre Teams im Sinne des Spotify-Organisationsmodells setzen diese Kollaborationen nach Scrum-Logik in Sprints um und schaffen letztlich die konkreten Ergebnisse als Resultat der Marketingstrategie.

2.2.2 Komponenten des Marketing-Centricity-Frameworks

Das Marketing-Centricity-Framework setzt sich aus unterschiedlichen Komponenten zusammen, die in stetiger Wechselwirkung zueinander stehen. Dabei ist die erste logische Frage, die sich beim Anblick des Frameworks stellt: Warum steht das Marketing nicht im Zentrum?

Auch wenn das Marketing respektive die direkte Arbeit am Markt nach der Leitidee von Marketing Centricity das Zentrum der Aktivitäten im B2B-Mittelstand bilden sollte, ist es wenig sinnvoll und noch weniger praktikabel, die Marketingfunktion/Marketingabteilung im Zentrum des Frameworks zu positionieren. Die fehlende Praktikabilität zeigt sich allein schon dahingehend, dass eine Transformation vom Erfüllungsgehilfen des Vertriebs zum Zentrum aller unternehmerischer Entscheidungen ein Projekt ungeahnten Ausmaßes auf kultureller und organisatorischer Ebene wäre. So schön die Geschichte „Vom Tellerwäscher zum Millionär" in der Theorie auch ist, so wenig erfolgversprechend ist sie in diesem Fall in der Praxis. Viel wichtiger als die Umsetzbarkeit ist jedoch die Frage nach der Sinnhaftigkeit: Wenn wir erfolgreiche Vermarktung gleichsetzen mit der interdisziplinären Zusammenarbeit aller Funktionsbereiche am Markt, dann sollte keine Abteilung – weder die Marketingabteilung noch sonst wer – in Alleinverantwortung das Zentrum dieser Zusammenarbeit sein. Wenn Interdisziplinarität dem gesamten Framework zugrunde liegt, dann sollte sie auch dem Zentrum zugrunde liegen. Mit Blick auf die unterschiedlichen Komponenten des Frameworks wird deutlich, wie das aussieht.

Das Netzwerk: Der Grundaufbau des Marketing-Centricity-Frameworks ist ein Netzwerk. Man kann es sich auch als großes Gefüge diverser Spinnennetze vorstellen, die über ihre Fäden in verschiedenster Art und Weise miteinander verwoben sind. Diese Verbindungen (in Abschn. 1.1.5 Marktdynamik erläutert) treten in der Praxis natürlich in deutlich größerer Zahl auf, als im Modell darstellbar. Grundsätzlich bestehen Verbindungen (sich verbindende Fäden) und die damit einhergehenden Wechselwirkungen sowohl innerhalb als auch außerhalb der Gesamtorganisation. Innerhalb der Organisation stehen alle Funktionsbereiche – in welcher Intensität auch immer – in Verbindung zueinander. Außerhalb der Organisation besteht ein Gefüge externer Stakeholder, die individuell und in Kombination miteinander Einfluss auf die Organisation ausüben und umgekehrt: Kunden, Lieferanten, Wettbewerber, (pot.) Mitarbeiter, Medienschaffende, die breite Öffentlichkeit etc. Das Gefüge und die Intensität des Einflusses verschiedener Stakeholder ergibt sich für jedes Unternehmen individuell. Entsprechend ist die Aufzählung nicht erschöpfend. Weitere wichtige Stakeholder könnten bspw. Finanzinstitute, Investoren, Kooperationspartner oder Bildungsinsitute sein. Letztlich finden Wechselwirkungen nicht nur in direkter Verbindung mit dem eigenen Unternehmen statt (aktive Rolle). Die externen Stakeholder besitzen zeitgleich Verbindungen untereinander, ohne dass das eigene Unternehmen an den Wechselwirkungen teilnimmt (passive Rolle). Dennoch haben diese Verbindungen direkten Einfluss auf das eigene Unternehmen. Ein simples Beispiel dafür sind die Geschäftsbeziehungen der eigenen Kunden oder Lieferanten mit Wettbewerbsunternehmen.

Die Funktionsbereiche: Im Vordergrund des Marketing-Centricity-Frameworks steht das eigene Unternehmen, dargestellt als Netz im Zentrum des Netzwerks. Den äußeren Rand dieses Netzes bilden die unterschiedlichen Funktionsbereiche der Gesamtorganisation. Auch diese Darstellung ist bei jedem Unternehmen individuell und besteht letztlich aus den tatsächlich vorhandenen Funktionsbereichen. Je nach Anwendung des Frameworks (es ist sowohl die Darstellung des Status quo als auch die Darstellung einer künftig geplanten Ausgestaltung denkbar) können auch aktuell nicht vorhandene Funktionsbereiche Teil des äußeren Randes sein. Wichtig ist die Darstellung am äußeren Rand, denn ein Leitgedanke von Marketing Centricity ist der direkte Kontakt jeder Abteilung/jedes Funktionsbereiches zum Markt. Jeder Funktionsbereich hat in seiner individuellen Form sowohl bestehende als auch zusätzlich mögliche Kontaktpunkte zum

Markt (Verbindungen und Wechselwirkungen). Der Vertrieb spricht mit dem Kunden, während das Marketing potenzielle Neukunden in der aktuellen Kampagne anspricht, während das Produktmanagement den Wettbewerb beobachtet, während die Personalabteilung im Kontakt mit potenziellen Mitarbeitern steht, während der Einkauf mit Lieferanten verhandelt etc. Eine nähere Beschreibung der wesentlichen Funktionsbereiche und Kontaktpunkte folgt in Abschn. 2.2.3.

Das Zentrum: Im Informationszeitalter gewinnt derjenige, der in der Lage ist, Daten und Informationen nicht nur zu sammeln, sondern auch schnell und pragmatisch nutzbar zu machen. Ein wichtiger Bestandteil von Marktorientierung ist es, Informationen und Erkenntnisse von außen als Basis für alle Aktivitäten im Inneren des Unternehmens zu nutzen. Entsprechend sieht auch Marketing Centricity vor: Vom Markt (äußeres Netzwerk), über die Funktionsbereiche (inneres Netzwerk) ins Zentrum. Das Zentrum ist – wie bereits erläutert – kein eigener Funktionsbereich, sondern vielmehr als interdisziplinäre Basis zu verstehen. Es dient in erster Linie der Zusammenführung von Informationen und hat somit die Aufgabe, Daten- und Informationssilos zu reduzieren bzw. zu verhindern. Praktisch ausgedrückt: Wenn der Vertrieb nicht weiß, was das Produktmanagement macht, das Marketing nicht weiß, was der Kunde dem Vertrieb erzählt und das Produktmanagement nicht hört, welches Feedback der Service bekommt, können all diese Funktionsbereiche ihre Aktivitäten nicht aufeinander und damit nicht auf den Markt abstimmen. Die naheliegende Empfehlung „Redet mehr miteinander" ist zwar kurzfristig hilfreich, doch wirklich nachhaltig ist sie nicht. Man stelle sich vor, wie viel Austausch stattfinden müsste, um sich gegenseitig ausreichend auf dem aktuellen Stand zu halten. Effizienz und vor allem Agilität sehen anders aus. Eine zentrale interdisziplinäre Informationsbasis als Alternative bietet die Möglichkeit, asynchron und dezentral genau die Informationen zu nutzen, die für die aktuelle Herausforderung oder das aktuelle Projekt benötigt werden.

Das Team: Wie bereits beschrieben folgt die Gestaltung der Teams in Marketing Centricity dem Spotify-Organisationsmodell, wo sich die Einheiten sowohl in Squads als auch in Chapter aufteilen. Ein Funktionsbereich im traditionellen Sinne (im B2B-Mittelstand i. d. R. eine Abteilung) kann hier als Chapter übersetzt werden, mit dem wesentlichen Unterschied, dass ein Chapter allein dem Austausch von Wissen und Erfahrungen unter Menschen mit ähnlicher Expertise (z. B. Vertrieb) dient. Die eigentliche Zusammenarbeit findet innerhalb der Squads statt, welche interdisziplinär organisiert sind (vgl. Abb. 2.3). Das Team innerhalb von Marketing Centricity ist mit einem Squad im Spotify-Organisationsmodell (oder auch einem Scrum

DAS TEAM

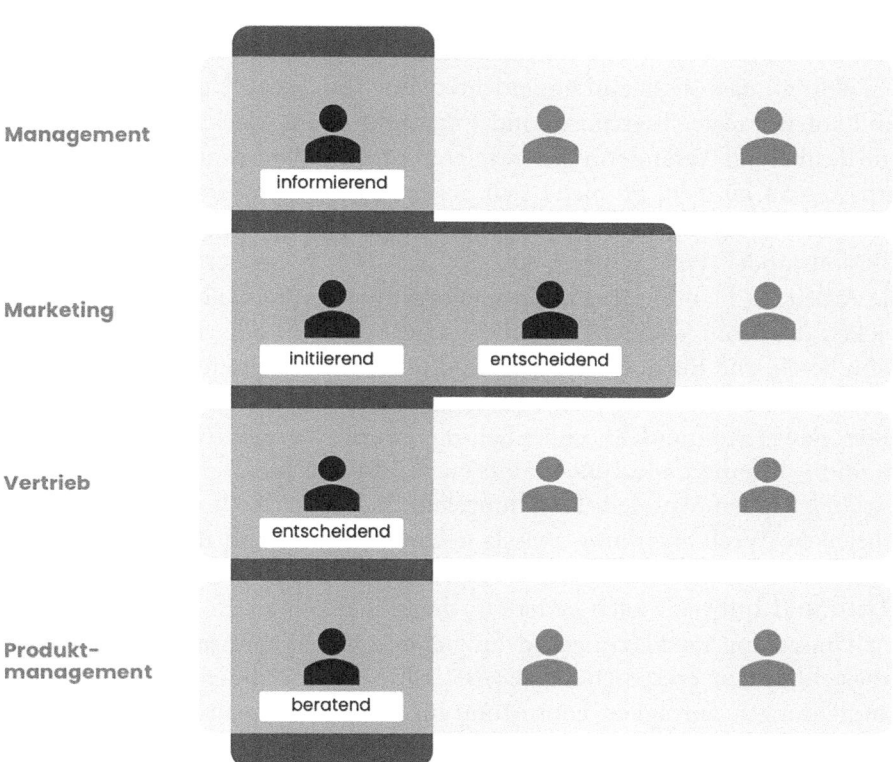

Abb. 2.3 Teamorganisation innerhalb von Marketing Centricity

Team) gleichzusetzen und arbeitet selbstorganisiert als eine Art internes Mini-Start-up an einem speziellen Thema, wie bspw. der Einführung und Umsetzung von Social Selling im Unternehmen (vgl. Schiefer, D., 2022, S. 60 ff.). Demnach bringt ein Team im Sinne von Marketing Centricity immer eine Gruppe von Menschen aus verschiedenen Funktionsbereichen zusammen, um mithilfe unterschiedlicher Kompetenzen an einem gemeinsamen Ziel zu arbeiten. Die Intensität der Teilnahme eines jeden Teammitglieds (informierend, beratend, begleitend, entscheidend, initiierend) kann variieren. Untereinander organisieren sich die Teammitglieder weitgehend selbstbestimmt. Weiterführende Informationen zur Umsetzung innerhalb der Teamorganisation finden sich in Abschn. 2.2.5.

Das Planungsfeld: Als interne Perspektive der Umsetzung von Marketing Centricity bildet das Planungsfeld den Rahmen der Zusammenarbeit.

Innerhalb des Planungsfeldes kommt das Team zusammen und organisiert sich. Marketing Centricity empfiehlt in den meisten Fällen eine agile Vorgehensweise innerhalb des Planungsfeldes. Im Kern bieten agile Methoden den Vorteil, dass sie darauf ausgerichtet sind, die eigene Umsetzung fortlaufend anhand realer Ergebnisse und Erkenntnisse am Markt zu hinterfragen, um flexibel auf Veränderungen reagieren und die Umsetzung entsprechend anpassen zu können. So bietet sich Scrum als agile Projektmanagementmethodik an, da Scrum ähnliche Eigenschaften aufweist wie das Spotify-Organisationsmodell (vgl. Schiefer, D., 2022, S. 60). Nach Scrum-Methodik ist die Arbeit im Planungsfeld in Sprints organisiert. Innerhalb der Sprints entwickelt das Team konkrete Ergebnisse (z. B. Content oder Kampagnen), die dann bereit sind für reales Feedback auf dem Handlungsfeld.

Das Handlungsfeld: Wo das Planungsfeld die interne Perspektive darstellt, bildet das Handlungsfeld schließlich die externe Perspektive der Umsetzung ab und subsumiert alle Touchpoints zu den für das jeweilige Thema relevanten Zielgruppen. Auf dem Handlungsfeld findet die durch das Netzwerk beschriebene Wechselwirkung zwischen Unternehmen und den externen Stakeholdern statt. In einer agilen Vorgehensweise werden hier die notwendigen Daten und Informationen generiert, die schließlich als Kompass zur weiteren Umsetzung im Planungsfeld fungieren. Die Ergebnisse auf dem Handlungsfeld bilden entsprechend die Basis für alle folgenden Sprints. Nähere Empfehlungen zur agilen Umsetzung im Zusammenspiel von Planungsfeld und Handlungsfeld finden sich in Abschn. 2.2.5.

Bevor wir uns jedoch die konkrete Umsetzung von Marketing Centricity in der Praxis des B2B-Mittelstands anschauen, gilt es, die wesentlichen Funktionsbereiche und deren Schnittstellen im Detail zu beleuchten.

2.2.3 Schnittstellen im Marketing-Centricity-Framework

Die Marketingabteilung im Fokus: Vor dem Hintergrund digitaler, dynamischer Märkte und einer zunehmend digitalen Customer Journey kommt der Marketingabteilung eine besondere Rolle in der Zusammenarbeit mit den anderen Funktionsbereichen zu. Schauen wir in die Praxis des B2B-Mittelstands, so war und ist es dem Marketing seit jeher ein zentrales Bedürfnis, möglichst intensiv und konstruktiv mit Vertrieb, Produktmanagement und Co. zusammenzuarbeiten. Man kann sogar sagen, das Schnittstellenmanagement liegt in der Natur der Marketingabteilung. Immerhin wären die meisten der aktuell hier verorteten Themen nicht ohne den Input anderer

Funktionsbereiche zu managen. Sei es die Zusammenarbeit mit dem Vertrieb zur Planung der nächsten Messen oder der Austausch mit den Produktexperten zum Aufbau passender Inhalte für Website, Social Media und Co. – die Marketingabteilung fungiert bereits als Kommunikator und Bindeglied zwischen den Funktionsbereichen, auch wenn dies eher selten in der Stellenbeschreibung eines B2B-Marketing-Managers aufgeführt ist.

Marketing Centricity nimmt die initiale Schnittstellenfunktion zum Anlass, die Rolle der Marketingabteilung innerhalb des Frameworks und damit innerhalb der Gesamtorganisation neu zu definieren. Denn angesichts der Herausforderungen, denen der B2B-Mittelstand insgesamt und jeder Funktionsbereich im Speziellen gegenübersteht, verändert sich die Dynamik zwischen den Funktionsbereichen. Ursprünglich fand Zusammenarbeit primär auf proaktiven Wunsch der Marketingabteilung statt. Galt es ein Thema zu bearbeiten, welches den Input eines bestimmten Fachbereiches benötigte, wurde eben dieser Fachbereich hinzugezogen (mal mehr, mal weniger systematisch). Damit besteht – zumindest implizit – ein einseitiges Abhängigkeitsverhältnis. In der neuen Dynamik verändert sich dieses Abhängigkeitsverhältnis. So landen immer mehr strategische wie operative Themen auf den Schreibtischen sämtlicher Funktionsbereiche (vgl. Abschn. 2.1), welche eine Zusammenarbeit mit der Marketingabteilung zumindest sinnvoll, oft zwingend erforderlich machen. Es entsteht ein beidseitiges Abhängigkeitsverhältnis, um gemeinsam am Markt erfolgreich zu sein. Einleuchtende Beispiele hierfür sind die Nutzung sozialer Medien im Vertrieb, der Aufbau von Online-Kampagnen zur Mitarbeitergewinnung oder die Auswertung digitaler Kunden- und Wettbewerbsdaten als Informationsbasis im Produktmanagement. Im weiteren Verlauf des Buches werden einige bereits genannte und ähnliche Beispiele aus der Praxis detailliert erläutert.

Marketing Centricity verändert demnach nicht die Tatsache, dass die Marketingabteilung als Schnittstelle fungiert – Marketing Centricity verändert das Verständnis und die Ausführung dieser Funktion. Es ist nicht länger eine implizite Notwendigkeit, um die eigenen Themen überhaupt vorantreiben zu können, sondern der explizit formulierte Kernauftrag dieser Abteilung innerhalb der Gesamtorganisation. So wird dem Marketing in vielen der o. g. interdisziplinären Teams eine Koordinationsrolle zukommen (vgl. Abschn. 2.2.4). Durch die inhaltliche Nähe zu marktrelevanten Themen kann die Marketingabteilung außerdem als Initiator vieler interdisziplinärer Kollaborationen auftreten. Wenn wir in der Analogie des Spinnennetzes bleiben, so agiert die Marketingabteilung als Spinne, welche die einzelnen Fäden webt (Verbindungen schafft und Funktionsbereiche zusammenbringt) und sich agil innerhalb des Netzes bewegt (um Themen zu identifizieren und interdisziplinäre Kollaborationen zu initiieren).

An dieser Stelle werden manche Leser zurecht die kritische Frage stellen: Wie soll die Marketingabteilung das denn noch zusätzlich umsetzen? Natürlich steht die Spinnenfunktion im Sinne einer Marketing Centricity nicht im Einklang mit der aktuellen Rolle des (Vertriebs)Gehilfen. Eine Transformation von der rein-operativ umsetzenden Kraft zum Koordinator und Fädenzieher (dem ein oder anderen Marketingexperten wird dieser Ausdruck sicherlich gefallen) ist daher mehr als sinnvoll. Ein Hoch auf die eierlegende Wollmilchsau, denn mit Blick auf die Stellenausschreibungen (vgl. Abschn. 1.2.2) zeigt sich, dass der Großteil der (gesuchten) Akteure im mittelständischen B2B-Marketing ohnehin Marketinggeneralisten sind. Warum also nicht den generalistischen Ansatz würdigen – er ist angesichts der vielfältigen Themen und der begrenzten Marketingressourcen im B2B-Mittelstand definitiv sinnvoll – und der Bezeichnung "Marketing Manager" gerecht werden, indem wir das Marketing tatsächlich managen lassen?

Was bedeutet das? Management ist letztlich ein Komplex von Steuerungsaufgaben: Planung, Organisation, Koordination und Kontrolle (vgl. Schreyögg & Koch, 2020, S. 7 ff.). Der Marketing Manager plant, organisiert, koordiniert und kontrolliert entsprechend Marketingaktivitäten. Die Idee des Managements erwähnt mit keinem Wort, dass der Manager im Anschluss selbst die umsetzende Kraft ist. Natürlich ist es im B2B-Mittelstand sinnvoll (und mit Blick auf die Ressourcen zwingend notwendig), dass die Marketingthemen nicht nur geplant, sondern auch eigenständig umgesetzt werden können. Dies kann jedoch logischerweise nicht für die gesamte Umsetzung aller Themen gelten. Marketing Centricity empfiehlt nicht nur mehr Management, sondern v. a. mehr interdisziplinäres Management seitens der Marketingabteilung. Es gilt nicht bloß die abteilungsinternen Ressourcen zu organisieren und zu koordinieren, sondern alle für den Erfolg eines Themas erforderlichen Ressourcen zu integrieren. Dazu gehören sowohl interne Ressourcen in Form anderer Funktionsbereiche als auch externe Ressourcen in Form von Agenturen, Dienstleistern und weiteren Drittanbietern. Hierdurch entstehen interdisziplinäre Teams, die im Sinne von Marketing Centricity auf Planungs- und Handlungsfeldern kollaborieren.

Schnittstelle Geschäftsleitung: Die Umfrage zum „Status quo B2B-Marketing im Mittelstand" (vgl. Abschn. 1.2.3) hat gezeigt: 77 % der B2B-Marketingabteilungen sind direkt an die Geschäftsleitung angedockt. Im Rahmen von Marketing Centricity kann dieser Umstand gezielt genutzt werden, um die Zusammenarbeit des Marketing mit der obersten Managementebene zu intensivieren. Viele führende Marketingexperten werden einer solchen

Entwicklung zustimmen, denn in Expertenaussagen ist schon lange klar: Marketing ist Chefsache. Damit ist natürlich weniger die Betreuung der Website oder der Social-Media-Kanäle gemeint – vielmehr geht es um strategische Vermarktungsfragen. Wie Abschn. 2.1.1 bereits festgestellt hat, liegt das strategische Marketing im B2B-Mittelstand ohnehin bereits implizit in den Händen der Geschäftsleitung. Wie genau das schließlich aussieht (ob Geschäftsführer, Managementboard oder auch Zusammenschluss der Inhaberfamilie), ist von Unternehmen zu Unternehmen unterschiedlich. Auch die Art und Intensität der Auseinandersetzung kann variieren.

Wichtig ist: Strategisches Marketing ist Chefsache, und das soll es auch bleiben. Nicht nur, weil wohl keine Geschäftsleitung der Welt die Entscheidungsgewalt über die grundlegenden Themen der Vermarktung (z. B. Positionierung am Markt) freiwillig aus der Hand geben wird, sondern vor allem, weil Marketingstrategie und Unternehmensstrategie (in letzter Konsequenz müsste man beide Begriffe synonym verwenden) aus der Feder der obersten Führungsinstanz mit Abstand die größte Wirkung haben. Entsprechend erhebt Marketing Centricity keinesfalls den Anspruch, strategisches Marketing in die Hände der Marketingabteilung zu legen. Es sollte jedoch unbedingt im direkten Dialog mit eben dieser geschehen. Mehr noch: Marketingstrategie sollte im Dialog mit allen Funktionsbereichen entstehen, da es auch alle Funktionsbereiche betrifft. Kernfragen wie „Welche Kunden addressieren wir heute und in Zukunft mit welchem Angebot, und was ist notwendig, damit das auch funktioniert?" haben immer interdisziplinären Charakter: Daraus resultieren z. B. Aktivitäten in der Produktentwicklung, Maßnahmen in der Portfolio- und Preisgestaltung, ein differenzierter Personalbedarf, oder Strategien der Marktansprache in Marketing und Vertrieb.

Die simple Teilhabe der Marketingabteilung am strategischen Dialog – z. B. über die Marketingleitung – wird bereits große Auswirkungen haben: An erster Stelle ist der entstehende Know-how-Transfer in beide Richtungen zu nennen. So beschweren sich viele B2B-Marketer in der Mittelstandspraxis über die fehlenden Kenntnisse im obersten Management, wenn es um moderne Marketingmethodik (z. B. Digitalmarketing) geht (vgl. Fangmann, 2024, S. 24). Dem entgegen steht der Vorwurf seitens der Geschäftsleitung – im B2B-Mittelstand häufig mit technischem Hintergrund (z. B. der Maschinenbauingenieur an der Spitze des Maschinenbauunternehmens) – die Marketingabteilung setze sich zu oberflächlich mit technischen und produktspezifischen Themen auseinander. Know-how-Transfer in beide Richtungen führt nicht nur zu wertvollen Lerneffekten, sondern bringt auch eine positive neue Dynamik in die Diskussionen rund um Marketingbudgets und Co. Neben Know-how bringt die Marketingabteilung wertvolle

Informationen und betriebswirtschaftliche Methodik an den Tisch. Während eben diese Methodik (z. B. systematische Einordnung von Kundendaten) den impliziten „strategischen Riecher" der Geschäftsleitung um eine explizit-methodische Strategieentwicklung ergänzt, verbessern die Informationen aus direkter Schnittstelle zum Markt (etwa über digitale Kanäle) die Entscheidungsgrundlage auf Managementebene. Gleichzeitig erhält die Marketingabteilung wertvolle Informationen für die eigene Arbeit. So bildet die Teilhabe am strategischen Dialog letztlich die Basis dafür, den Gap zwischen Unternehmensstrategie und Marketingpraxis zu schließen. Beschwerden wie „Das Marketing zahlt nicht konsequent auf die Unternehmensziele ein, weil es die Ziele und Ausrichtung des Unternehmens nicht ausreichend kennt" gehören damit der Vergangenheit an.

Denken wir Marketing Centricity noch einen Schritt weiter, kann und sollte die Marketingfunktion (in konsequenter Ausführung ihrer Managerrolle) den strategischen Dialog sogar initiieren und die methodische Auseinandersetzung mit Vermarktungsfragen auf Ebene der Geschäftsleitung proaktiv steuern. In dem Wissen, dass dies jedoch weit an der aktuellen Realität vieler Marketingabteilungen vorbeigeht, wird dies nicht als zwingender Bestandteil einer fruchtbaren Umsetzung von Marketing Centricity in der Praxis notwendig sein. Was jedoch zwingend erforderlich ist, ist die Teilhabe der Geschäftsleitung an ausgewählten exekutiven Themen, die sich aus der strategischen Ausrichtung ergeben. So zeigt sich anhand ausgewählter B2B-Praxisthemen (z. B. Markenführung, Corporate Influencer, Thought Leadership), dass die Mitwirkung der Geschäftsleitung in vielen Fällen förderlich, oft sogar erfolgsentscheidend ist (vgl. Abschn. 2.2.4, Kap. 3). Die gute Nachricht: Im B2B-Mittelstand befindet sich die Geschäftsleitung i. d. R. noch nah genug am operativen Geschäft, um an der Umsetzung solcher Initiativen zu partizipieren. Diesen zentralen Vorteil gegenüber großen Organisationen und Konzernstrukturen gilt es im Rahmen von Marketing Centricity unbedingt zu nutzen.

Schnittstelle Vertrieb: Die wohl wichtigste und logischste Schnittstelle in der Umsetzung von Marketing Centricity ist die zwischen Marketing und Vertrieb. Nicht grundlos beschäftigen sich so viele Experten in Wissenschaft und Praxis mit der Optimierung der Zusammenarbeit dieser beiden Funktionsbereiche. Eine Eingabe im Google-Suchfeld reicht aus, und die Autofill-Funktion schlägt bei „Zusammenarbeit Marketing" die Vervollständigung „Zusammenarbeit Marketing und Vertrieb" vor. Neben einiger Fachliteratur zum Thema finden sich online unzählige Blogbeiträge und ähnlicher Content, der sich der Verzahnung von Marketing und Vertrieb widmet. Im

Gegensatz zu anderen Schnittstellen hat diese Schnittstelle sogar eine eigene Bezeichnung: Unter dem Begriff „Marketing Sales Alignment" findet Google rund 43,5 Mio. Suchergebnisse (Stand: September 2024). Entsprechend relevant ist die Schnittstelle Vertrieb auch in der Praxis des B2B-Mittelstands. Sowohl aktuell als auch künftig besteht hier laut „Status quo: B2B-Marketing im Mittelstand" die intensivste Zusammenarbeit (vgl. Abschn. 1.2.3).

Angesichts der inhaltlichen Nähe von Marketing- und Vertriebsthemen ist dies nicht besonders verwunderlich. Immerhin ist – auch bei diversen Ziel- und Bezugsgruppen eines ganzheitlichen Marketingansatzes – der Kunde in wohl jeder wirtschaftlich ausgerichteten Organisation die wichtigste Zielgruppe. Durch die starke Vertriebsorientierung im B2B-Mittelstand ist auch die Marketingabteilung hier besonders vertriebsorientiert. „Marketing ist eher Vertriebsmarketing", so der Tenor aus der Praxis (vgl. Fangmann, 2024, S. 24). Diese Orientierung hat Vor- und Nachteile. Während die Marketingabteilung definitiv nicht auf Vertriebsmarketing reduziert werden sollte (das gesamte Buch leistet einen Beitrag dazu), kann die starke Vertriebsorientierung gezielt genutzt werden, um die Marketingfunktion innerhalb der Gesamtorganisation aufzuwerten. Wenn klassische Marketingthemen entscheidend dazu beitragen, Kunden zu gewinnen und Umsatz zu generieren, dann erhalten Marketingaufwendungen sukzessiv den Stempel „sinnvolle Investition" anstelle des „notwendigen Übels". Digitale Marketingmaßnahmen bieten diesbezüglich immer mehr Möglichkeiten der Datenauswertung, um den Beitrag der Marketingfunktion am Vertriebserfolg schwarz auf weiß aufzuzeigen. Diese Möglichkeiten gilt es zu nutzen.

Gleichzeitig entsteht besonders im digitalen Kontext eine Vielzahl an Optionen, um in der Kombination von Marketing und Vertrieb am Kunden zu arbeiten. Wo der klassische Vertrieb nur noch einen Teil der Customer Journey proaktiv begleiten kann, bieten digitale Kanäle wie die Website oder soziale Medien stetig neue Touchpoints zum Kunden, die zielgerichtet genutzt werden möchten. Eben diese Kanäle sind i. d. R. im Aufgabenbereich der Marketingabteilung angesiedelt, was die Zusammenarbeit von Marketing und Vertrieb an der Customer Journey als Ganzes nur logisch macht.

Das beginnt bereits bei der Zusammenführung von Kundenwissen. Galt der Vertrieb viele Jahre lang als alleiniger „Kundenkenner", so öffnet sich dieses Bild immer mehr. Zum einen können über digitale Kanäle Kundendaten generiert, analysiert und interpretiert werden. Diese Daten geben Aufschluss über Kundenverhalten an Punkten der Customer Journey, zu denen der traditionelle Vertrieb heute schlicht keinen Zugang mehr hat. Zum anderen lassen sich digitale Kanäle nutzen, um proaktiv in Kontakt mit der

Zielgruppe zu treten. So bieten sich bspw. systematische (quantitative wie qualitative) Kundenbefragungen an, um wertvolle Erkenntnisse für die Marketing- und Vertriebsarbeit zu gewinnen. Führen Marketing und Vertrieb all diese Informationen zusammen (vgl. Abschn. 2.2.4 und Kap. 3 zu Lead Management und Customer Relationship Management), entsteht eine aussagekräftige Grundlage für die weitere Zusammenarbeit am Kunden.

Die Tatsache, dass Marketing und Vertrieb im Rahmen der Customer Journey gemeinsam am Kunden arbeiten, ist zunächst keine Neuheit. Konzepte des Lead Management sind im B2B-Marketing längst angekommen. Lead Management umfasst dabei (je nach Quelle mal enger und mal weiter gefasst) die Generierung und Qualifizierung potenzieller Neukunden (Leads) bis zur Übergabe an den Vertrieb und Umwandlung durch den Vertrieb in reelle Neukunden. Damit bildet Lead Management häufig den Kernprozess an der Schnittstelle zwischen Marketing und Vertrieb (vgl. Vossebein et al., 2024, S. 6; Biesel & Hame, 2020, S. 197 f.). Die Problematik liegt jedoch meist in der Umsetzung eben dieses Prozesses. Viele Konzepte trennen Lead Management in zwei Bereiche – den Marketingbereich und den Vertriebsbereich. Entsprechend ist die Marketingabteilung dafür verantwortlich, Leads zu generieren und so weit zu qualifizieren, dass der Vertrieb sie annehmen und zu Kunden weiterentwickeln kann. Damit ist der Streit um die Leads bereits vorprogrammiert. Immer mal wieder werden Fronten verschoben und die Frage diskutiert, bis zu welchem Zeitpunkt nun das Marketing und ab welchem Zeitpunkt nun der Vertrieb verantwortlich ist. Der Vertrieb beschwert sich über mangelnde Leadqualität, das Marketing beschwert sich über ungenügende Verarbeitung der übergebenen Leads. Einige Publikationen zu Lead Management erkennen diese Problematik bereits an und beschäftigen sich daher mit den organisatorischen Dynamiken zwischen Marketing und Vertrieb (vgl. Steuernagel, 2021, S. 23 f.; Wenger, 2023, S. 481 f.; Vossebein et al., 2024, S. 10 ff.). So wird etwa das klassische „starre" Trichtermodell (Marketing-Sales-Funnel) inkl. klarer Trennung von Marketing und Vertrieb besonders kritisch betrachtet. Angesichts der Tatsache, dass sich der Kunde in seiner digitalen Kundenreise ohnehin in keinen Trichter drücken lässt, müssen individuellere Konzepte her. Die Wunschvorstellung, ein potenzieller Kunde könne heute noch problemlos über Gated Content gelockt, in einen simplen Funnel überführt und so lange mit Content versorgt werden, bis er sehnsüchtig den Anruf des Vertrieblers erwartet (ohne je nach links und rechts zu schauen), hält in den seltensten Fällen der komplexen Realität der B2B-Kaufprozesse stand. Lead Management als konkretes Praxisthema wird in den kommenden Kapiteln noch näher beleuchtet. Wichtig ist an dieser Stelle: Marketing Centricity sieht keine starre

Trennung von Marketing- und Vertriebsbereich vor, sondern kombiniert Marketing- und Vertriebsressourcen exakt so an den verschiedenen Touchpoints der Customer Journey, wie es diese individuell verlangt.

Wichtig ist außerdem: Allein die Schnittstelle zwischen Marketing und Vertrieb ist zur Umsetzung von Marketing Centricity nicht hinreichend. Die Schnittstelle zum Vertrieb ist für einige weitere Funktionsbereiche sehr wertvoll und umgekehrt. So ist der Input des Vertriebs bspw. im Rahmen klassischer Tätigkeiten im F&E sowie dem Produktmanagement relevant, um Produkte zu entwickeln und auf den Markt zu bringen, die im Anschluss erfolgreich verkauft werden können (vgl. Abschn. 2.2.4 und Kap. 3). Ein weiteres Beispiel ist die Zusammenarbeit zwischen Einkauf, Produktmanagement und Vertrieb im Rahmen der Preiskalkulation, um marktfähige und wirtschaftliche Preispolitik zu betreiben.

Schnittstelle Produktmanagement: Produktmanager werden Marketing Centricity lieben. Zumindest lässt ihre Jobbeschreibung diese These zu. Der Funktionsbereich „Produktmanagement" ist schließlich aus dem Bedürfnis nach interdisziplinärer Kollaboration zur Erreichung produktspezifischer Ziele heraus entstanden: Ein Produktmanager als Produkt-Markt-Experte versammelt in generalistischem Stil die Spezialisten an einem Tisch, um ihre Spezialkompetenzen zum Wohle des (geplanten) Produktes einzubringen (vgl. Aumayr, 2013, S. 6 ff.). Ergo: Wirksames Produktmanagement lebt letztlich von funktionierendem Schnittstellenmanagement. Ohne Abstimmung mit Vertrieb, Marketing und anderen Funktionsbereichen ist es einem Produktmanager nicht möglich, seinen Job zu machen und seine Ziele zu erreichen (vgl. Tintelnot, 2023, S. 45). Somit entsteht durch Marketing Centricity die organisatorische Grundlage, um das Schnittstellenmanagement im Produktmanagement zu vereinfachen und notwendige Spezialkompetenzen um ein produktspezifisches Kernthema herum zu bündeln. Das ist selbstverständlich auch ohne Marketing Centricity möglich (und wird auch praktiziert), doch steht das Produktmanagement vor denselben Herausforderungen wie die Marketingabteilung: Herkömmliche Silostrukturen im B2B-Mittelstand inkl. aller damit einhergehenden Zieldiskrepanzen, Kommunikationsblockaden und Machtspielchen erschweren oder verhindern gar die effektive und effiziente Ausführung der Tätigkeiten rund um die Entwicklung und Vermarktung neuer Produkte und Lösungen.

Sofern also ein mittelständisches B2B-Unternehmen mit dem Produktmanagement als Funktion arbeitet – immerhin geben 17 % der innerhalb der Status-quo-Befragung befragten Mittelständler an, kein Produktmanagement im Unternehmen zu haben (vgl. Fangmann, 2024, S. 14) – wird dieser Funktionsbereich stark von Marketing Centricity profitieren und nimmt gleichzeitig eine Schlüsselfunktion in der Realisierung des Konzeptes ein. Kein anderer Bereich (außer die Marketingabteilung selbst) kann so große Teile seines Tuns in die vorgesehene Teamstruktur integrieren. Sei es eine individuelle Marktanalyse in Zusammenarbeit mit Marketing und Vertrieb als wertvolle Informationsquellen, die kreative Produktentwicklung in interdisziplinären Workshops (bspw. Design Thinking), oder die agile Digitalkampagne in der Testphase des Go-to-Market, um gemeinsam mit Marketing und Vertrieb den Product-Market-Fit zu validieren. Gleichzeitig bringt kaum ein anderer Bereich (außer vermutlich der Vertrieb) ein solches Marktwissen ins Team ein. Ob Innovationsprojekt, digitale Vertriebsinitiative oder die Einführung datenbasierter Geschäftsmodelle (bspw. im Kontext des IIOT) – eine Vielzahl interdisziplinär ausgelegter Themen aus Marketing, Vertrieb, Management und Co. wird von der Teilhabe des Produktmanagements profitieren.

Erfolgsentscheidend ist auch hier der Transfer von Wissen und Erfahrung in alle Richtungen. So ist ein Produktmanager i. d. R. ein Spezialist für einen fixen Produktbereich und einen damit zusammenhängenden, klar definierten Markt. Aufgrund seines meist technischen Backgrounds steckt er mit zunehmender Erfahrung tief in den technischen Details und Besonderheiten dieses Produktbereiches. Ein solches Produktwissen ist immens wichtig für Vertrieb und Marketing. Gleichzeitig kommt aus der Marketingabteilung wertvoller Input zu Vermarktungsmöglichkeiten für eben diese Produkte. Die Kollegen aus dem Vertrieb wiederum nehmen den Markt aus einer anderen Perspektive wahr – nämlich der direkten Perspektive zum Kunden – die nochmals andere Erkenntnisse hervorbringt, als es der Blick des Produktmanagers vermag. Nicht grundlos weist das Produktmanagement sowohl heute als auch in der künftig neben Vertrieb und Geschäftsleitung die größte Relevanz zur Marketingkooperation auf (vgl. Fangmann, 2024, S. 14 ff.). Das Dreiergespann aus Marketingabteilung, Vertrieb und Produktmanagement ist für viele B2B-Praxisthemen eine vielversprechende Kombination, wie die folgenden Kapitel zeigen werden.

Schnittstelle Personalmanagement (HR): Wenn Vertrieb, Geschäftsleitung und Produktmanagement als die Bereiche mit der größten Schnittstellenrelevanz zur Marketingabteilung genannt werden, dann darf im selben Zuge das Personalmanagement nicht außen vor bleiben. Dabei ist die Kombination aus Marketing und Personal weniger logisch herzuleiten als das betriebswirtschaftliche Urtrio Marketing, Vertrieb und Produktmanagement. Den ein oder anderen Leser mag es sogar überraschen, dass die Schnittstelle zum Personalmanagement laut Status-quo-Befragung „B2B-Marketing im Mittelstand" die dritthöchste Intensität aufweist – nach Vertrieb und

Geschäftsleitung und noch vor dem Produktmanagement. Gleichzeitig belegt das Employer Branding direkt nach der generellen Markenführung Platz 3 der aktuellen Marketingthemen im B2B-Mittelstand, gefolgt von der Leadgenerierung und der Personalgewinnung. Damit stehen zwei zentrale HR-Themen weit oben auf der Marketingagenda der mittelständischen Unternehmen – noch über weitaus gängigeren Themen wie Customer Relationship Management oder Marktforschung (vgl. Fangmann, 2024, S. 9 ff.).

Das liegt vor allem daran, dass der kritische Prozess im Personalmanagement in Zeiten des Fachkräftemangels die Personalgewinnung ist. Mehr noch: Während Auswahl und Einstellung neuer Mitarbeiter schon immer zentrale Aufgaben der Personaler im B2B-Mittelstand waren, rückt v. a. der Teilprozess des Personalmarketings ins Zentrum der Aufmerksamkeit. Unternehmen schreien nach einer starken Arbeitgebermarke und beschäftigen sich mit zunehmend digitalen Recruitingaktivitäten, um eine junge, digitalaffine und anspruchsvolle Arbeitnehmergeneration von sich zu überzeugen. Um dies zu realisieren, werden altbekannte Konzepte und Methoden aus Marketing und Vertrieb – etwa die Employee Persona zur Zielgruppenanalyse oder die Candidate Journey als Pendant zur Customer Journey – auf den Arbeitsmarkt und das Personalmarketing angewandt (vgl. Pommerening, 2024, S. 40). Mobile Bewerberfunnels, Videobewerbungen und die Nutzung sozialer Medien (von LinkedIn über Instagram bis zu TikTok) ergänzen traditionelle Methoden der Personalgewinnung und machen die Mitwirkung der Marketingabteilung zwingend erforderlich (vgl. Lindner, 2024, S. 57 ff.).

Denn ähnlich wie bei der Kollaboration von Marketing und Vertrieb entlang der Customer Journey profitiert auch das Personalmarketing von der Zusammenführung von Kundenwissen (der Kunde ist in diesem Fall der potenzielle Mitarbeiter) und Methoden-Know-how. Während Personaler ihre Erfahrungen und Erkenntnisse aus dem direkten Bewerberkontakt einbringen, kennen die Marketer sich mit den Konzepten moderner Vermarktung aus und bringen v. a. über die digitalen Schnittstellen zum Arbeitsmarkt (bspw. Social Media) weitere Insights an den Tisch. Je nach Anwendungsfall ist die Integration weiterer Funktionsbereiche ins Personalmarketing besonders förderlich: So ist eine besonders umkämpfte Zielgruppe der IT-Bereich (vgl. Lindner, 2024, S. 56). Um die Zielgruppenansprache potenzieller IT-Mitarbeiter zu optimieren und die Candidate Journey möglichst zielgruppengerecht zu gestalten, ist es naheliegend, mit den eigenen IT-Mitarbeitern im Unternehmen zu sprechen. Diese Art der internen Zielgruppenanalyse (bspw. über Interviews) ist eine besonders pragmatische und leicht umsetzbare Anwendung klassischer Marketingmethodik im Personalmarketing. Das

IT-Beispiel lässt sich natürlich auf sämtliche andere Funktionsbereiche übertragen.

Weitere relevante Schnittstellen: Angelehnt an die Status-quo-Umfrage „B2B-Marketing im Mittelstand" (vgl. Abschn. 1.2.3) wurden in den letzten Abschnitten diejenigen Schnittstellen beschrieben, die in der Praxis (aktuell und künftig) die größte Relevanz aufweisen. In der individuellen Praxis eines jeden Unternehmens kann dies natürlich variieren. Außerdem beschränkt sich Marketing Centricity in den wenigsten Fällen allein auf diese Schnittstellen und Funktionsbereiche. Vielmehr bedarf jedes Thema eine gesonderte Beantwortung der Frage: Welche Funktionsbereiche und Schnittstellen sind in welchem Maße erforderlich, um dieses Thema zum Erfolg zu führen (vgl. Abschn. 2.2.5)? Demnach führt das Marketing-Centricity-Framework als Grundmodell neben der Marketingabteilung, der Geschäftsleitung, dem Vertrieb, dem Produktmanagement und dem Personalmanagement bereits weitere Funktionsbereiche auf.

Dem Produktmanagement sehr nah steht etwa die *Forschung & Entwicklung (F&E),* welche speziell innerhalb der Produktentwicklung eine technologisch zentrale Rolle einnimmt. Viele mittelständische Hidden Champions haben ihre Marktstellung lange Zeit den technologischen Erfolgen im F&E-Bereich zu verdanken. So ist der deutsche Mittelstand ein Meister der inkrementellen Innovation und technischen Exzellenz. Auch wenn die rein-technologische Differenzierung in kaum einer Branche mehr langfristig ausreichend ist, ist die Entwicklungsleistung nach wie vor ein entscheidender Faktor in der B2B-Vermarktung. Entsprechend viele Marketingthemen werden künftig den F&E-Funktionsbereich tangieren, wie u. a. die Praxisbeispiele in Kap. 3 zeigen.

Ebenso zentral für den Erfolg vieler B2B-Mittelständler ist die *Produktion* als der Ort, wo die reelle Wertschöpfung des Unternehmens stattfindet. Einige weitverbreitete und anerkannte Managementkonzepte – u. a. im Kontext von Lean Management – stellen die Produktions- bzw. Wertschöpfungsprozesse konsequent ins Zentrum betriebswirtschaftlicher Überlegungen. Angesichts der direkten Auswirkungen auf den Vertrieb ist das nur logisch. Salopp gesagt: Gut produzierte Produkte verkaufen sich besser. Daraus ergibt sich die unbedingte Relevanz der Produktion für Themen rund um Produkt, Preisgestaltung, Vertrieb und auch Marke. Auf der anderen Seite lässt sich die Methodenkompetenz, die durch die Umsetzung groß angelegter Lean-Initiativen im produzierenden Bereich aufgebaut wurde, wunderbar interdisziplinär anwenden und für Vermarktungsinitiativen nutzen. Es ist ohnehin verwunderlich, dass Bücher wie „Lean Startup" von Eric Ries zum Standardrepertoire moderner Marketingliteratur gehören, doch der Bogen vom Marketing zur Lean Hochburg „Produktion" so selten geschlagen wird. Hier bleiben einige Potenziale bis dato ungenutzt.

Sofern im Unternehmen vorhanden, bietet auch der *Service* als weitere direkte Schnittstelle zum Kunden immense Vermarktungspotenziale. Nicht nur, dass die Informationen und Erkenntnisse, die sich aus dem Servicekontakt ergeben, Gold wert sind, um Produkte kundenorientiert (weiter) zu entwickeln – die Fragen und Probleme, die Kunden im Rahmen ihrer Serviceanfragen äußern, lassen sich wunderbar zur Marketing- und Vertriebskommunikation nutzen. Darüber hinaus gilt ein starker Service in einigen B2B-Branchen als besonders wichtiges Argument. Entsprechend attraktiv ist die Einbindung eben dieses Funktionsbereiches in Initiativen von Marketing und Vertrieb.

Die Tatsache, dass Vermarktung auch im B2B-Mittelstand zunehmend digital und datenbasiert stattfindet, ist der Auslöser für eine immer stärkere Integration des *Controlling* als Zentrum der Datenexpertise und der *IT* als Zentrum der Digitalexpertise. Vor allem, wenn es um die Integration neuer Tools und Systeme geht, die in eine bestehende Daten- und IT-Struktur eingebettet werden möchten (z. B. ein CRM-System oder ein Marketing-Automation-Tool), dann ist das Know-how aus diesen beiden Bereichen erfolgskritisch.

2.2.4 Marketing Centricity anhand ausgewählter B2B-Praxisthemen

Nachdem nun viel über Komponenten und Schnittstellen innerhalb des Marketing-Centricity-Frameworks gesprochen wurde, ergibt sich die Frage: Wie sieht das nun in der Umsetzung aus? Diese Frage soll im Folgenden anhand einiger ausgewählter B2B-Praxisthemen beantwortet werden. Bei den Themen handelt es sich um beispielhafte Darstellungen, die tatsächlich so in der Praxis des B2B-Mittelstands auftreten und umgesetzt werden können. Jedoch gilt es – wie das immer mit Frameworks so ist – die Darstellungen individuell für den eigenen Anwendungsfall zu interpretieren. Dem aufmerksamen Leser wird auffallen, dass die Themen von hier an als „Kollaborationen" betitelt werden. Der Begriff ist bewusst gewählt, um den Begriff „Projekt" zu vermeiden. Ein Projekt als zeitlich begrenzter Zusammenschluss verschiedener Funktionsbereiche zur Erreichung eines Projektziels impliziert einen klaren Anfang und ein klares Ende des Projektes. Marketing Centricity sieht kein Ende der Kollaboration vor. Natürlich dürfen (und sollten) in der Praxis konkrete Projekte zur Umsetzung von Marketing

Centricity initiiert werden (häufig die einzige Möglichkeit, um den Stein wirklich ins Rollen zu bringen; vgl. Abschn. 2.2.5), doch sollten diese Projekte nicht zu dem Trugschluss führen, die interdisziplinäre Zusammenarbeit wäre danach beendet. Kollaboration im Sinne von Marketing Centricity versteht sich als fortlaufende Tätigkeit.

Marketingstrategie: Ähnlich wie der Begriff „Marketing" ist auch der Begriff „Marketingstrategie" so eine Sache. Wissenschaftlich korrekt und im Sinne marktorientierter Unternehmensführung müsste Marketingstrategie gleichgesetzt sein mit der Unternehmensstrategie als Solches. Wir präferieren in diesem Fall eine pragmatische und weitaus praxistauglichere Interpretation: Die Marketingstrategie, für dessen Umsetzung letztlich die Marketingabteilung im B2B-Mittelstand verantwortlich ist, sollte unbedingt im Einklang mit der Unternehmensstrategie stehen (vgl. Schnittstelle Geschäftsleitung, Abschn. 2.2.3). Entsprechend gilt es die Marketingziele von den generellen Unternehmenszielen abzuleiten. Da es sich in den meisten Fällen um Wachstumsziele handelt, werden damit Vertriebs- und Personalziele einhergehen. Folglich ergibt sich die Notwendigkeit der Synchronisierung von Zielen und Strategie mit dem Vertrieb und Personalmanagement. Mit Blick auf die aktuelle inhaltliche Orientierung des Marketing im B2B-Mittelstand (Top-5-Marketingthemen: Support des Vertriebs, Markenführung, Employer Branding, Leadgenerierung, Personalgewinnung, vgl. Fangmann, 2024, S. 9) wird die interdisziplinäre Zusammenarbeit dieser Funktionsbereiche auf Strategieebene einen signifikanten Teil der aktuellen Themen integrieren können – wenngleich die Unternehmensstrategie als Solches ganzheitlicher zu betrachten ist. Tab. 2.1 gibt einen Überblick über die Umsetzung der Marketingstrategie im Rahmen von Marketing Centricity.

Die Initiierung und Organisation dieser Kollaboration übernimmt die Marketingabteilung (Holschuld). Da es sich in diesem Fall um strategische Überlegungen mit unternehmensweiten Auswirkungen handelt, die eine

Tab. 2.1 Marketing Centricity umgesetzt in der Marketingstrategie (beispielhafte Darstellung, tatsächliche Umsetzung in der Praxis kann abweichen). (Quelle: Eigene Darstellung)

Initiator	Marketing
Team	Geschäftsleitung, Marketing, Vertrieb, Personalmanagement
Planungsfeld	Planung der Objectives, Key Results und Maßnahmen/Kollaborationen
Handlungsfeld	Umsetzung der Maßnahmen/Kollaborationen
Zentrum	BI-Dashboard (z. B. Microsoft Power BI) → unterschiedliche Maßnahmen/Kollaborationen = unterschiedliche Quellen

Legitimation auf Managementebene bedürfen, sollten neben der Geschäftsleitung v. a. die Marketingleitung, Vertriebsleitung und Personalleitung Teil der Kollaboration sein. In dieser Konstellation findet initial die Synchronisierung der Ziele statt. Wichtig ist die konkrete Formulierung dieser Ziele, um Klarheit und ein gemeinsames Verständnis zu schaffen. Darüber hinaus gilt es bereits jetzt Synergien, Abhängigkeiten und Zielkonflikte zu identifizieren, um diese in der Strategieentwicklung berücksichtigen zu können.

Nach der Zielsynchronisierung ist die Geschäftsleitung informierend an der Kollaboration beteiligt. Dabei geht es vor allem um Informationen über gesamtunternehmerische Rahmenbedingungen (z. B. Ressourcen), innerhalb derer die Zielerreichung stattfindet. Sofern Maßnahmen außerhalb der Rahmenbedingungen notwendig sind, sind zusätzliche Entscheidungen seitens der Geschäftsleitung erforderlich. Generell aber liegt die Entscheidung über die Ausgestaltung der Marketingstrategie beim Marketing selbst. Entgegen der häufig praktizierten Unterordnung und Entscheidung durch den Vertrieb sollte die Entscheidungsgewalt dort liegen, wo auch die überwiegende Umsetzung stattfindet. Nur so kann eine nachhaltig sinnvolle Ressourcenverteilung realisiert werden, welche bspw. Marken- und Recruitinginitiativen in ein sauberes Verhältnis zu den ansonsten überrepräsentierten Vertriebsmaßnahmen setzt. Gleichzeitig wird eine funktionierende Marketingstrategie nicht im stillen Marketingkämmerlein entwickelt. Sowohl der Vertrieb als auch das Personalmanagement sollten die Strategieentwicklung eng begleiten. Gar nicht zwangsläufig durch die Abteilungsleitung selbst –vielmehr gilt es genau die Personen einzubinden, welche in der operativen Umsetzung der Strategie zusammenarbeiten werden (z. B. Marketing Manager, HR-Manager, Recruiter, Sales Manager, Lead Manager). Auf diese Weise kann der Gefahr eines Strategy-Execution-Gaps entgegengewirkt werden, der vor allem dann entsteht, wenn Strategie (vermeintlich) an der operativen Realität der ausführenden Instanzen vorbei entwickelt wird.

Die reelle Strategieentwicklung findet letztlich innerhalb des Planungsfeldes statt. Hier wird aus „Was wollen wir erreichen?" das „Wie werden wir das erreichen?" geformt. Welche Handlungsfelder bieten sich an? Welche Ressourcen benötigt es (intern wie extern)? Welche Schritte müssen eingeleitet werden, um die Handlungsfelder auszuschöpfen? Nachdem zu Beginn ein gemeinsames Verständnis für die Ziele geschaffen wurde, sollte nun auch ein gemeinsames Verständnis über den Weg dorthin entstehen. Nur so kann sichergestellt werden, dass alle Funktionsbereiche auch die benötigten Ressourcen zur Verfügung stellen. Darüber hinaus benötigt es ein gemeinsames Verständnis für die Dynamik zwischen Planungs- und Handlungsfeld. So wird bei der Beantwortung der o. g. Fragen auffallen: Es gibt einige unbekannte Variablen. Ob verschiedene Handlungsfelder und Maßnahmen tatsächlich die gewünschte Wirkung entfalten, lässt sich nur durch reelles Testen am Markt herausfinden. Daher setzt Marketing Centricity konsequent auf agile Methodik. Im Falle der Marketingstrategie ist dies – wie bereits in Abschn. 2.2.1 beschrieben – die OKR-Methodik. Ein Objective könnte bspw. das Erschließen eines neuen Vertriebskanals sein, während eine konkrete Anzahl X der über diesen Kanal generierten qualifizierten Leads ein dazugehöriges Key Result wäre. Das OKR-Zielsystem stellt letztlich das Ergebnis einer sauberen Strategieentwicklung dar und bildet gleichzeitig die Grundlage für alle weiteren Kollaborationen. Immerhin muss jede Kollaboration im Rahmen von Marketing Centricity auf die übergeordnete Marketingstrategie und damit in letzter Konsequenz auf die Unternehmensziele einzahlen.

Marke: Die Notwendigkeit, sich über eine starke Marke gegenüber dem Wettbewerb zu differenzieren und somit der drohenden Vergleichbarkeit zu entgehen, haben viele B2B-Unternehmen bereits erkannt. Laut Status-quo-Umfrage im B2B-Mittelstand ist die Markenführung das zweitgrößte aktuelle Marketingthema, gleich nach dem Vertriebssupport (vgl. Fangmann, 2024, S. 9). Moderne Markenführung jedoch ist weit mehr als Brand Design oder Markenkommunikation. Ein Logo, ein aussagekräftiger Slogan und eine clevere Kampagne reichen nicht aus, um eine Marke nachhaltig auf dynamischen, zunehmend digitalen Märkten zu positionieren. Vielmehr benötigt es ein besonders hohes Maß an interdisziplinärer Zusammenarbeit, um dies adäquat umzusetzen. So sehen führende Markenexperten eine zentrale Herausforderung darin, interne Markenführung zu betreiben, um die eigenen Mitarbeitenden als Akteure für die eigene Marke zu gewinnen und entsprechend fit zu machen (vgl. Burmann et al., 2021, S. 5). Andernfalls droht eine Diskrepanz zwischen dem bspw. über Social-Media-Kanäle kommunizierten Markenversprechen und dem reellen Markenverhalten im Kontakt mit den Zielgruppen.

Speziell der B2B-Mittelstand, der einen signifikanten Teil seiner Leistungen – vom Vertriebskontakt über Projektierung und Auftragsabwicklung bis zum Service – im direkten, z. T. persönlichen Kontakt zum Kunden erbringt, ist auf die diversen Mitarbeitenden als Botschafter der Marke angewiesen. Die Digitalisierung verstärkt diesen Faktor: In sozialen Netzwerken (LinkedIn, Instagram etc.) findet Kommunikation zunehmend direkt auf Personenebene statt – Mitarbeitende repräsentieren die Marke, kommunizieren über Personenprofile und interagieren mit verschiedenen Zielgruppen. Neben dem Kunden entsteht auch ein verstärkter Fokus auf potenzielle

Mitarbeitende und die aktuellen Mitarbeitenden als Botschafter der Employer Brand (vgl. Burmann et al., 2021, S. 5). Die Tatsache, dass immer mehr B2B-Unternehmen eigene Corporate-Influencer- oder Markenbotschafter-Programme initiieren (oft mit dem Fokus auf Social-Media-Kommunikation), zeigt die Relevanz in der Praxis.

Um den Herausforderungen zu begegnen, hat sich die identitätsbasierte Markenführung als gängiges Grundkonzept behauptet. Im Zentrum der identitätsbasierten Markenführung stehen sich die interne Managementperspektive (Markenidentität, Selbstbild, interne Markenführung) und die externe Wirkungsperspektive (Markenimage, Fremdbild, externe Markenführung) gegenüber, um an den Brand Touchpoints im Rahmen der Customer Journey aufeinanderzutreffen (vgl. Burmann et al., 2021, S. 13). Tab. 2.2 gibt einen Überblick über die Umsetzung dieses Konzeptes im Rahmen von Marketing Centricity.

Es gibt verschiedene Möglichkeiten, eine Markeninitiative im B2B-Mittelstand zu initiieren. Förderlich ist es, wenn eine solche Kollaboration von der Geschäftsleitung ausgeht, da Marke in letzter Konsequenz durchaus als Chefsache definiert werden kann. Die Geschäftsleitung hat in jedem Fall eine Vorbild- und Leuchtturmfunktion in der internen wie externen Markenführung und sollte mit dem eigenen (Marken)Verhalten als gutes Beispiel vorangehen. Sofern die Geschäftsleitung als Initiator nicht zur Verfügung steht, ist der Weg über die Marketingabteilung – immerhin sind Markenführung und Employer Branding i. d. R. hier verortet – der nächstlogische Schritt. Vereinzelt kann sogar die Personalabteilung eine Markeninitiative ins Leben rufen, wenn der Fokus etwa auf der Employer Brand liegen soll. Wer auch immer eine Markenkollaboration initiiert – es ändert nichts an der Vorgehensweise. Wir gehen daher in diesem Fall von der Geschäftsleitung als Initiator aus.

Tab. 2.2 Marketing Centricity umgesetzt in der Markenführung (beispielhafte Darstellung, tatsächliche Umsetzung in der Praxis kann abweichen). (Quelle: Eigene Darstellung)

Initiator	Geschäftsleitung
Team	Alle Funktionsbereiche des Unternehmens (Stellvertreterprinzip)
Planungsfeld	Entwicklung der internen Perspektive (Markennutzenversprechen, Selbstbild, interne Markenführung)
Handlungsfeld	Umsetzung der externen Perspektive (Kommunikation an den Brand Touch Points, Fremdbild, externe Markenführung)
Zentrum	BI-Dashboard (z. B. Microsoft Power BI) → unterschiedliche Brand Touch Points = unterschiedliche Quellen

Im Anschluss stellt sich logischerweise die Frage: Wer ist Teil des Teams? In letzter Konsequenz müsste jeder Mitarbeitende eines Unternehmens als Teil der Marke auch Teil einer Markenkollaboration sein. Da dies auch im Mittelstand in den wenigsten Fällen umsetzbar ist, empfiehlt sich eine pragmatischere Lösung: Per Stellvertreterprinzip wird sichergestellt, dass jeder Funktionsbereich des Unternehmens durch mind. eine Person informierend beteiligt und somit repräsentiert ist. Die Nichtberücksichtigung von Funktionsbereichen innerhalb der Markenentwicklung und Markenführung birgt die Gefahr, ein unvollkommenes Bild der Markenidentität des Unternehmens zu zeichnen. Beispielhaft ausgedrückt: Die Identität eines mittelständischen Maschinenbauers besteht nicht nur aus Marketing und Vertrieb, sondern ist erst durch Einbezug von Produktion, Qualitätssicherung, Finanzbuchhaltung und Co. wirklich vollständig.

Stärker begleitend involviert sollten diejenigen Funktionsbereiche sein, die qua Jobprofil im direkten Kontakt zu den Zielgruppen stehen, wie bspw. der Vertrieb, das Produktmanagement, das Personalmanagement und der Service. An dieser Stelle nehmen wir bewusst keine Unterscheidung zwischen der Corporate Brand und der Employer Brand vor, da es – vor allem im Hinblick auf begrenzte Ressourcen im B2B-Mittelstand – wenig zielführend ist, zwei nebeneinanderstehende und sich im Zweifel gegenseitig behindernde Markenkonstrukte aufzubauen. Stattdessen werden alle Perspektiven im Sinne einer holistischen Markenführung in eine Unternehmensmarke integriert. (Anmerkung: In diesem Fall wird das Unternehmen als Marke verstanden. Die Führung von Untermarken bspw. für einzelne Produkte oder Produktgruppen wird nicht näher betrachtet.)

Die entscheidende Rolle innerhalb der Markenkollaboration hat die Marketingabteilung inne. Wichtig ist zu beachten, dass es hierbei weniger um die Entscheidung über die reelle Ausprägung der Marke(nidentität) geht, sondern vielmehr um die Entscheidung über den Weg dorthin. Darunter fällt auch die Entscheidung über etwaige externe Unterstützung. Da Identitätsentwicklung ein sensibler, von zwischenmenschlicher Dynamik geprägter Prozess ist, bietet sich die Moderation und Durchführung über eine externe Instanz an, selbst wenn das grundsätzliche Methodenwissen intern vorhanden ist.

Im Anschluss an die Markenentwicklung folgt die Markenführung im Planungs- und Handlungsfeld. Hier trifft nun – exakt wie in der identitätsbasierten Markenführung modelliert – die interne Perspektive (Markennutzenversprechen, Markenverhalten) auf die externe Perspektive (Markenbedürfnisse, Markenwahrnehmung). Um den Abgleich beider Perspektiven an sämtlichen Brand Touchpoints zu vollziehen, zu analysieren und sukzessiv zu optimieren, bietet sich erneut eine agile Vorgehensweise an. Speziell durch digitale Medien ergeben sich deutlich kürzere Feedbackzyklen und eine weitaus höhere Transparenz darüber, wie Marke an den Touchpoints resoniert. Die Herausforderung in der Umsetzung liegt letztlich darin, die richtigen quantitativen wie qualitativen Indikatoren zu identifizieren, welche ein möglichst aussagekräftiges Bild über die Wirkung der Marke geben.

Lead Management: „Wir brauchen mehr Leads." – Ein Satz, den jeder B2B-Marketer kennen dürfte. Die Leadgenerierung in B2B-Unternehmen ist standardmäßig als Kernaufgabe der Marketingabteilung definiert. Doch so simpel ist das Ganze nicht. Der traditionelle Prozess – Marketing generiert und qualifiziert die Leads, Vertrieb übernimmt und wandelt die Leads in Kunden um – klingt zwar verlockend einfach, doch wird der Komplexität digitaler B2B-Kaufprozesse nicht gerecht. In den wenigsten Fällen ist die Customer Journey linear und klar in zwei Verantwortungsbereiche zu trennen. Die historisch gewachsene Trennung zwischen Marketing und Vertrieb verschwimmt (vgl. Steuernagel, 2021, S. 23). Grund dafür ist zum einen die fortschreitende Digitalisierung, die dafür sorgt, dass ein großer Teil des Kaufprozesses ohne direkten Vertriebskontakt und demnach im traditionellen Hoheitsgebiet der Marketingabteilung stattfindet (steigende Relevanz von Marketingmaßnahmen innerhalb der Customer Journey). Darüber hinaus ist eine Aufteilung in Hoheitsgebiete (erst das Marketing, dann der Vertrieb) aus der Perspektive des Kunden nicht nur irrelevant, sondern gar hinderlich. So bieten u. a. Social-Media-Plattformen wie LinkedIn die Möglichkeit, vertriebsseitig bereits an der Leadgenerierung und Leadqualifizierung mitzuwirken – etwa durch Social-Media-Kommunikation der Vertriebler. Gleichzeitig hören Marketingaktivitäten nicht nach der Leadqualifizierung auf, sondern können speziell in der Entscheidungsphase des Kunden das Zünglein an der Waage sein. Wichtig ist die grundsätzliche Erkenntnis: Während Lead-Management-Modelle die Customer Journey in möglichst klare Phasen und Verantwortungsbereiche einteilen möchten, ist eine solche Einteilung dem Kunden herzlich egal. Wenn er mit dem Marketing interagieren möchte, wird er das tun. Wenn er mit dem Vertrieb interagieren möchte, wird er das tun – ungeachtet dessen, wo in der Customer Journey er sich gerade befindet. Das bedeutet nicht, dass sämtliche Systematisierung hinfällig ist. Ganz im Gegenteil – im Kontext dieser Dynamik braucht es mehr denn je ein System, um Leadgenerierung und Weiterentwicklung zu Kunden zu steuern. Dieses System und der Weg dorthin sollten jedoch ganzheitlich und agil betrachtet werden (vgl. Fuderholz, 2017, S. 55). Es empfiehlt sich demnach ein „Miteinander" von Marketing und Vertrieb anstelle des traditionellen „Nacheinanders". Tab. 2.3 gibt einen Überblick über die Umsetzung von Lead Management im Rahmen von Marketing Centricity.

Dabei dürfte die Initiierung einer Lead-Management-Kollaboration das geringste Problem darstellen. Immerhin gibt es kaum ein Thema, bei dem sich die zentralen Akteure (Marketing und Vertrieb) der Notwendigkeit so bewusst sind. Zwar ist es möglich, dass Erfahrungswerte und tiefer gehende Kenntnisse zum Thema fehlen, doch Neukundenakquise als solches ist sowohl den Marketing- als auch den Vertriebsabteilungen im B2B-Mittelstand geläufig. Davon ausgehend, dass sich die Marketingabteilung in ihrer täglichen Arbeit ohnehin verstärkt mit Leadgenerierung auseinandersetzt, wird sie in diesem Fall auch als Initiator geführt (vgl. Fangmann, 2024, S. 9). Eine solche Kollaboration kann natürlich ebenso gut aus dem Vertrieb heraus initiiert werden. Viel wichtiger als die Frage des Initiators ist jedoch die Frage: Wer entscheidet? Die simple und wirksame Antwort (getreu dem Spotify Organisationsmodell, vgl. Abschn. 2.2.1): Das Team. Die agile Teamidee hinter Marketing Centricity, welche auf Selbstorganisation setzt, ist im Falle von Lead Management besonders vielversprechend.

Während eine entscheidende Instanz bei anderen Themen durchaus sinnvoll ist – etwa um das Thema methodisch zu treiben und zu steuern – lebt Lead Management von Gleichberechtigung. Weder die Marketing- noch die Vertriebsabteilung sollten die Schirmherrschaft über das Thema übernehmen. So lässt sich den natürlichen Konflikten rund um das „Hot Topic" Leads entgegenwirken. Wenn das Team entscheidet, ist die Marketingabteilung nicht schuld an schlechten Leads. Wenn das Team entscheidet, ist der Vertrieb nicht schuld an mangelhafter Weiterverarbeitung der Leads. Wenn das Team entscheidet, entsteht das o. g. Miteinander anstelle des traditionellen Nacheinanders. Weiterführend entsteht eine deutlich intensivere Zusammenarbeit zwischen Marketing und Vertrieb, als es in traditionellen

Tab. 2.3 Marketing Centricity umgesetzt im Lead Management (beispielhafte Darstellung, tatsächliche Umsetzung in der Praxis kann abweichen). (Quelle: Eigene Darstellung)

Initiator	Marketing
Team	Marketing, Vertrieb, IT
Planungsfeld	Entwicklung konkreter Maßnahmen & Kampagnen entlang der Customer Journey
Handlungsfeld	Umsetzung der Maßnahmen & Kampagnen über die definierten Medien (z. B. LinkedIn oder E-Mail)
Zentrum	CRM-System (z. B. Hubspot, Salesforce, Pipedrive)

Lead-Management-Modellen der Fall ist. Wo Marketing und Vertrieb zuvor lediglich am Punkt der Übergabe zusammenkamen, geschieht dies nun entlang der gesamten Customer Journey. Im Rahmen dieser Dynamik entstehen wichtige Diskussionen, die Know-how-Transfer und einen gegenseitigen Lernprozess ermöglichen. Der Sales Manager beginnt die Herausforderungen der Leadgenerierung in passender Quantität und Qualität zu verstehen, während der Marketing Manager ein Gefühl für die Relevanz vertriebsseitiger Anforderungen an die Leadqualität bekommt.

So entstehen innerhalb des Planungsfeldes konkrete Kampagnen – Inhalte, Botschaften, Formate, Kanäle – welche im Handlungsfeld direkt am Kunden getestet und iterativ optimiert werden können. Da es sich in den meisten Fällen um (teil)digitale Kampagnen der Leadgenerierung und/oder Leadqualifizierung handeln dürfte, spielt neben Marketing und Vertrieb auch die IT-Abteilung eine wichtige Rolle. Durch die Integration der IT wird sichergestellt, dass Tools und Systeme (z. B. ein Marketing-Automation-Tool oder das CRM-System) sauber ineinandergreifen und in die vorhandene IT-Landschaft des Unternehmens integriert sind. Diese Systeme sind letztlich ein zentraler Bestandteil der Datenbasis, die benötigt wird, um Maßnahmen im Lead Management datenbasiert zu optimieren. So sollte die Nutzung einer gemeinsamen CRM-Basis (für Marketing und Vertrieb) zwingender Bestandteil jeder Lead-Management-Kollaboration sein. Der folgende Absatz zeigt, warum.

Customer Relationship Management (CRM): Wenn das Thema CRM im Unternehmen aufkommt, denken wir gern direkt an Tools und Systeme, von Salesforce über Hubspot bis Pipedrive und Co. Customer Relationship Management ist jedoch weniger als technisches Upgrade und vielmehr als (technologisch gestützte) holistische Denkweise der Vermarktung zu verstehen. Speziell im B2B ist der Fokus auf langfristige Kundenbeziehungen anstelle kurzfristiger Transaktionen zentraler Erfolgsfaktor und das Fundament des modernen Marketings (vgl. Bruhn, 2022, S. 19). Damit ist das Thema viel größer als die Einführung eines neuen Tools, um diese Kundenbeziehungen zu managen. Dem liegt die Erkenntnis zugrunde, dass sich der größte finanzielle Impact durch die nachhaltige Optimierung bestehender Kundenbeziehungen erzielen lässt. Salopp gesagt: Kundengewinnung kostet Geld, Bestandskunden bringen Geld. Speziell mittelständische B2B-Unternehmen verdanken ihr Wachstum häufig den langjährigen fruchtbaren Beziehungen zu (teils großen) Kunden und deren Zufriedenheit mit der Geschäftsbeziehung. Wachstum führt jedoch auch zu erhöhter Komplexität im Management der diversen Kundenbeziehungen. Daher rührt schließlich die Notwendigkeit passender Tools und Systeme, um der Komplexität Herr zu bleiben. Die Digitalisierung, welche nicht zuletzt der Grund der Komplexität ist, schafft Abhilfe. Immer mehr digitale Werkzeuge stehen Unternehmen potenziell zur Verfügung, um Kundenbeziehungen positiv zu beeinflussen. Von Online-Kundenbefragungen, über Social-Listening-Anwendungen, bis zu hochpersonalisierbaren Marketing-Automation-Tools – die MarTech Landschaft ist groß, um neben dem traditionellen CRM-System ein starkes Toolset zur Optimierung der Kundenbeziehungen aufzubauen. Daraus hat sich u. a. der Begriff des „Digital-Customer-Relationship-Management" herausgebildet, was letztlich die „digital basierte Analyse, Planung, Steuerung, Gestaltung und das Controlling von Geschäftsbeziehungen" subsumiert (Wirtz, 2024, S. 1011). Wichtig ist jedoch: Die Technologie allein wird auch in Zeiten des Digital-Customer-Relationship-Management nicht die Lösung sein. Es braucht ein ganzheitliches System auf technologischer und organisatorischer Ebene, um Customer Relationship Management zum Erfolg zu führen. Hier kommt Marketing Centricity ins Spiel. Tab. 2.4 gibt einen Überblick über die Umsetzung von Customer Relationship Management im Rahmen von Marketing Centricity.

Mit der Herleitung des ganzheitlichen CRM-Ansatzes wird bereits die Notwendigkeit einer interdisziplinären Vorgehensweise deutlich. Ganz gleich, ob es um die Einführung eines CRM-Systems oder die Optimierung bestehender Maßnahmen geht – das Management wertbringender Kundenbeziehungen ist Teamwork. Den stärksten Bezug zum Thema wird in den meisten Fällen der Vertrieb haben. Entsprechend ist eine vertriebsseitige Initiierung sinnvoll, wenngleich auch die Marketingabteilung als Initiator auftreten kann. Es ist gut möglich, dass die tiefere Auseinandersetzung mit dem Thema CRM in direktem Zusammenhang mit einer Lead-Management-Initiative steht, weshalb die Teilhabe von Marketing, Vertrieb und IT naheliegend ist. Da es bei CRM jedoch um weit mehr als nur Lead Management geht, gilt es sämtliche Funktionsbereiche zu integrieren, die direkt am Kunden arbeiten. Je nach Unternehmen, Branche und Geschäftsmodell

Tab. 2.4 Marketing Centricity umgesetzt im Customer Relationship Management (beispielhafte Darstellung, tatsächliche Umsetzung in der Praxis kann abweichen). (Quelle: Eigene Darstellung)

Initiator	Vertrieb
Team	Marketing, Vertrieb, IT, Productmanagement, Service
Planungsfeld	Entwicklung konkreter Bausteine entlang des Kundenlebenszyklus (z. B. eine Serviceapplikation)
Handlungsfeld	Direktes Ausliefern der Bausteine an die Kunden
Zentrum	CRM-System (z. B. Hubspot, Salesforce, Pipedrive)

können diese Bereiche variieren (z. B. Projektmanagement, Operations, Customer Success) – in diesem Fall wurden Produktmanagement und Service ausgewählt. Damit wird eines deutlich: Bei CRM geht es um das Management des gesamten Kundenlebenszyklus. So hat nicht nur der Vertrieb ein System zur Strukturierung der eigenen Arbeit – die Marketingabteilung profitiert etwa im Kampagnenmanagement, das Produktmanagement kann seine Analysen mit hochrelevanten Daten anreichern, und der Service stellt schneller die passende Problemlösung für den jeweiligen Kunden zur Verfügung. Das bedeutet auch, dass all diese Funktionsbereiche gleichermaßen an der Ausgestaltung des CRM-Systems beteiligt sein sollten. Führende CRM-Experten empfehlen ausdrücklich, der Akzeptanz und Teilhabe aller betroffenen Funktionsbereiche ein besonderes Augenmerk zu widmen (vgl. Helmke et al., 2024, S. 201 ff.). Schließlich wird jeder einzelne der Akteure mit dem Ergebnis arbeiten und mit der Veränderung der eigenen Arbeit durch das CRM klarkommen müssen. Die wenigsten CRM-Projekte scheitern aufgrund der Technologie, sondern weil das System aufgrund mangelhafter Nutzung nie den gewünschten Effekt erzielt. Potenziellen Widerständen können wir bereits präventiv Rechnung tragen, indem wir Betroffene zu Mittätern machen. Ergo: Wenn Marketing, Vertrieb, Produktmanagement und Service die Gesamtlösung gemeinsam entwickeln, gleichermaßen ihre Anforderungen (z. B. erforderliche Informationen über Kunden) einbringen und daraus ihre eigenen Prozesse definieren, steigt die Wahrscheinlichkeit, dass das CRM-System in der täglichen Praxis auch umfassend genutzt wird.

In der Umsetzung werden schließlich verschiedene Dinge auffallen: Zum einen bringt der Anspruch auf ein ganzheitliches Customer Relationship Management einen Umfang mit sich, der nicht von heute auf morgen umgesetzt werden kann. Die Wunschvorstellung, man könne den gesamten Kundenlebenszyklus einmalig modellieren und anschließend mit Prozessen und Tools ausstatten, um die Herausforderung CRM zu meistern, ist in den meisten Fällen fernab der Realität. Hinzu kommt, dass sämtliche Tools, Prozesse und Maßnahmen – ganz gleich ob im Vertrieb, Marketing oder Service – in direkter Interaktion mit den Kunden getestet und sukzessiv optimiert werden möchten. Dies erfordert – der aufmerksame Leser wird an dieser Stelle nicht mehr überrascht sein – das agile Wechselspiel zwischen Planungsfeld und Handlungsfeld. So lässt sich ein umfassendes Zielbild bspw. über die OKR-Methodik in kleinere Teilziele zerteilen, die schnell umgesetzt werden können, um sie in der Praxis zu erproben. Im Ergebnis steht ein stetig wachsendes System aus organisatorischen und technologischen Komponenten, welches sich anhand echter Daten und Informationen aus der Praxis weiterentwickelt. Die IT-Abteilung sorgt letztlich (wie schon im Rahmen von Lead Management beschrieben) für die saubere Integration in die Systemlandschaft des Unternehmens.

Content Marketing: Im Zeitalter der Digitalisierung sind digitale Inhalte aller Art – ganz gleich ob Text, Bild, Video oder interaktive Websites – allgegenwärtig. „Während in den 80er-Jahren pro Tag noch 700 Werbebotschaften um die Aufmerksamkeit der Kunden rangen, sind es heute [2017] schon zwischen 8000 und 12.000 Botschaften" (Kreutzer, 2017, S. 53). Durch die rasante Weiterentwicklung digitaler Tools und Plattformen – nicht zuletzt getrieben durch Künstliche Intelligenz – dürfte die Zahl mittlerweile deutlich höher ausfallen. Um im digitalen Informationsüberfluss noch die notwendige Aufmerksamkeit zu erlangen, setzen immer mehr B2B-Unternehmen auf Content Marketing als Alternative zur werblichen Marketingkommunikation. Der Fokus im Content Marketing liegt auf informierenden, beratenden oder unterhaltenden Inhalten (in jeglicher Form), die nur einen indirekten Bezug zum Produkt- und Leistungsportfolio des Unternehmens aufweisen und daher den Vorteil bieten, dass sie nicht als störende Werbung, sondern als nützliche Information empfunden werden (vgl. Kreutzer, 2017, S. 44; Heinrich, 2020, S. 2). Getreu dem Motto „Kunden mit relevanten Inhalten anziehen", statt ihnen die Werbebotschaften reinzudrücken, ist Content Marketing ein zentraler Bestandteil des Wandels vom herkömmlichen Outbound zum modernen Inbound Marketing. Während B2B-Kunden ihre Customer Journey zunehmend proaktiv steuern, „obliegt dem Interessenten [beim Content Marketing] die Steuerung der Intensität und Quantität der Marketingbotschaften" selbst (Heinrich, 2020, S. 2). Das Ziel ist es, dem Kunden entlang der gesamten Customer Journey exakt die Inhalte zur Verfügung zu stellen, die er für seinen Kaufprozess benötigt, um ihn dadurch indirekt an das eigene Unternehmen und Angebot heranzuführen. So kommt kaum eine Initiative im modernen B2B-Marketing (ob Markenführung, Lead Management oder Social-Media-Marketing) ohne Integration von Content Marketing aus. Speziell dem Mittelstand eröffnen sich durch die gezielte Nutzung dieser Kommunikationsmuster interessante Möglichkeiten. Nicht verwunderlich also, dass Content Marketing mit knapp 90 % Zustimmung zum relevantesten Zukunftsthema im mittelständischen B2B-Marketing gewählt wurde (vgl. Fangmann, 2024, S. 19). Während viele Geschäftsmodelle im Mittelstand auf persönliche Beratung und tiefe (technische) Expertise setzen, stehen genau diese Faktoren im Zentrum hochwertiger Content-Marketing-Initiativen. Es geht darum, durch qualitativ hochwertigen Content die Expertise des eigenen Unternehmens zu transportieren und so das Vertrauen der potenziellen Kunden zu gewinnen. Tab. 2.5

Tab. 2.5 Marketing Centricity umgesetzt im Content Marketing (beispielhafte Darstellung, tatsächliche Umsetzung in der Praxis kann abweichen). (Quelle: Eigene Darstellung)

Initiator	Marketing
Team	Marketing, Vertrieb, Produktmanagement
Planungsfeld	Planung und Steuerung von Inhalten, Formaten und Kanälen
Handlungsfeld	Distribution des Contents über die definierten Kanäle (z. B. Websites, Social-Media-Kanäle, E-Mails)
Zentrum	Analytics der definierten Kanäle (z. B. Google Analytics, LinkedIn Analytics, Hubspot Analytics)

gibt einen Überblick darüber, wie dies im Rahmen von Marketing Centricity umgesetzt werden kann.

Doch was bedeutet qualitativ hochwertiger Content? Die Qualität und Relevanz von Inhalten bestimmt letztlich die Zielgruppe selbst. So sollte guter Content einen hohen Informationsgehalt aufweisen, die relevanten Fragen der Zielgruppe beantworten und die Probleme im Rahmen der Customer Journey lösen (vgl. Auler & Huberty, 2019, S. 26). Um diese Qualität zu ermöglichen, ist die Kollaboration verschiedener Funktionsbereiche im Rahmen von Marketing Centricity absolut empfehlenswert.

Da die Contenterstellung (v. a. für Online Medien) zum hauptsächlichen Aufgabenbereich der Marketingabteilung gehört, ist es nur sinnvoll, dass eine Content-Marketing-Kollaboration aus dem Marketing heraus initiiert wird (vgl. Fangmann, 2024, S. 11). Im nächstlogischen Schritt stellt sich die Frage: Welche zentralen Herausforderungen und Fragen haben Kunden innerhalb des Kaufprozesses? Antworten liefern nicht nur Daten aus dem CRM-System oder externen Quellen, sondern v. a. der Vertrieb als direkter Ansprechpartner der Kunden. Auch die Produktmanager als Markt- und Produktexperten liefern wichtige Informationen als inhaltliche Basis für das Content Marketing. Durch die Integration dieser Experten gelingen nicht nur technische Tiefe und hoher Informationsgehalt, sondern auch hohe Zielgruppenorientierung. Anstatt sich auf die erstbesten Trendthemen der Branche zu stürzen, kann hochpräziser Content produziert und an die Zielkunden ausgespielt werden.

Vertrieb und Produktmanagement sollten jedoch nicht bloß als Informationsquelle genutzt werden. Vielmehr sollten sie aktiv an Content-Marketing-Initiativen mitwirken. Wie bereits beschrieben, florieren viele B2B-Geschäftsmodelle durch die persönliche Beratung der Experten aus Technik, Vertrieb und Co. – eben diese Experten bieten sich wunderbar als Protagonisten im Content Marketing an. Sei es durch persönliche LinkedIn-Profile,

Fachartikel oder Erklärvideos auf YouTube – die Distribution von Content über die Produkt- und Vertriebsexperten schlägt eine wertvolle Brücke zum persönlichen Kontakt. Das ist wichtig, denn: „Alle Content-Marketing-Aktivitäten [im B2B-Mittelstand] sollten [letztlich] zum persönlichen Kontakt führen" (Kleinkes, 2020, S. 25).

Die Möglichkeiten der B2B-Teams in der Ausgestaltung dieser Aktivitäten sind vielfältig. Entsprechend individuell wird jede Content-Marketing-Initiative im B2B-Mittelstand aussehen. Das ist nicht nur logisch, sondern erfolgsentscheidend, denn inmitten Tausender digitaler Inhalte auf Websites und Social Media gilt: Einzigartigkeit zahlt sich aus. Im Planungsfeld lassen sich entsprechende Inhalte, Formate und Kanäle für den Content definieren. Inwiefern diese Kombination zum Erfolg führt, zeigt sich im Handlungsfeld im direkten Kontakt zur Zielgruppe. Der Vorteil digitaler Medien liegt in den schnellen und ausgeprägten Analysemöglichkeiten, die sich aufgrund der Datenvielfalt ergeben. Anhand der Analysen lassen sich die Aktivitäten im Content Marketing sukzessiv optimieren, um die Zielgruppe immer präziser zu adressieren. So setzen sich im agilen Prozess letztlich diejenigen Inhalte, Formate und Kanäle durch, die je nach Zielsetzung die besten Ergebnisse liefern.

Social Media: Wer mittelständische B2B-Unternehmen nach ihren digitalen Aktivitäten befragt, wird als zweite Antwort (direkt nach der Website) vermutlich hören: „Wir sind auf Social Media aktiv." Immerhin geben 96 % der befragten Mittelständler im „Status quo: B2B-Marketing im Mittelstand" an, dass die Betreuung der Social-Media-Kanäle zum Aufgabenfeld ihrer Marketingabteilung gehört, was Social-Media-Marketing zu Platz 1 der Marketingaktivitäten macht. 84 % der befragten Unternehmen ordnen Social-Media-Marketing zudem als relevantes oder sehr relevantes Zukunftsthema ein (vgl. Fangmann, 2024, S. 11 ff.). Bei genauerer Nachfrage fallen schnell die gängigen Social-Media-Kanäle wie Instagram oder TikTok. Was dabei gerne vergessen wird: Social Media umfasst neben der Prominenz auch Instrumente wie Blogs, Wikis oder Videoportale (vgl. Lammenett, 2021, S. 465 ff.). Speziell im B2B-Marketing sollte etwa YouTube als Social-Videoplattform keinesfalls unterschätzt werden. So nutzen technische Zielgruppen gern YouTube-Videos, um sich im B2B-Kaufprozess über technische Themen zu informieren. Daneben steht das Social-Business-Netzwerk LinkedIn, wo weltweit mittlerweile über 1 Mrd. Menschen mit beruflichen Profilen angemeldet sind (vgl. LinkedIn, 2024). Entsprechend groß ist das Potenzial auch im B2B-Mittelstand, diese Kanäle für die eigene Vermarktung zu nutzen.

Die große Herausforderung bei der Nutzung sozialer Medien wie You-
Tube, LinkedIn und Co.: Herkömmliche Kommunikationsmuster im
Sinne der Einwegkommunikation (Unternehmen als Sender und Kunde
als Empfänger der Kommunikation) gelten hier nicht. Es hat einen Grund,
dass immerzu von „Netzwerken" die Rede ist. Statt nur in eine Richtung
zu kommunizieren, findet die Kommunikation auf Social Media in sämtliche Richtungen statt. Es entsteht nicht nur ein Dialog zwischen Unternehmen und Zielgruppe, sondern ein komplexes Gefüge (Netzwerkorientiertes
Interaktionsmodell) diverser Kommunikationswege zwischen unterschiedlichen Marktteilnehmern – Kunden, Wettbewerber, Lieferanten, Journa-
listen etc. (vgl. Burmann et al., 2012, S. 132). Diese Komplexität macht
deutlich, dass Social-Media-Kommunikation – speziell aufgrund der Heterogenität der Akteure – keinesfalls zentral und allein aus der Marketingabteilung heraus gestaltet werden sollte. Hinzu kommt, dass auf Social Media
die Mensch-zu-Mensch-Kommunikation im Vordergrund steht. Dem zugrunde liegt das psychologische Grundbedürfnis nach menschlicher Interaktion. Umgemünzt auf den B2B-Mittelstand bedeutet das: Menschen sprechen nicht gern mit dem Unternehmen als Konstrukt, sondern lieber mit
den Menschen hinter dem Unternehmen (vgl. Sturmer, 2020, S. 3). Soziale
Netzwerke wie LinkedIn greifen das auf und stellen die Personenprofile statt
der Unternehmensprofile in den Mittelpunkt. Zwar lässt sich auch über das
Unternehmensprofil kommunizieren, doch die Performance in Form von
Reichweite, Interaktionen etc. ist bei Personenprofilen deutlich stärker. Die
Umsetzung von Social-Media-Aktivitäten im Rahmen von Marketing Cen-
tricity ist in Tab. 2.6 dargestellt.

Der Grundgedanke ist klar: Erfolg auf Social Media ist determiniert
durch die Persönlichkeiten im Unternehmen. Die Menschen stehen im
Fokus der Social-Media-Kommunikation. Dass dies nicht nur die Menschen

Tab. 2.6 Marketing Centricity umgesetzt im Social-Media-Marketing (beispielhafte
Darstellung, tatsächliche Umsetzung in der Praxis kann abweichen). (Quelle: Eigene
Darstellung)

Initiator	Marketing
Team	Je nach Zielsetzung (Brand Awareness, Vertriebsziele, Mitarbeiter-gewinnung)
Planungsfeld	Planung und Steuerung der dezentralen Social-Media-Kommuni-kation
Handlungsfeld	Umsetzung der Social-Media-Kommunikation über die definierten Personen und Profile
Zentrum	Social-Media-Analytics (z. B. LinkedIn-Analytics)

in der Marketingabteilung sein können, lässt sich erahnen. Nichts desto trotz bietet es sich an – immerhin ist Social Media klar im Marketing verankert – dass die Marketingabteilung diese Kollaboration initiiert und steuert. Von den im Marketing vorhandenen Erfahrungswerten und Kompetenzen im Umgang mit digitalen/sozialen Medien wird das gesamte Team innerhalb der Umsetzung profitieren. Doch wer ist das Team? Die Gesichter der Social-Media-Kommunikation und letztlich die Zusammenstellung des Teams hängen von den Zielen ab, die hinter der Initiative stehen. Immerhin sind die Potenziale sozialer Medien so divers – von Brand Awareness über Leadgenerierung bis zur Mitarbeitergewinnung – dass eine erfolgreiche Social-Media-Initiative in Unternehmen A zu 100 % anders aufgebaut sein kann als eine ebenso erfolgreiche Initiative in Unternehmen B. Der Unterschied beider Unternehmen liegt in der Zielsetzung. Ungeachtet der möglichen Nuancen und Kombinationen möchten wir hier drei grundsätzliche Zielsetzungen unterscheiden.

Die erste Zielsetzung ist *Brand Awareness.* Wenn Markenbekanntheit oder verwandte Ziele im Fokus stehen, ist häufig die Rede von Corporate-Influencer-Programmen. Da der Begriff „Influencer" in einigen B2B-Branchen nach wie vor einen negativen Beigeschmack hat, bieten sich auch Bezeichnungen wie „Markenbotschafter", „Themenbotschafter" oder „Corporate Voices" an. Unabhängig der Benennung einer solchen Initiative stehen möglichst breite und authentische Einblicke ins Unternehmen im Vordergrund. Die Menschen geben der Marke ein Gesicht oder eine Stimme, laden diese mit Persönlichkeit auf und bieten – anders als bei klassischen Imagekampagnen – einen Blick hinter die Kulissen. Statt Perfektion steht Authentizität auf dem Programm, um die Marke nahbarer zu machen und die Glaubwürdigkeit zu erhöhen (vgl. Sturmer, 2020, S. 3). Es ergibt sich, dass möglichst breite Einblicke, Abwechslung und verschiedene Perspektiven von Vorteil sind. Entsprechend bunt darf und sollte der Blumenstrauß an Funktionsbereichen sein, die (je nach Anwendungsfall in unterschiedlicher Intensität) Teil des Teams sind. Grundsätzlich ist es immer empfehlenswert, die Geschäftsleitung als Kopf des Unternehmens (logischerweise auch das Gesicht des Unternehmens) in die Kommunikation zu integrieren. Darüber hinaus sind all diejenigen Funktionsbereiche, die ohnehin im direkten Kontakt zu externen Zielgruppen arbeiten, besonders wertvoll für eine Markenbotschafterinitiative. Wichtig ist (bei allen drei Zielsetzungen): Nicht jedes Teammitglied muss zwangsläufig als Gesicht nach außen auftreten (Handlungsfeld), sondern kann auch als Inputgeber im Planungsfeld fungieren.

Wenn nicht primär die Marke, sondern *Vertriebsziele* im Zentrum der Social-Media-Initiative stehen, ist die Rede von Social Selling. Auch hier geht es um Nahbarkeit und Authentizität, doch stärker zugespitzt auf den Vertrieb von Produkten und Dienstleistungen an potenzielle Kunden. Statt Reichweite und Markenwahrnehmung zu adressieren – beides ist natürlich ebenfalls vertriebsrelevant – zielt Social Selling in letzter Konsequenz immer auf Umsatz, Neukunden oder ähnliche direkte Vertriebsziele ab (vgl. Römmelt, 2021, S. 6). Im Sinne dieser Fokussierung beschränkt sich das definierte Social-Selling-Team auf die Funktionsbereiche im direkten Kundenkontakt (z. B. Marketing, Vertrieb, Produktmanagement, Service), welche dann soziale Medien wie YouTube und LinkedIn zur Erreichung von Vertriebszielen nutzen.

Eine ähnliche Vorgehensweise umfasst das Social Recruiting, welches sich jedoch auf potenzielle Mitarbeitende als Zielgruppe bezieht und somit die *Mitarbeitergewinnung* zur Zielsetzung hat. Logischerweise setzt sich ein solches Team nicht aus den Funktionsbereichen im direkten Kundenkontakt zusammen, sondern aus denjenigen Funktionsbereichen, die für die potenziellen Mitarbeitenden die größte Relevanz haben. Damit ist das Team wiederum abhängig davon, wofür konkret recruitet werden soll. Beim Beispiel eines Entwicklungsingenieurs wäre neben der Marketing- und Personalabteilung vor allem die Forschung & Entwicklung im Social-Media-Team involviert, um wichtigen fachspezifischen Input zu liefern und als direkter Ansprechpartner für die Zielgruppe zu fungieren.

Unabhängig der Zielsetzung und der resultierenden Teamkonstellation findet die Umsetzung in der agilen Dynamik zwischen Planungs- und Handlungsfeld statt. Gerade hier bieten soziale Medien einen entscheidenden Vorteil: Aktivitäten auf LinkedIn, YouTube, Instagram und Co. lassen sich schnell anhand des realen Marktfeedbacks (bspw. in Form von Interaktionsdaten) analysieren und optimieren. Die Plattformen selbst gewähren uns Zugang zu einer großen Datenbasis – je stärker die Interaktion mit der Zielgruppe ausfällt, desto mehr Informationen lassen sich in direktem Kontakt zu den Zielpersonen generieren (bspw. Direktnachrichten auf LinkedIn). Diese Flut an Daten und Informationen ist Fluch und Segen zugleich, denn bei allen Möglichkeiten, die dies eröffnet, erhöht es auch die Komplexität in der Umsetzung. Umso erfolgsentscheidender wird die agile Vorgehensweise im Sinne von Marketing Centricity, um datenbasierte Entscheidungen nicht nur schnell und flexibel treffen, sondern auch immer wieder auf den Prüfstand stellen zu können.

Recruiting: Jahrelang war der entscheidende Engpass, den es für wachstumsorientierte Unternehmen zu managen galt, der Vertrieb. Umsatzwachstum ist nach wie vor ein zentrales Thema im B2B-Mittelstand, wenngleich es seine Alleinstellung in der obersten Schublade der Prioritäten verloren hat. Der Fach- und Arbeitskräftemangel zeigt: Wachstum gelingt nicht, wenn die Personalstruktur nicht mitwachsen kann. Neben allen Initiativen der Effizienzsteigerung ist es zur Hauptaufgabe von Unternehmen geworden, die richtigen Mitarbeitenden zu finden und von sich als Arbeitgeber zu überzeugen. Das sorgt dafür, dass gezielte Marketingaktivitäten im B2B-Mittelstand nicht länger nur in Richtung Vertrieb und Kunde wirken, sondern zunehmend in Richtung Personalmanagement. Der Status quo „B2B-Marketing im Mittelstand" bestätigt das. Angelehnt an den erweiterten Marketing-Mix ist die Marketingabteilung aktuell stärker in die Personalpolitik (25,5 % hohe bis sehr hohe Intensität) als in die Distributionspolitik (18,5 % hohe bis sehr hohe Intensität) involviert (vgl. Fangmann, 2024, S. 10). Außerdem hat es die Personalgewinnung ebenso wie das Employer Branding in die Top-5 der aktuellen Marketingaktivitäten im B2B-Mittelstand gebracht – die beiden personalpolitischen Themen stehen nur knapp hinter der klassischen Markenführung und der Leadgenerierung (vgl. Fangmann, 2024, S. 9). Die Tatsache, dass Personalthemen zunehmend auf den Schreibtischen der Marketingabteilungen zu finden sind, lässt bereits vermuten, dass es sich beim Recruiting um ein prädestiniertes Thema für Marketing Centricity handelt. Die o. g. Ausführungen zum Social Recruiting bestätigen das Bild. Tab. 2.7 gibt einen Überblick über die Umsetzung im Rahmen von Marketing Centricity.

Die empfohlene Teamkonstellation im Recruiting ist ähnlich der o. g. Konstellation im Kontext des Social Recruiting. Um ein weiteres Beispiel zu nennen, ist hier der IT-Systemadministrator – in vielen B2B-Unternehmen aufgrund des digitalen Wandels eine Schlüsselposition – die gesuchte Stelle. Darüber hinaus fällt auf: Recruitingkollaborationen werden i. d. R. aus der Personalabteilung heraus initiiert und gesteuert, da dieses Thema üblicherweise auch dort aufgehangen ist. Während größere B2B-Organisationen aufgrund der steigenden Relevanz bereits reagieren und eigene Stellen (bspw.

Tab. 2.7 Marketing Centricity umgesetzt im Recruiting (beispielhafte Darstellung, tatsächliche Umsetzung in der Praxis kann abweichen). (Quelle: Eigene Darstellung)

Initiator	Personalmanagement
Team	Personalmanagement, Marketing, IT
Planungsfeld	Entwicklung konkreter Maßnahmen & Kampagnen entlang der Candidate Journey
Handlungsfeld	Umsetzung der Maßnahmen & Kampagnen über die definierten Medien (z. B. LinkedIn oder Instagram)
Zentrum	Bewerbermanagement-System (z. B. Personio, talentstorm, co-veto)

Recruiting Manager oder Talent Acquisition Manager) innerhalb der Personalabteilung installieren, ist das bei den begrenzten Personalressourcen im B2B-Mittelstand kaum denkbar, geschweige denn wirtschaftlich sinnvoll. Vielmehr steht und fällt der Erfolg einer Recruitingkampagne o. ä. mit dem Zusammenführen der Kompetenzen und Informationen aus Personalabteilung, Marketingabteilung und jeweils betroffener Fachabteilung (in diesem Fall IT). Während ein HR-Manager die personalpolitischen Rahmenbedingungen absteckt, wird ein Marketing Manager die passenden Botschaften und Argumente für die Kampagne identifizieren können, abgerundet vom tiefen Zielgruppenverständnis des IT-Systemadministrators im Team (niemand versteht die Zielgruppe besser als die Zielgruppe selbst).

Um den fleißigen Leser nicht zu langweilen, verzichten wir an dieser Stelle auf eine erneute Erläuterung der agilen Umsetzung innerhalb des Planungs- und Handlungsfeldes (vgl. Abschn. 2.2.2). Eine Recruitingkampagne unterscheidet sich in ihrer methodischen Umsetzung nicht bedeutend von einer Kampagne zur Leadgenerierung. Wichtig ist als abschließende Erkenntnis aus diesem Kapitel: Die empfohlene Vorgehensweise einer Marketing-Centricity-Kollaboration ist die Antwort auf diverse Herausforderungen rund um die aktuellen Themen der Vermarktung im B2B-Mittelstand. Einmal im Unternehmen installiert, bietet sie ein vielversprechendes methodisches Fundament, um diverse Zukunftsthemen interdisziplinär zu bearbeiten.

Wichtig ist außerdem der Hinweis, dass diese beschriebenen Handlungsfelder keinesfalls alleinstehend zu betrachten sind. Vielmehr zahlen sie aufeinander ein, ergeben wertvolle Synergien untereinander und entfalten ihre Wirkung umso stärker in Kombination miteinander. So wird eine vertriebsorientierte Social-Media-Kollaboration (Social Selling) sowohl Schnittstellen zum Content Marketing als auch zum Lead Management und zum Customer Relationship Management aufweisen, vice versa. Wie genau solche Synergieeffekte bestmöglich gehoben werden können, beschreibt u. a. das folgende Kapitel.

2.2.5 Konkrete Umsetzung des Marketing-Centricity-Frameworks

In einer perfekten Welt wären alle Unternehmen zu 100 % marktorientiert aufgestellt und alle Funktionsbereiche des Unternehmens greifen zu jedem Zeitpunkt nahtlos ineinander, um interdisziplinär die besten Lösungen zu erarbeiten. Da wir in dieser perfekten Welt jedoch nicht leben, lohnt sich ein pragmatischer Blick auf die konkrete Umsetzung von Marketing Centricity in der Praxis. Das Ziel dieses Kapitels ist es, einen anwendbaren Rahmen zu schaffen, um Marketing Centricity inmitten aller Herausforderungen des B2B-Mittelstands (vgl. Kap. 1) sukzessiv im Unternehmen zu verankern.

Schritt 1: Erarbeitet die Marketingstrategie. Unter allen im vorigen Kapitel dargestellten Anwendungsfeldern von Marketing Centricity gibt es nur eines, das unabhängig von Branche, Größe und Status quo in jeder B2B-Organisation zwingend erforderlich ist: Die Marketingstrategie. Ganz gleich, welche Themen letztlich in welcher Intensität und in welcher Teamkonstellation bearbeitet werden – im Kern wird immer das Management knapper Ressourcen stehen. Umso wichtiger ist es, dass sich alle aktuellen und künftigen Maßnahmen an einer klar definierten und vom Management getragenen Marketingstrategie messen. Findet dieser sachbezogene Abgleich nicht statt, besteht im B2B-Mittelstand immer die Gefahr, dass Marketingressourcen unkoordiniert aufgrund von innenpolitischen Dynamiken, subjektiven Präferenzen und hierarchischer Macht verteilt werden. Anders ausgedrückt: So lange die Marketingabteilung in einer Rolle des operativen Gehilfen verbleibt, wird Marketing Centricity nicht funktionieren. Eine klare Marketingstrategie – abgeleitet von der Unternehmensstrategie, legitimiert durch die Geschäftsleitung und abgestimmt mit den relevanten Stakeholdern – schafft Abhilfe.

Aus den mit den Wachstumszielen des Unternehmens synchronisierten Marketingzielen (Was wollen wir erreichen?) entstehen innerhalb der OKR-Methodik die Objectives (Wie werden wir das erreichen?). So kann etwa eine anvisierte Umsatzsteigerung in einem bestimmten Kundensegment verschiedene Objectives nach sich ziehen:

1. Wir verbessern die Leadqualität in Kundensegment X.
2. Wir erschließen einen neuen digitalen Vertriebskanal.
3. Wir erhöhen den Wert der Bestandskunden in Kundensegment X.

Es empfiehlt sich, auf der Ebene der Objectives gründlich zu sein. Letztlich steht jede aktuelle Marketingmaßnahme auf dem Prüfstand. Zu oft werden jahrelang Messen besucht und Kanäle aufwendig mit Inhalten bespielt, die bei genauerem Hinsehen wenig bis gar nicht auf die Marketing- und Unternehmensziele einzahlen. Es kann durchaus unangenehm sein, diese Zieldiskrepanz offenzulegen. Dennoch lohnt es sich, denn nur Transparenz und offene Diskussion über den Nutzen von Aktivitäten gegenüber dem Ressourceneinsatz macht Marketing managementfähig. Ein sauberer Transfer von Unternehmens- und Marketingzielen in Objectives und Key Results bringt

Ordnung und Klarheit in alle bestehenden und künftig geplanten Marketing-aktivitäten. Dabei quantifizieren die Key Results die qualitativen Objectives:

1. Wir verbessern die Leadqualität in Kundensegment X, indem wir die Quote der Neukunden, die aus den Sales Accepted Leads (SALs) entstehen, um 10 % erhöhen.
2. Wir erschließen einen neuen digitalen Vertriebskanal, indem wir in Kundensegment X 100 Sales Accepted Leads (SALs) via LinkedIn generieren.
3. Wir erhöhen den Wert der Bestandskunden in Kundensegment X, indem wir den durchschnittlichen Umsatz pro Kunde im Vergleich zum Vorjahreszeitraum um 5 % erhöhen.

Wichtig ist, dass die Key Results keinen Interpretationsspielraum zulassen. In diesem Fall muss bspw. Einigkeit darüber bestehen, durch welche Kriterien ein Sales Accepted Lead definiert ist. Nur durch absolute Klarheit auf Strategieebene entsteht das organisatorische Fundament, um operative Kollaborationen im Sinne von Marketing Centricity zu initiieren.

Schritt 2: Definiert eine Leuchtturmkollaboration. In einer perfekten Welt wäre der nächste Schritt simpel. Jedes Objective inkl. Key Results führt letztlich zu einem individuellen Maßnahmenplan, der interdisziplinär zur Erreichung der Key Results umgesetzt wird. Die Umsetzung von Marketing-aktivitäten in agilen, kollaborativen und selbstorganisierten Teams wird jedoch nicht von heute auf morgen reibungslos funktionieren. Veränderung braucht Zeit und möchte aufmerksam begleitet werden. Hinzu kommt, dass die exakten Maßnahmen zur Erreichung der Key Results in den meisten Fällen nicht klar sind, sondern identifiziert und getestet werden müssen. Es empfiehlt sich daher, zunächst mit einer Marketing-Centricity-Kollaboration als Leuchtturm zu starten, um die Erkenntnisse auf alle nachfolgenden Kollaborationen anwenden zu können. Um die passende Leuchtturmkollaboration zu identifizieren, benötigt es einen Blick auf die Marketingstrategie in Form der erarbeiteten OKR's. Ein geeigneter Leuchtturm weist folgende Eigenschaften auf:

1. Es besteht ein besonders hoher (akzeptierter) Handlungsbedarf.
2. Es besteht die Möglichkeit, in einem kurzen Zeitraum greifbare Ergebnisse zu erzielen.
3. Es liegt eine vergleichsweise geringe Komplexität vor.
4. Es genügt eine überschaubare Anzahl (2–3) integrierter Funktionsbereiche.
5. Es besteht eine inhaltliche Nähe zu anderen geplanten Themen innerhalb der OKR's.

Je stärker diese Eigenschaften auf die definierte Kollaboration zutreffen, desto größer ist die Wahrscheinlichkeit, dass die Umsetzung gelingt und sich der gewünschte Leuchtturmeffekt einstellt. Letztlich ist das Ziel einer Leuchtturmkollaboration nicht nur die erfolgreiche Umsetzung des Themas, sondern vor allem die interne Beweisführung. Anhand schneller, greifbarer Ergebnisse wird die Leuchtturmkollaboration zum Vorbild für die Initiierung weiterer Kollaborationen. Idealerweise docken diese Folgekollaborationen durch die inhaltliche Nähe direkt an die Ergebnisse und Erkenntnisse aus dem Leuchtturm an, wodurch wertvolle Synergieeffekte zwischen den Themen gehoben werden können.

Angelehnt an die oben stehenden Beispiel-OKR's könnte eine vergleichsweise simple Inbound-Kampagne zur Leadqualifizierung eine solche Leuchtturmkollaboration darstellen (vgl. Abb. 2.4). Ausgelegt auf einen kurzen Zeitraum erzielt diese Kollaboration zwischen Marketing und Vertrieb klare Ergebnisse, die im Vertrieb schnell spürbar sind. Sofern die Kampagne LinkedIn als Kommunikationskanal integriert, bietet sie außerdem den Einstieg für eine Folgekollaboration zur Erschließung von LinkedIn als Vertriebskanal.

Schritt 3: Stellt euer Team zusammen. Jede Kollaboration braucht einen Initiator. In vielen Fällen wird dies – ganz im Sinne der generalistischen Managementrolle – die Marketingabteilung sein. In einem ausgereiften selbstorganisierten System ist es letztlich jedoch egal, welche Instanz eine Kollaboration initiiert. Wichtiger ist die Zusammenstellung des Teams. Um das passende Team für die Kollaboration zu identifizieren, gilt es folgende Fragen zu beantworten:

1. Welche Funktionsbereiche benötigt diese Kollaboration?
Die bisherigen Kapitel haben gezeigt, wie stark der Erfolg zentraler Marketingthemen im B2B-Mittelstand vom Input diverser Funktionsbereiche abhängt. Sei es digitales Know-how seitens der Marketingabteilung, Kundenwissen aus dem Vertrieb oder technische Expertise aus dem Produktmanagement (bspw. für die skizzierte Inbound-Kampagne) – erst die Kombination führt zum gewünschten Ergebnis. Es empfiehlt sich demnach zu definieren, welcher fachliche Input benötigt wird, um das gewählte Thema umzusetzen. Daraus ergibt sich, welche Funktionsbereiche benötigt werden.

2. In welcher Intensität sollten diese Funktionsbereiche integriert sein?
Ein häufiger Fehler in der Zusammenstellung interdisziplinärer Teams: Es werden zwar Mitwirkende definiert, doch nicht die Intensität der Mitwirkung. Dies hat zur Folge, dass Unklarheiten bei allen Beteiligten bzgl.

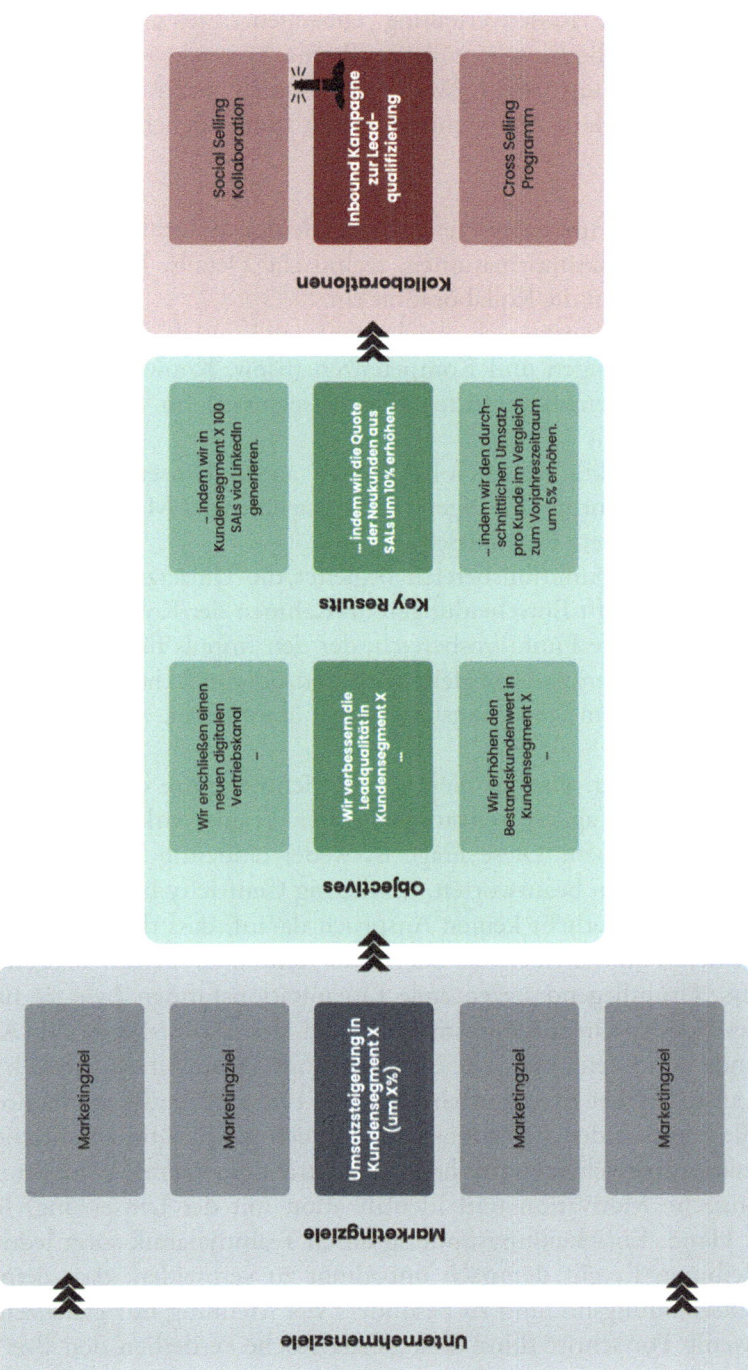

Abb. 2.4   Von der Unternehmensstrategie zur Leuchtturmkollaboration (Beispieldarstellung)

Ressourceneinsatz und Rollenverteilung entstehen. Ein „Wir brauchen punktuell deine fachliche Einschätzung zu Thema X" weckt schließlich eine andere Erwartungshaltung als ein „Wir brauchen dich als entscheidende Instanz bei Thema X". Marketing Centricity sieht fünf mögliche Intensitäten der Integration vor.

- **Informierend:** Ein Funktionsbereich bringt lediglich fachliche Informationen (bspw. Produktinformationen, technische Details, Rahmenbedingungen im Pricing) in die Kollaboration ein.
- **Beratend:** Ein Funktionsbereich spricht konkrete Empfehlungen auf Basis der eigenen Erfahrungen und Kompetenzen (bspw. Know-how über die Kaufprozesse in einem bestimmten Kundensegment) für die Kollaboration aus.
- **Begleitend:** Ein Funktionsbereich ist proaktiv an der Umsetzung der Kollaboration beteiligt, bringt die eigene Expertise ein, setzt Maßnahmen um und erarbeitet konkrete Ergebnisse.
- **Entscheidend:** Ein Funktionsbereich begleitet die Umsetzung nicht nur proaktiv, sondern trifft Entscheidungen im Rahmen der Kollaboration.
- **Initiierend:** Derjenige Funktionsbereich, der den Impuls für die Kollaboration gibt und neben einer begleitenden und/oder entscheidenden Umsetzungsrolle vor allem Steuerungsfunktionen übernimmt.

Der aufmerksame Leser wird an dieser Stelle richtigerweise einen Konflikt erkennen: Sollte es in agilen, selbstorganisierten Teams wirklich eine entscheidende Instanz geben? Diese Frage ist weder eindeutig mit „Ja" noch eindeutig mit „Nein" zu beantworten. Marketing Centricity bietet eine Entscheiderrolle an, doch erhebt keinen Anspruch darauf, dass diese Rolle von einem einzelnen Funktionsbereich oder einer einzelnen Person ausgefüllt werden muss. Grundlegend setzen agile Organisationsformen (wie sie hier in Form des Spotify-Organisationsmodells und der Scrum-Methodik Anwendung finden) auf demokratische Entscheidungsfindung und Dynamik in den Teams anstelle einer fixen Entscheiderrolle. Entsprechend kann es sinnvoll sein, alle begleitenden Funktionsbereiche auch gleichzeitig zu entscheidenden Funktionsbereichen zu machen (Demokratie im Team). Die Vorteile (hohe intrinsische Motivation und Identifikation mit der Umsetzung) liegen auf der Hand. Entscheidungsfindung durch Teamdynamik sorgt jedoch auch für Reibung. Es gilt demnach unbedingt zu vermeiden, dass demokratische Entscheidungsfindung zu besonders viel Meinung mit gleichzeitig besonders wenig Fortschritt führt (à la „Viele Köche verderben den Brei").

Daher kann es an mancher Stelle – die B2B-Praxisthemen im vorigen Kapitel zeigen es auf – sinnvoll sein, auf eine entscheidende Instanz zu setzen.

Außerdem sei darauf hingewiesen, dass Entscheidungsfindung im Team mitunter zu Scheindemokratie führen kann. So wird ein persönlichkeitsstarker Vertriebsleiter in Teamkonstellation mit einem Vertriebler und einem Marketing Manager eigene Entscheidungen auch ohne formelle Leitungsfunktion innerhalb der Kollaboration durchdrücken können. Hier besteht ein wesentlicher Unterschied zum Grundgedanken agiler Organisationsmodelle: Marketing Centricity entsteht und entwickelt sich innerhalb traditioneller Organisationsstrukturen, die niemals komplett ausgeblendet werden können. Durch Rollenverteilung innerhalb der Kollaboration, gepaart mit Transparenz und konsequent sachbezogener Umsetzung (siehe Schritt 4) kann dem jedoch entgegengewirkt werden. Entsprechend sind die Rollen und Intensitäten auch abhängig von den konkreten Personen innerhalb der Funktionsbereiche.

3. Wie viele und welche Personen aus den Funktionsbereichen sind geeignet?

Die initiale Auswahl geeigneter Personen aus den Funktionsbereichen sollte simultan mit der Intensitätsfrage diskutiert werden, da die Intensität durchaus abhängig von konkreten Personen sein kann. Neben dem o. g. Beispiel kann es auch vorkommen, dass etwa ein Produktmanager aus der Vergangenheit mehrjährige Erfahrung in digitaler Kampagnenplanung mitbringt, was sich auf seine Rolle auswirkt. Während das Produktmanagement (um beim Beispiel der Inbound-Kampagne zu bleiben) zunächst nur in beratender Funktion angedacht war, empfiehlt sich nun die Einbindung dieser Person in begleitender oder gar entscheidender Rolle.

Grundsätzlich stellt sich die Frage, wann eine Person geeignet ist, um an Kollaborationen im Rahmen von Marketing Centricity zu arbeiten. In letzter Konsequenz ist jede Person geeignet. Dennoch sollte beachtet werden, dass es sich bei der agilen Arbeitsweise innerhalb selbstorganisierter Teams um eine z. T. deutliche Veränderung handelt. Einer solchen Veränderung werden manche Personen offener gegenüberstehen als andere Personen. Speziell zu Beginn, wenn es die Leuchtturmkollaboration zu initiieren gilt, empfiehlt es sich mit möglichst zugewandten Personen zu arbeiten. Entsprechend lässt sich eine Eignung nach folgenden Kriterien prüfen:

- Die Person bringt ein grundsätzliches Interesse am Thema mit.
- Die Person ist fachlich relevant für die Umsetzung des Themas.

- Die Person hat ein eigenes Interesse daran, dass die Umsetzung ein Erfolg wird.
- Die Person ist offen für neue Wege der Zusammenarbeit.

Solche „First Mover" bieten sich ideal als Leuchttürme an, um im Anschluss als interne Promotoren für Marketing Centricity aufzutreten und weitere „Early Adopter" von der Umsetzung zu überzeugen. Neben der konkreten Auswahl der Personen ist auch die Anzahl der Personen nicht zu unterschätzen. Amazon-Gründer Jeff Bezos hat mit seiner 2-Pizza-Regel nicht ganz unrecht. Eine Teamgröße, die mehr als zwei Pizzen verschlingen kann, läuft Gefahr ineffektiv zu arbeiten. Ideen einzelner Teammitglieder gehen unter, es bilden sich ggf. Grüppchen im Team, es treten Lücken im Informationsfluss auf, und vieles mehr. Daher präferiert Marketing Centricity kleine Teams von 3–7 Personen. Dabei sollte auf die Balance im Team geachtet werden. So wird es ein einzelner Marketing Manager in einem Team mit vier Vertriebsingenieuren schwerer haben als in einem Team mit zwei Vertriebsingenieuren, einem Produktmanager und einem Servicemitarbeiter. Im Ergebnis entsteht eine heterogene Teamkonstellation, bestehend aus verschiedenen Funktionsbereichen und Rollen (vgl. Abb. 2.5).

Schritt 4: Organisiert eure Kollaboration. Ist das Team einmal definiert, gilt es in einem Kick-off die Rahmenbedingungen der Kollaboration abzustecken. Wichtig ist, dass die Rahmenbedingungen nicht im stillen Kämmerlein definiert, sondern im Team diskutiert und entschieden werden. Zwar

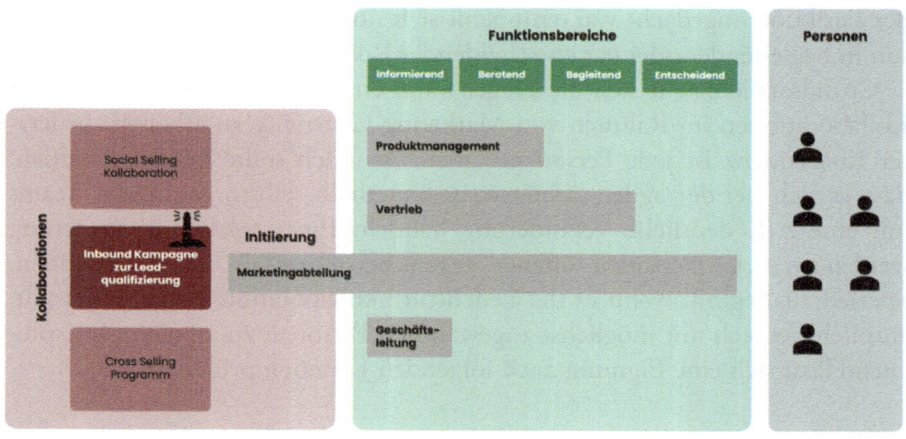

Abb. 2.5 Teamzusammenstellung innerhalb der Leuchtturmkollaboration (Beispieldarstellung)

sieht Marketing Centricity gewisse Bausteine vor, doch ein selbstorganisiertes Team sollte von Beginn an genau das tun: sich selbst organisieren. Im gemeinsamen Kick-off gilt es entsprechend folgende Fragen zu beantworten:

1. Wie arbeiten wir zusammen?
Hier empfiehlt Marketing Centricity die Umsetzung in zweiwöchigen Sprints im Zusammenspiel von Planungsfeld und Handlungsfeld. Im Planungsfeld (interne Umsetzungsebene) werden die konkreten Ergebnisse erarbeitet, die dann im Handlungsfeld (externe Umsetzungsebene) auf das direkte Feedback der Zielgruppen treffen. Im Falle der beispielhaften Inbound-Kampagne kann innerhalb eines Sprints bspw. ein auslieferungsfähiger Prototyp für eine Landingpage erstellt werden. Dieser Prototyp wird schließlich via E-Mail-Marketing an einen ausgewählten Verteiler der zu qualifizierenden Leads versendet, um reales Feedback auf Mailing und Landingpage zu erhalten. Auf Basis des Feedbacks (bspw. Open Rate, Conversion Rate, Interaktion mit der Landingpage) wird dieses erste Ergebnis im folgenden Sprint optimiert und erweitert. Das Ziel ist es, nicht monatelang an der scheinbar perfekten Kampagne zu schrauben, nur um am Ende zu bemerken, dass ein entscheidendes Detail nicht so funktioniert wie geplant. Durch schnelle Auslieferung der Ergebnisse auf dem Handlungsfeld erhalten wir schnelle Informationen als Fundament für die weitere Umsetzung im Planungsfeld.

Die eigentliche Arbeit innerhalb der Sprints findet frei von Vorgaben statt. Anders als im Scrum-Rahmenwerk verzichtet Marketing Centricity auf tägliche Abstimmungen (sog. Daily Scrums), wenn das Team es nicht für sinnvoll erachtet. Transparenz und Kommunikation sind zentral, doch die Art und Weise der Kommunikation sollte nicht in Stein gemeißelt sein. Lediglich ein Sprint Planning zu Beginn und eine Sprint Review (inkl. Retrospektive) zum Abschluss des Sprints sind notwendig, damit ein geschlossener Feedbackloop und die Möglichkeit der iterativen Optimierung bestehen. Um diese Art der agilen Zusammenarbeit zu steuern, empfiehlt sich obendrein die Benennung eines Scrum Masters. Diese Person kann der Initiator der Kollaboration, aber auch eine andere (mindestens begleitende) Person des Teams sein. Wichtig ist, dass sie die Grundlagen agiler Arbeitsformen – speziell von Marketing Centricity – versteht und anwenden kann.

2. Auf Basis welcher Informationen arbeiten wir zusammen?
Kollaboration entsteht, wenn alle Beteiligten dieselbe Sprache sprechen. Ergo: Alle Teammitglieder handeln auf Basis derselben Informationen. Leichter gesagt als getan, denn in den meisten B2B-Organisationen sind über die Zeit diverse Informationssilos innerhalb der Funktionsbereiche

gewachsen. Marketing Centricity möchte diese Silos Schritt für Schritt aufbrechen und zusammenführen. Ein erster Schritt, um das zu realisieren, ist die Schaffung eines Zentrums innerhalb der Kollaboration. Im Zentrum als Informationsbasis werden alle Daten und Erkenntnisse, die innerhalb der Umsetzung gewonnen werden, gesammelt und dokumentiert. Das Zentrum dient als sog. Single-Source-of-Truth (SSoT). Ein Berufen auf lokale Excel-Tabellen oder ähnlich intransparente Informationssilos sind demnach inakzeptabel für die Umsetzung von Marketing Centricity. In vielen Fällen bietet sich das CRM-System als zentrale Informationsbasis an. Ist ein solches System nicht vorhanden oder für die Kollaboration ungeeignet, sind auch andere Tools wie bspw. Kampagnenmanager, (Social) Monitoring Tools oder Business-Intelligence-Lösungen (bspw. via Microsoft Power BI) denkbar.

Wichtig ist, dass im Team Einigkeit über die zentrale Informationsbasis herrscht, um etwaige Diskussionen aufgrund unterschiedlicher Informationsstände zu vermeiden. Unvermeidbar sind unterschiedliche Informationsstände aufgrund bereits gewachsener Informationssilos. Diese gilt es im Rahmen der Umsetzung zu minimieren, indem sowohl explizite Informationen (bspw. lokal abgespeicherte Daten) als auch implizite Informationen (bspw. Kundenwissen im Kopf eines Vertrieblers) für das gesamte Team transparent gemacht werden.

3. Wo arbeiten wir zusammen?

Arbeit sollte nicht im stillen Kämmerlein erfolgen, sondern Kollaboration zu jeder Zeit zulassen und auf Systemebene Transparenz schaffen. Eine erste Regel von Marketing Centricity – speziell während der Leuchtturmkollaboration – ist „Keep it simple". Der Grad der Veränderung sollte für alle beteiligten Personen nicht unnötig in die Höhe geschraubt werden. Bedeutet konkret: Inmitten neuer Arbeitsweisen, neuer Teamkonstellationen und neuer Themen ist die Integration von diversen neuen Kollaborationstools mit Vorsicht zu genießen. Dennoch gilt es ein Tool zum Projektmanagement zu definieren. Sofern einzelne Funktionsbereiche also bereits mit Tools zum Projekt- und/oder Task-Management arbeiten, bietet es sich an, die gewohnte Umgebung zu verwenden, um den Grad der Veränderung zu reduzieren. Gleichzeitig gilt es zu prüfen, inwiefern Synergieeffekte (bspw. durch Schnittstellen) zum Zentrum als Informationsbasis gehoben werden können. Letztlich ist weniger mehr und je weniger verschiedene Arbeitsumgebungen dem Team zur Verfügung stehen, desto weniger Potenzial gibt es für Unklarheiten, Missverständnisse, Intransparenz etc.

Eine weitere wichtige Regel von Marketing Centricity ist „Less talking, more doing". Dies ist keinesfalls als motivierendes Wandtattoo, sondern als

Grundlage der Zusammenarbeit gedacht. In traditionellen Organisationsstrukturen findet Abstimmung häufig über explizite Meetings statt. In Konsequenz entstehen häufig so viele Meetings, dass zwischen diesen Meetings kaum noch reelle Umsetzung stattfinden kann. Außerdem verpflichtet diese Art der Abstimmung alle beteiligten Teammitglieder dazu, sich immer wieder zentral zusammenzufinden (ganz gleich ob online oder in Präsenz), was die gewünschte Flexibilität reduziert. Entsprechend rät Marketing Centricity außerhalb des Sprint Plannings und der Sprint Review von zu vielen Meetings – vor allem Regelmeetings – ab. Stattdessen sollte die Abstimmung dezentral genau dort stattfinden, wo auch die Umsetzung stattfindet. Die meisten Tools und Systeme bieten kollaborative Funktionen (z. B. Chats, Threads, Kommentare) an, um die Zusammenarbeit zu fördern. Der Vorteil dieser Funktionen: Abstimmung ist für alle Teammitglieder transparent, Diskussion findet konsequent sachbezogen statt und die Nähe zur tatsächlichen Umsetzung reduziert Unklarheiten oder Missverständnisse.

Schritt 5: Kreiert Ergebnisse. Nachdem Team und Kollaboration organisiert sind und der Kick-off stattgefunden hat, sieht Marketing Centricity – oder vielmehr agile Methoden generell – ein zentrales Ziel vor: Schnelle Ergebnisse. Hier darf keinesfalls der Trugschluss entstehen, dass es um reinen Aktionismus ginge. Ganz im Gegenteil: Schnelle Ergebnisse sollen die Planung besser machen, nicht obsolet. Wir verdeutlichen dies anhand der beispielhaften Inbound-Kampagne:

Traditionell würde eine solche Kampagne gänzlich geplant und konzipiert werden, bevor einzelne Assets live gehen. Dazu gehören mitunter eine Landingpage, mehrere E-Mail-Listen, spezifizierte E-Mails inkl. Follow-ups, ggf. Marketing-Automation-Strecken, Social Ads etc. Bis all dies entwickelt, abgestimmt und freigegeben ist, vergehen im Zweifel mehrere Monate. Marketing Centricity betrachtet zwar ebenfalls das Gesamtbild, doch sucht innerhalb des Gesamtbildes den schnellstmöglichen Weg, um vom Planungsfeld (Kampagne entwickeln) zum Handlungsfeld (Ergebnisse kreieren) zu gelangen. In diesem Fall wäre dies ein rudimentärer Prototyp der Landingpage, der auf die Kernargumentation und einen klaren Call-to-Action reduziert ist. Hinzu kommt eine E-Mail-Liste mit zugehöriger E-Mail, um die Landingpage an die Zielgruppe zu transportieren. Diese Kombination stellt letztlich das Minimum Viable Product (MVP), also das minimalst mögliche auslieferbare Produkt/Ergebnis dar. Dieses Ergebnis wird alles andere als perfekt sein. Es wird Hunderte Ideen geben, wie man das Ergebnis optimieren und erweitern kann. Letztlich zählt es jedoch, die weiteren Maßnahmen anhand reeller Ergebnisse und Erkenntnisse durchführen zu können. Traditionelle Ingenieursdenke und Streben nach Perfektion weichen einer pragmatischen, ergebnisorientierten Vorgehensweise.

Neben dem Lerneffekt auf Basis von Daten und Erkenntnissen bietet diese Vorgehensweise einen weiteren zentralen Vorteil: Schnelle Ergebnisse stärken die interne Verhandlungsposition. Veränderung steht immer auf dem Prüfstand. Entsprechend wird sich auch Marketing Centricity in der Gesamtorganisation beweisen müssen. Ergebnisse sind die beste Methode der Beweisführung. Zu Beginn werden es richtungsweisende und aussagekräftige Signale sein, im weiteren Verlauf idealerweise belastbare Erfolge, die dazu führen, dass eine Leuchtturmkollaboration ihren Leuchtturmeffekt realisieren kann. Dieser besteht darin, über das initiale Team hinaus für Marketing Centricity als methodische Grundlage zu werben und weitere Stakeholder von der Denk- und Vorgehensweise zu überzeugen.

Schritt 6: Erweitert euren Blickwinkel. Eine Kollaboration kommt selten allein. So stellt Marketing Centricity die methodische Basis dar, um diverse Themen interdisziplinär anzugehen. Die Praxisthemen haben bereits verdeutlicht, wie übergreifend anwendbar das Framework ist. Entsprechend sinnvoll ist es, das Momentum der Leuchtturmkollaboration zu nutzen, um im Anschluss weitere thematisch sinnvolle Kollaborationen zu initiieren. Themen sollten auf Basis der Marketingstrategie (siehe OKR's) genug existieren. Es stellen sich abschließend jedoch noch zwei Fragen:

1. Wann initiieren wir die nächste Kollaboration?
In den vorigen Ausführungen wurde bereits der Unterschied zwischen einer Kollaboration und einem Projekt erläutert. Doch auch wenn Kollaborationen fortlaufend ausgelegt sind, wird es definierte Meilensteine und zugehörige Ergebnisse geben. Das bedeutet auch, dass es eine gewisse Flexibilität in der Initiierung einer Folgekollaboration gibt. Grundsätzlich empfiehlt es sich, einen Zeitpunkt zu wählen, an dem die interne Akzeptanz besonders hoch ist. Beispielsweise kann dies ein zentraler Meilenstein sein, an dem ein besonderer Erfolg im Rahmen der Leuchtturmkollaboration gefeiert wird. Zu einem solchen Zeitpunkt ist der Leuchtturmeffekt besonders wahrscheinlich, sodass eine nächste Kollaboration mit guten Vorzeichen startet.

2. Welche Kollaboration initiieren wir als nächstes?
Grundsätzlich kann jedes Thema den Grundstein für eine neue Kollaboration legen. Es wird jedoch Themen geben, die sich auf Basis des jeweiligen Status quo besser eignen als andere Themen. So lohnt sich ein Blick auf die Marketingstrategie unter folgenden Gesichtspunkten:

• Anknüpfungspunkte zur Leuchtturmkollaboration: Verwandte Themen eignen sich besonders gut, weil dadurch auf den Erfolgen der ersten Kollaboration aufgebaut werden kann. Die Wahrscheinlichkeit ist hoch, dass sowohl organisatorische Basics als auch Ergebnisse und Erkenntnisse für die nächste Kollaboration genutzt werden können.

- Integration bestehender Teammitglieder: Die Initiierung und Umsetzung der nächsten Kollaboration wird erleichtert, wenn bereits erfahrene Teammitglieder involviert sind. Diese Personen sind der Art der Organisation und Zusammenarbeit durch ihre Mitwirkung an der Leuchtturmkollaboration bereits zugewandt. Außerdem können neue Teammitglieder von der Erfahrung profitieren.
- Erweiterung der Funktionsbereiche: Marketing Centricity möchte sich idealerweise sukzessiv in der Organisation ausbreiten. Entsprechend bietet es sich an, neben den Kennern auch neue Teammitglieder und vor allem neue Funktionsbereiche in eine nächste Kollaboration zu integrieren, um die Anwendung immer breiteren Kreisen der Gesamtorganisation zugänglich zu machen.

Und dann? Geht der gesamte Prozess von vorne los, sodass sich Marketing Centricity als Denk- und Arbeitsweise sukzessiv in der Gesamtorganisation verankern kann und der B2B-Mittelstand durch interdisziplinäre Teams an unterschiedlichsten Punkten zu mehr Marktorientierung, Agilität und Kundenzentrierung gelangt.

Literatur

Buch

AMA (2004). Definitions of Marketing. https://www.ama.org/the-definition-of-marketing-what-is-marketing.Zugegriffen: 22. Jul. 2025.

Auler, F., & Huberty, D. (2019). *Content Distribution. So verbreiten Sie Ihren Content effektiv in ihren Zielgruppen.* Springer Gabler.

Aumayr, K. (2013). *Erfolgreiches Produktmanagement. Tool-Box für das professionelle Produktmanagement und Produktmarketing* (3. Aufl.). Springer Gabler.

Biesel, H., & Hame, H. (2020). *Vertrieb und Marketing in der digitalen Welt. So schaffen Unternehmen die Business Transformation in der Praxis* (2. Aufl.). Springer Gabler.

Bruhn, M. (2022). *Marketing. Grundlagen für Studium und Praxis* (15. Aufl.). Springer Gabler.

Burmann, C., Halaszovich, T., Schade, M., Klein, K., & Piehler, R. (2021). *Identitätsbasierte Markenführung. Grundlagen – Strategie – Umsetzung – Controlling* (4. Aufl.). Springer Gabler.

Busch, R., Fuchs, W., & Unger, F. (2008). *Integriertes Marketing. Strategie – Organisation – Instrumente* (4. Aufl.). Gabler.

Fuderholz, J. (2017). *Professionelles Lead Management. Schritt für Schritt zu neuen Kunden: Eine agile Reise durch Marketing, Vertrieb und IT.* Springer Gabler.

Grundei, J. (2024). *Organization Design. Systematische Gestaltung der Unternehmensorganisation.* Springer Gabler.

Heinrich, S. (2020). *Content Marketing: So finden die besten Kunden zu Ihnen. Wie Sie Ihre Zielgruppe anziehen und stabile Geschäftsbeziehungen schaffen* (2. Aufl.). Springer Gabler.

Kleinkes, U. (2020). *Quick Guide Content Marketing für den B2B-Mittelstand. Wie KMU mehr Sichtbarkeit im Markt bekommen.* Springer Gabler.

Kreutzer, R.T. (2024). *Toolbox für Marketing und Management. Kreativkonzepte – Analysewerkzeuge – Prognoseinstrumente* (2. Aufl.). Springer Gabler.

Kröger, J., & Marx, S. (2024). *Agiles Marketing. Wie Marketing in dynamischen Zeiten zum Business Enabler wird* (2. Aufl.). Springer Gabler.

Lindner, D. (2024). *Zukunftsorientiertes Management. Innovative Strategien in einer dynamischen Welt.* Springer Gabler.

Maximini, D. (2018). *Scrum – Einführung in der Unternehmenspraxis. Von starren Strukturen zu agilen Kulturen* (2. Aufl.). Springer Gabler.

Meffert, H., Burmann, C., Kirchgeorg, M., & Eisenbeiß, M. (2019). *Marketing. Grundlagen marktorientierter Unternehmensführung Konzepte – Instrumente – Fallbeispiele* (13. Aufl.). Springer Gabler.

Meissner, J. O., Heike, M., & Sigrist, D. (2024). *Organizational design in a complex and unstable world. Introduction to models and concepts and their application.* Springer Gabler.

Nenninger, M., & Seidel, M. (2021). *Praxisleitfaden Customer Centricity. Mit Kundendaten und Customer Experience die digitale Transformation erfolgreich meistern – mit Strategie-Framework und Umsetzungsplan.* Springer Gabler.

Pommerening, C. (2024). *Den Fachkräftemangel im Mittelstand überwinden. Strategien für erfolgreiche Arbeitgeber und wirkungsvolles Employer Branding.* Springer Gabler.

Römmelt, B. (2021). *Social Selling im B2B. Grundlagen, Tools, State of the Art.* Springer Gabler.

Schiefer, D. (2022). *Agile Skalierungsframeworks in der Theorie und Praxis. Einsatzgebiete und Grenzen im Vergleich.* Springer Gabler.

Schreyögg, G., & Koch, J. (2020). *Management. Grundlagen der Unternehmensführung* (8. Aufl.). Springer Gabler.

Staudacher, J. (2021). *Kundenorientierung. Grundlagen, Modelle und Best Practices für eine erfolgreiche Transformation.* Springer Gabler.

Steuernagel, A. (2021). *Digitale Transformation des Marketings und Vertriebs in B2B-Unternehmen. Konzepte und Anwendungsbeispiele.* Springer Gabler.

Sturmer, M. (2020). *Corporate Influencer. Mitarbeiter als Markenbotschafter.* Springer Gabler.

Tintelnot, C. (2023). *Integriertes Produkt- und Vertriebsmanagement im B2B. Technologiebasierte Industrieprodukte entwickeln, managen und profitabel verkaufen.* Springer Gabler.

Vossebein, U., Hildmann, G., & Wengler, S. (2024). *Lead-Management. Prozesse – Menschen – Daten.* Springer Gabler.

Walsh, G., Deseniss, A., & Kilian, T. (2020). *Marketing. Eine Einführung auf der Grundlage von Case Studies* (3. Aufl.). Springer Gabler.

Wirtz, B. W. (2024). *Digital Business. Strategien, Geschäftsmodelle und Technologien* (8. Aufl.). Springer Gabler.

Beitragswerke

Burmann, C., Hemmann, F., Eilers, D., & Kleine-Kalmer, B. (2012). Authentizität in der Interaktion als zentraler Erfolgsfaktor der Markenführung in Social Media. In M. Schulten, A. Mertens, & A. Horx (Hrsg.), *Social Branding. Strategien – Praxisbeispiele – Perspektiven* (S. 129–146). Springer Gabler.

Helmke, S., Brinker-Helmke, D., Uebel, M., & Helmke, M. (2024). Change Management in der Praxis zur Einführung von CRM. In S. Helmke, M. Uebel, & W. Dangelmaier (Hrsg.), *Effektives Customer Relationship Management. Instrumente – Einführungskonzepte – Organisation* (7. Aufl., S. 201–211). Springer Gabler.

Kreutzer, R. T. (2017). Erfolgsfaktoren im Content Marketing. In C. Hilker (Hrsg.), *Content Marketing in der Praxis. Ein Leitfaden – Strategie, Konzepte und Praxisbeispiele für B2B- und B2C-Unternehmen* (S. 44–55). Springer Gabler.

Wenger, S. (2023). Erfolgreiches Lead Management – Nothing's Gonna Stop us Now. In U. Seebacher (Hrsg.), *Praxishandbuch B2B-Marketing. Neueste Konzepte, Strategien und Technologien sowie praxiserprobte Vorgehensmodelle – mit 14 Fallstudien* (2. Aufl.). Springer Gabler.

Online-Dokumente oder -Artikel mit Autoren

Fangmann, T. (2024). Status quo: B2B-Marketing im Mittelstand (01.04.2024). https://torbenfangmann.com. Zugegriffen: 17. Febr. 2025.

Schwaber, K., & Sutherland, J. (2020). Der Scrum Guide. Der gültige Leitfaden für Scrum: Die Spielregeln. https://scrumguides.org/docs/scrumguide/v2020/2020-Scrum-Guide-German.pdf. Zugegriffen: 27. Jan. 2025.

Homepage/Unternehmen als Quelle (kein Autor)

Agile Marketing Manifesto. (2020). *Principles Agile Marketing Manifesto.* https://agilemarketingmanifesto.org/principles. Zugegriffen: 27. Jan. 2025.

3

Marketing Centricity in der Praxis

Zusammenfassung Marketing Centricity als Begriff und konkretes Modell feiert mit diesem Buch zwar seine Premiere, doch entspringen alle Ausprägungen und Empfehlungen konkreten Praxiserfahrungen aus dem B2B-Mittelstand. Entsprechend werden einige Use Cases von Unternehmen aufgeführt, die zentrale Bausteine von Marketing Centricity bereits erfolgreich in ihrer Praxis anwenden. Viele dieser Use Cases dienten als Inspiration in der methodischen Auseinandersetzung mit Marketing Centricity. Ausgewählte Akteure aus der Praxis des B2B-Mittelstands haben sich darüber hinaus bereit erklärt, ihre Use Cases in diesem Kontext zu veröffentlichen, um einen besonders praxisorientierten Blick auf einzelne Komponenten von Marketing Centricity zu bieten. Los gehts.

3.1 Customer Relationship Management bei Innok Robotics

Übersicht

Innok Robotics zeigt, wie Customer Relationship Management nicht nur auf technologischer, sondern auch auf organisatorischer Ebene im B2B-Mittelstand funktionieren kann, wenn Marketing, Vertrieb, Service und Co. an einem Strang ziehen. Dieses Praxiskapitel basiert auf einem Interview mit Daniel Brandt, Head of Marketing, Communications & Strategic Partnerships bei Innok Robotics. Vielen Dank für die Mitwirkung und die aufschlussreichen Einblicke.

© Der/die Autor(en), exklusiv lizenziert an Springer Fachmedien Wiesbaden GmbH, ein Teil von Springer Nature 2025
T. Fangmann, *Marketing-Centricity im B2B-Mittelstand*,
https://doi.org/10.1007/978-3-658-48868-0_3

- Unternehmen: Innok Robotics GmbH
- Branche: Automatisierungstechnik
- Unternehmensgröße: 11–50 Mitarbeitende
- Marketingabteilung: 2 Mitarbeitende
- Ansprechpartner: Daniel Brandt, Head of Marketing, Communications & Strategic Partnerships
- Integrierte Funktionsbereiche: Marketing, Vertrieb, Service, Management, IT
- Externe Mitwirkende: Philipp Moder (Phocus DC)

Das Unternehmen Innok Robotics wurde im Jahr 2012 gegründet und spezialisiert sich seitdem auf die Entwicklung von Autonomen Mobilen Robotern (AMR) mit dem entscheidenden Vorteil, dass diese Roboter auch für Outdoor-Bereiche geeignet sind. Begonnen als Anbieter hochindividualisierter Roboter für Universitäten, Hochschulen und Forschungseinrichtungen, reagierte Innok Robotics vor etwa vier Jahren auf wiederkehrende Marktanforderungen, indem es zwei Kernprodukte entwickelte: einen industriellen Transportroboter und einen Gießroboter für Parks und Friedhöfe. Der industrielle Transportroboter von Innok Robotics ist in der Lage, auf verschiedensten Untergründen wie schlechten Böden, Schotter, Bodenschwellen oder auch bei widrigen Wetterbedingungen zu operieren. Dies unterscheidet ihn von herkömmlichen Indoor-Robotern, die lediglich in kontrollierten Umgebungen funktionieren. Der Gießroboter hingegen bietet eine effiziente Lösung für das Bewässern von Friedhöfen – eine mühsame Aufgabe, die zuvor entweder manuell oder mit großen Fahrzeugen erledigt werden musste. Der Roboter arbeitet wassersparend, lautlos und pietätvoll, was ihn für den Einsatz auf Friedhöfen besonders attraktiv macht.

Im Kern verfügt Innok Robotics über zwei stark unterschiedliche Zielgruppen: Zum einen Kunden aus der Industrie, die an automatisierten Transportlösungen interessiert sind, und zum anderen städtische Institutionen und Friedhofsgärtner, die von der Gießrobotik profitieren. Das Unternehmen hat in den letzten Jahren kontinuierlich in die Weiterentwicklung seiner Roboter investiert, um deren Funktionalität und Anwendungsbereiche zu erweitern. Der industrielle Transportroboter wurde beispielsweise so weiterentwickelt, dass er in noch anspruchsvolleren Umgebungen arbeiten kann, einschließlich unebenem Gelände und bei extremen Wetterbedingungen. Der Gießroboter wurde mit moderner Sensorik ausgestattet, um den Wasserverbrauch weiter zu optimieren und sicherzustellen, dass die Pflanzenbedürfnisse präzise erfüllt werden. Diese kontinuierlichen Innovationen haben dazu beigetragen, Innok Robotics nach eigenen Angaben als führenden Anbieter im Bereich der Outdoor-Robotik zu etablieren.

3.1.1 Ausgangssituation bei Innok Robotics

Die initiale Herausforderung bei Innok Robotics war eine stark fragmentierte Systemlandschaft. In den letzten Jahren erlebte das Unternehmen eine starke Wachstumsperiode (sowohl Umsatzwachstum als auch Wachstum der Organisation). Das führte zu einer Vielzahl verschiedener Tools für CRM, ERP, E-Mail-Marketing, Webseitenmanagement (CMS) und weitere Funktionen, die unzureichend integriert waren und teilweise redundante Daten beinhalteten. Die Konsequenz sind ineffiziente Prozesse im Vertrieb und Marketing sowie eine mangelhafte Datenqualität. Unter solchen Rahmenbedingungen hatten Vertrieb und Marketing Schwierigkeiten, effizient zusammenzuarbeiten, da wichtige Informationen oft unvollständig oder gar nicht erfasst wurden. Missverständnisse und Informationslücken durch Arbeit in verschiedenen Systemen waren vorprogrammiert. Der Vertrieb konnte beispielsweise nicht hinlänglich nachvollziehen, welche Marketingmaßnahmen bereits bei einem potenziellen Kunden durchgeführt worden waren, und umgekehrt fehlte es dem Marketing an Feedback aus dem Vertrieb, um diese Maßnahmen gezielt anzupassen.

Die mangelhafte Integration der Systeme führte außerdem zu einer erhöhten Fehleranfälligkeit und einem erhöhten Arbeitsaufwand, da viele Aufgaben manuell erledigt werden mussten. An vollständige Datenkonsistenz, Aktualität oder gar Echtzeitdaten war nicht zu denken. Das führt dazu, dass wichtige Kundeninformationen nicht zum richtigen Zeitpunkt und in der passenden Qualität zur Verfügung stehen. Darunter leidet nicht nur die Vertriebsarbeit, sondern auch das Kampagnenmanagement im Marketing. Spezifizierte oder gar personalisierte Kampagnen waren kaum bis gar nicht zielführend möglich, wodurch große Potenziale modernen Marketings bisher unausgeschöpft blieben.

Hinzu kommen der externe Druck und die Komplexität eines in den letzten Jahren stark gewachsenen Marktes für Roboterlösungen. Nicht nur die Expansion in neue Länder und Märkte – in den letzten Jahren ein starker Fokus von Innok Robotics – und der generelle Anstieg der Nachfrage erfordern eine bessere Koordination zwischen den Abteilungen und eine höhere Flexibilität bei der Reaktion auf Kundenbedürfnisse. Die Konkurrenz – u. a. große und etablierte Unternehmen der Branche – hat ihre Produktportfolios und Dienstleistungen ebenfalls ausgebaut. Dieses Wettbewerbsumfeld führte dazu, dass Innok Robotics seine Effizienz und Reaktionsfähigkeit steigern musste, um wettbewerbsfähig zu bleiben. Besonders das Kundenerlebnis sollte im Fokus der CRM-Bemühungen stehen, um sich entlang der

Kundenreise (in Marketing, Vertrieb und darüber hinaus) gegenüber größeren Unternehmen durchsetzen zu können.

Das Ziel des CRM-Projektes war es, eine zentrale Plattform für alle vertriebs- und marketingrelevanten Daten und Informationen zu schaffen, die eine nahtlose Zusammenarbeit zwischen den beiden Bereichen ermöglicht. Hierbei sollten alle relevanten Unternehmensfunktionen – in diesem Fall Marketing, Vertrieb, Service, Management – einbezogen werden, um so ein integriertes Marketing zu ermöglichen, das den Markterfolg nachhaltig fördert. Durch die Implementierung einer integrierten Lösung sollten nicht nur die internen Prozesse verbessert, sondern auch die Kundenzufriedenheit gesteigert werden, indem schneller und gezielter auf Anfragen und Bedürfnisse eingegangen werden kann. Das bedeutet auch, dass Veränderungen in Prozessen, im System oder in der Organisation agil und unbürokratisch (bspw. ohne wiederkehrenden externen Support durch einen Systemintegrator) ermöglicht werden sollten. Ein weiteres Ziel war es, eine klare und umfassende Datenbasis zu schaffen, die eine fundierte Entscheidungsfindung auf Managementebene ermöglicht und strategische Maßnahmen durch reelle Erkenntnisse am Markt stützt.

3.1.2 Umsetzung des CRM-Projektes

Die Umsetzung des Projektes bei Innok Robotics erfolgte – ganz im Sinne von Marketing Centricity – konsequent interdisziplinär. Aus dem Marketing heraus initiiert, galt es zunächst die bestehende und potenzielle Systemlandschaft zu evaluieren und die zentralen Anforderungen an das integrierte Marketing im neuen übergreifenden CRM zu identifizieren. Dazu wurden die Funktionsbereiche Marketing, Vertrieb, Service und Management ins Projekt integriert und zu ihren Anforderungen befragt. In Summe konnten zwölf Systeme anhand von 83 Kriterien gegenübergestellt werden. Die folgende Auflistung zeigt einen Auszug dieser Kriterien:

- *Betriebswirtschaftliche Faktoren:* z. B. Integrationskosten, laufende Lizenzkosten, Serverstandort
- *(Klassische) Vertriebs- und CRM-Funktionen:* z. B. Sales Pipeline, Sales Mails und Mail-Tracking, Telefonie (Tracking und Protokolle), Dokumentenmanagement im Vertrieb, Angebotserstellung und Rechnungsstellung, Offline-Leaderfassung (z. B. Messeleads)

- *Marketingfunktionen:* z. B. SEO-Tools, Social-Media-Integration, E-Mail-Automation, Landingpages, Kampagnenplanung und A/B-Tests, Eventmanagement
- *Lead-Management-Funktionen:* z. B. Lead Verfolgung, Lead Scoring
- *CMS-Funktionen:* z. B. Vollwertiges Content Management, Simples Editing (etwa Drag-and-Drop-Editor), Mehrsprachigkeit, Suchfunktionen, Sicherheitsstandards
- *Servicefunktionen:* z. B. Kunden- und Händlerportal, Wissensdatenbank (z. B. FAQ), Ticketsystem und Helpdesk, Livechat, Kundenumfragen
- *Generelle Schnittstellen:* z. B. zum ERP-System, zur Microsoft-Suite, zu Google-Tools (z. B. Google Analytics), zu Dealfront

Wichtig ist zu erwähnen, dass nicht jede Anforderung, die einem bestimmten Funktionsbereich zuzuordnen ist, zwangsläufig aus dem jeweiligen Funktionsbereich heraus formuliert werden musste. Vielmehr ging es darum, die verschiedenen Erfahrungen und Perspektiven zusammenzubringen, um aus der gemeinsamen Diskussion heraus eine vollständige Anforderungsliste zu entwickeln. So kam die Anforderung „Wissensdatenbank" bspw. nicht direkt aus dem Service, sondern war ein Vorschlag aus dem Marketing und wurde vom Serviceteam stark befürwortet.

Nach umfassender Analyse inkl. Tests und Experimenten im Rahmen von Live-Demos der Systeme fiel die finale Entscheidung auf HubSpot als zentrales CRM-System. Die Implementierung von HubSpot erfolgte anschließend in mehreren Phasen. Zunächst wurde das CRM-Modul eingeführt, um eine zentrale Datenbasis für alle kundenbezogenen Informationen zu schaffen. Dies ermöglichte eine Vereinheitlichung der Daten, um die Qualität und Vollständigkeit der Kundendaten deutlich zu verbessern. Der Fokus lag darauf, alle relevanten Daten aus den verschiedenen Altsystemen zu migrieren, was eine erhebliche Herausforderung darstellte. Die bisherigen ERP- und CRM-Systeme (wie Odoo) hatten separate Datenbanken für Kontakte und Deals, was eine komplexe Datenmigration mit sich brachte. Wichtig war es daher, die IT-Abteilung von Innok Robotics früh ins Projekt einzubinden. So arbeitete die interne IT-Abteilung eng mit den externen Implementierungspartnern (HubSpot und Phocus DC) zusammen, um sicherzustellen, dass alle Daten korrekt und konsistent in das neue System überführt werden.

Im nächsten Schritt standen die Marketingfunktionen im Fokus. So wurde etwa die Marketing-Automation eingeführt, um Marketingprozesse zu optimieren und Kampagnen effizienter durchführen zu können. Das Marketingteam nutzt die neuen Automatisierungsmöglichkeiten, um personalisierte E-Mail-Kampagnen zu erstellen, die auf exakte Kundenbedürfnisse abgestimmt sind. Dies ermöglicht eine spezifischere Zielgruppenansprache und erhöht die Effektivität der Kampagnen. Zudem wurde das Content-Management-System (CMS) von HubSpot genutzt, um die Unternehmenswebseite neu zu gestalten und nahtlos in das CRM zu integrieren. Dadurch können Marketingaktivitäten wie die Generierung und Weiterverfolgung bzw. Qualifizierung von Leads über Formulare etc. direkt im CRM abgebildet werden.

Der Aufbau sämtlicher CRM- und Marketingfunktionen erfolgte im Rahmen agiler Test- und Optimierungszyklen. Etwa zwei Monate dauerte dieser erste Aufbau, bevor die finale Synchronisierung der alten Daten mit dem neuen System stattfinden konnte. Zeitgleich fand das jährliche Vertriebsmeeting von Innok Robotics unter Teilhabe aller Vertriebs- und Marketingverantwortlichen statt. Im Rahmen dieses Vertriebsmeetings fand die dritte Phase als wesentlicher Bestandteil der CRM-Einführung statt: die Mitarbeiterschulung. Die Einführung einer neuen Plattform bringt immer eine Umstellung der Arbeitsweise mit sich, weshalb es entscheidend war, dass alle betroffenen Mitarbeiter die Funktionen und Möglichkeiten des neuen Systems verstehen und anwenden können. Es wurden daher spezifische Schulungen für die Abteilungen Marketing und Vertrieb durchgeführt, um sicherzustellen, dass das volle Potenzial von HubSpot ausgeschöpft werden kann. Die Schulungen umfassten sowohl Einführungen in die grundlegenden Funktionen des CRM-Systems als auch spezialisierte Trainings, die auf die spezifischen Aufgaben der jeweiligen Abteilungen zugeschnitten waren. Für das Marketingteam lag der Fokus auf der Nutzung der Automatisierungsfunktionen, der Erstellung von Kampagnen und der Integration von Marketinginhalten. Das Vertriebsteam hingegen wurde darin geschult, wie es die neu gewonnenen Informationen nutzen kann, um potenzielle Kunden besser zu verstehen, Leads gezielter zu verfolgen und effektiver mit bestehenden Kunden zu interagieren.

Heute bildet Innok Robotics sämtliche Marketing- und Vertriebsaktivitäten im CRM-System ab, dokumentiert, analysiert und optimiert diese laufend im Rahmen iterativer Feedbackzyklen. Das Projekt wird intern jedoch nicht als abgeschlossen betrachtet. Zum einen liegt dies daran, dass die sukzessive Optimierung (bspw. durch Integration neuer Funktionen oder Felder für die Vertriebsarbeit) als zentraler Erfolgsfaktor für die Zukunft betrachtet wird. Zum anderen wurden die Potenziale, die in den Servicefunktionen bereits formuliert und im System abbildbar sind, noch nicht ausgeschöpft.

Die Integration des Services stellt ein Handlungsfeld für die Zukunft dieses Projektes dar. Nichtsdestotrotz arbeiten aktuell über 20 Personen bei Innok Robotics mit dem CRM-System. Dabei handelt es sich nicht allein um Marketing- und Vertriebsmitarbeitende, sondern um diverse Funktionsbereiche (z. B. Management oder Personal), die in unterschiedlicher Art und Weise von den Daten und Informationen partizipieren. So war zu Beginn der Auseinandersetzung mit dem Thema CRM nicht geplant, die Mitarbeitergewinnung ins System zu integrieren. Aufgrund von Synergieeffekten wurde jedoch neben einer Salespipeline ebenfalls eine Bewerberpipeline aufgebaut, um in der Personalabteilung ebenfalls vom integrierten Marketing zu profitieren. Rein vertrieblich verbucht Innok Robotics das Projekt nicht nur aufgrund der internen Optimierungen (z. B. Datenqualität) als Erfolg, sondern kann auch signifikante externe Erfolge verzeichnen. So hat das Unternehmen sein Umsatzergebnis im Vorjahresvergleich zum Recherchezeitpunkt (Juli 2024) verdoppeln können. Zwar lässt sich dieser Erfolg nicht zu 100 % auf das hier beschriebene Projekt zurückführen – das Vertriebsteam ist bspw. ebenfalls gewachsen – doch es ist naheliegend, dass die gewonnene Effektivität und Effizienz in Marketing und Vertrieb entscheidend zum Markterfolg beigetragen haben.

3.1.3 Kritische Würdigung unter Berücksichtigung von Marketing Centricity

Bei der Implementierung des CRM bis zum heutigen Stand fallen einige Erfolgsbausteine und Vorgehensweisen auf, die dem Leitgedanken von Marketing Centricity entsprechen. Allem voran steht die Erkenntnis, dass die Implementierung eines CRM-Systems als zentrale Daten- und Informationsbasis für die gesamte Organisation eine Kernempfehlung von Marketing Centricity darstellt. Im Framework ist dies als „Zentrum" definiert. Somit ist nicht nur die Implementierung selbst eine interdisziplinäre Erfolgsgeschichte, das CRM als Ergebnis bildet das Fundament, um künftig als Gesamtorganisation noch intensiver, effektiver und zielgerichteter an abteilungsübergreifenden Initiativen zu arbeiten. Dass Initiativen dieser Art besonders erfolgversprechend sind, zeigt die Vorgehensweise der Implementierung. So lassen sich drei zentrale Erfolgsfaktoren festhalten:

Ganzheitliche Planung Die anfängliche Gründlichkeit – etwa in der Formulierung der Anforderungsliste – war ein Schlüsselfaktor für den Projekterfolg. So lebt ein CRM-System immer von den Nutzern, die am Ende damit arbeiten und von den Inhalten des Systems partizipieren. Platt ausgedrückt: Das beste System nützt nichts, wenn die Mitarbeitenden nichts damit anfangen können. Anstatt also die Nutzer in ein neues System zu „zwängen", sollte sich ein neues System möglichst den Nutzern anpassen. Die Wahrscheinlichkeit, dass dies erreicht wird, erhöht sich durch die frühzeitige Einbindung aller relevanten Funktionsbereiche. So konnten Management, Marketing, Vertrieb und Service ihre Anforderungen an ein übergreifendes CRM-System formulieren und gemeinsam über eine sinnvolle Gesamtlösung diskutieren. Selbst wenn diese Gesamtlösung in all ihren Ausprägungen zum aktuellen Zeitpunkt noch nicht realisiert ist, sind die Anforderungen von Beginn an berücksichtigt. Das Resultat der ganzheitlichen Planung lässt sich anhand der Zusammenarbeit von Marketing und Vertrieb beobachten. So passt das Marketing Formulare und Masken im CRM laufend im Dialog mit dem Vertrieb an. Das führt dazu, dass diese Bausteine immer spezifischer auf die individuellen Anforderungen zugeschnitten sind und am Ende genau die Informationen im CRM abgebildet werden, die in Marketing und Vertrieb von Nutzen sind. Besonders positive Rückmeldung aus dem Vertrieb bekam etwa die Optimierung der Weiterqualifizierung von Messeleads. Ein weiteres Positivbeispiel ist das Lead Nurturing in Folge von Marketingkampagnen. Die neue, gemeinsam entwickelte Datenbasis bietet den Mitarbeitenden im Vertrieb genau die Informationen, die sie für die nachfolgenden Telefonaktivitäten benötigen. Wären solche CRM-Bausteine – sowohl die Informationen über einen Messelead als auch die Daten aus einer Marketingkampagne – im sog. „stillen Kämmerlein" von Marketing oder Vertrieb entwickelt worden, wäre eine solch umfassende Nutzbarkeit der Informationen nicht möglich gewesen.

Agile Umsetzung Die Tatsache, dass die CRM-Initiative sowohl heute als auch in Zukunft nicht „fertig" sein wird, verdeutlicht den agilen, inkrementellen Ansatz in der Umsetzung bei Innok Robotics. Statt auf Basis der ganzheitlichen Planung ein komplettes, in sich geschlossenes System zu entwickeln, welches dann in seiner Gesamtheit in die Organisation gebracht wird, wurde sich hier für eine schrittweise Implementierung entschieden. Von Beginn an wurden Entwicklungen – zunächst im Demosystem, später im Livesystem – schnell und direkt anhand der reellen Praxis in Marketing und Vertrieb getestet und optimiert. Eine solche Reaktions- und Umsetzungsgeschwindigkeit wird ermöglicht durch die Entscheidung, die (v. a. technischen) CRM-Kompetenzen nicht nur über einen externen Implementierungspartner abzubilden, sondern in der eigenen Organisation aufzubauen. Über die gesamte Implementierung hinweg fand demnach ein Know-how-

Transfer zwischen Innok Robotics und Phocus DC als Implementierungspartner statt. Umfassende interne CRM-Kompetenzen – speziell im Marketing – eröffnen in der laufenden Optimierung und Erweiterung des Systems
diverse Handlungsspielräume.

Konsequentes Commitment Der Aufbau eines CRM-Systems ist die eine Sache
– die Integration in die Gesamtorganisation inkl. nachhaltiger Nutzung in
Marketing, Vertrieb und Co. eine ganz andere Sache. Wie bereits in vorangegangenen Kapiteln erwähnt, ist die Technologie in CRM-Projekten nur ein
kleines Stück vom Kuchen. Konsequentes Commitment aller Funktionsbereiche führt dazu, dass mit den Daten und Funktionen einer ganzheitlichen
CRM-Lösung auch wirklich gearbeitet wird. Ein solches Commitment beginnt mit der Rückendeckung aus dem Management. So wurde bspw. entschieden, dass das oben beschriebene Vertriebsmeeting den Zeitpunkt darstellt, ab dem ausschließlich im neuen System gearbeitet werden darf. Eine
solche Entscheidung inkl. aller Auswirkungen auf die Vertriebs- und Marketingarbeit war nur deshalb möglich, weil die Vorgehensweise aus der obersten Managementebene von Innok Robotics heraus getragen wurde. Darüber
hinaus bestand zu jedem Zeitpunkt ein hohes Commitment aus den Funktionsbereichen selbst. Das rührt vor allem daher, dass eben diese Funktionsbereiche von Beginn an ihre Wünsche und Anforderungen in das Projekt
einbringen konnten. Eine solche interdisziplinäre Zusammenarbeit verbessert
nicht nur das Projektergebnis (etwa durch Know how und Perspektivenviel-
falt), sondern verändert auch die Position, die entscheidende Funktionsbereiche (und Einzelpersonen) gegenüber der Veränderung einnehmen. Vertrieb,
Service und Co. müssen die Veränderung demnach nicht tatenlos „über sich
ergehen lassen", sondern werden zu aktiven Mitgestaltern der Veränderung.
Alles in allem zeigt die CRM-Implementierung bei Innok Robotics, wie
Ansätze von Marketing Centricity im B2B-Mittelstand zum Erfolg führen
können. Wir halten fünf abschließende Praxisempfehlungen fest:

- Bemühe dich um das Commitment relevanter Stakeholder (idealerweise
  Management).
- Mache betroffene Funktionsbereiche zu Mitgestaltern der Lösung.
- Setze auf eine agile, schrittweise Umsetzung anstelle der großen Gesamt-
  entwicklung.
- Setze auf Wissenstransfer mit externen Partnern, um internes Know-how
  aufzubauen.
- Zentralisiere Daten und Informationen, um dezentral damit arbeiten zu
  können.

3.2   Cross Selling und Bestandskundenmanagement bei Titgemeyer

Übersicht

In der wettbewerbsintensiven Landschaft von Marketing und Vertrieb konzentrieren sich viele Unternehmen primär auf die Akquisition neuer Kunden. Signifikante Investitionen fließen in Werbekampagnen, Social-Media-Strategien und Vertriebsinitiativen, um neue Märkte zu erschließen und den Kundenstamm zu erweitern. Dabei wird jedoch oft das ungenutzte Potenzial vernachlässigt, das in der gezielten Bearbeitung von Bestandskunden liegt. Dieses Praxiskapitel zeigt, wie die Titgemeyer GmbH & Co. KG sein Bestandskundenmanagement transformiert und Cross-Selling-Potenziale durch die gezielte Zusammenarbeit von Marketing, Vertrieb und Produktmanagement hebt.
Ein besonderer Dank gilt dem Gastautoren dieses Praxiskapitels, Markus Batta, ehemaliger Leiter Produktmanagement bei der Titgemeyer GmbH und Co. KG und heute Co-Founder der Unternehmensberatung smovement. Vielen Dank für die Mitwirkung und die aufschlussreichen Einblicke.

- Unternehmen: Titgemeyer GmbH & Co. KG
- Branche: Befestigungstechnik und Fahrzeugbauteile
- Unternehmensgröße: 501–1000 Mitarbeitende
- Marketingabteilung: 5 Mitarbeitende
- Ansprechpartner: Markus Batta, ehem. Leiter Produktmanagement
- Integrierte Funktionsbereiche: Produktmanagement, Vertrieb, Marketing

Die strategische Pflege und Weiterentwicklung bestehender Kundenbeziehungen kann nicht nur die Effizienz im Vertrieb steigern, sondern auch nachhaltiges Wachstum und eine stärkere Marktpositionierung fördern. Gerade in Zeiten disruptiver Veränderungen und sich schnell wandelnder Kundenbedürfnisse ist es entscheidend, die Loyalität und das Vertrauen bestehender Kunden zu festigen und auszubauen. Studien belegen, dass die Akquisition neuer Kunden deutlich kostenintensiver ist als die Pflege bestehender Kundenbeziehungen. Reichheld und Teal sowie Bain & Company schätzen, dass die Neukundengewinnung fünf- bis siebenmal höhere Kosten verursacht (vgl. Reichheld & Teal, 1996, Bain & Company, 2020). Zudem ist die Wahrscheinlichkeit, an einen Bestandskunden zu verkaufen, mit 60–70 % deutlich höher als bei Neukunden (5–20 %) (vgl. Kotler & Armstrong, 2018). Diese Zahlen verdeutlichen, dass eine strategische Ausrichtung auf Bestandskunden nicht nur kosteneffizient, sondern auch besonders wachstumsrelevant ist.

Unternehmen, die ihre Marketing- und Vertriebsstrategien auf die Bedürfnisse und Potenziale ihrer Bestandskunden ausrichten, können ihre Umsätze steigern, die Kundenbindung verbessern und sich nachhaltige Wettbewerbsvorteile sichern. Vor diesem Hintergrund stellt sich die zentrale Frage: Wie können Unternehmen nachhaltiges Wachstum im Bestandskundengeschäft erzielen – insbesondere in komplexen Organisationen und bei der parallelen Bearbeitung mehrerer Geschäftsfelder? Welche Strategien und Maßnahmen sind erforderlich, um die Zusammenarbeit von Marketing, Vertrieb und Produktmanagement zu optimieren und die Potenziale im Bestandskundenbereich voll auszuschöpfen?

Die Titgemeyer GmbH, gegründet 1901, ist ein international agierendes Unternehmen im Bereich der Befestigungstechnik und Fahrzeugbauteile. Mit über 600 Mitarbeitern an 14 Standorten in Europa entwickelt und vertreibt Titgemeyer ein breites Spektrum an Befestigungselementen, Werkzeugen und Komponenten für moderne Nutzfahrzeuge. Zum Unternehmensportfolio gehören Kompetenzzentren wie Titgemeyer Tools & Automation (spezialisiert auf Nietwerkzeuge und Befestigungselemente), Cirteq Fastening Technology (Fertigung von Schließringbolzen-Systemen) und Rieko (Aluminiumkonstruktionen und Rollläden). Die Kunden von Titgemeyer stammen vorwiegend aus dem Fahrzeugbau, dem Maschinen- und Anlagenbau, der Logistik- und Transportbranche sowie der Automobilindustrie. Das Unternehmen operiert in zwei Hauptgeschäftsbereichen: Befestigungstechnik, die Verbindungselemente und Verarbeitungssysteme für industrielle Anwendungen liefert, und Fahrzeugbau, der hochwertige Komponenten und Systemlösungen für Nutzfahrzeuge bereitstellt. Bislang wurden diese Geschäftsbereiche jedoch weitgehend separat voneinander betreut.

Diese separate Betreuung führte dazu, dass signifikante Synergiepotenziale zwischen den Geschäftsbereichen ungenutzt blieben. Die Zusammenarbeit zwischen den Abteilungen Marketing, Vertrieb und Produktmanagement erfolgte überwiegend sporadisch und reaktiv, beispielsweise als Reaktion auf spezifische Kundenanfragen. Eine Fragmentierung der Marktansprache verhinderte, dass die unterschiedlichen Geschäftsbereiche ihr volles Potenzial ausschöpfen und gemeinsame Stärken im Wettbewerb ausspielen konnten.

3.2.1 Ausgangssituation, Herausforderungen und Wandel im Bestandskundengeschäft bei Titgemeyer

Titgemeyer sah sich mit einer Herausforderung konfrontiert, die in vielen Unternehmen anzutreffen ist: Eine fragmentierte Zusammenarbeit zwischen den Abteilungen inkl. Silo-Mentalität. Insbesondere die fehlende Vernetzung zwischen Marketing, Vertrieb und Produktmanagement führte zu einer Reihe von Problemen:

- Inkonsistente Marktansprache: Kunden erhielten keine integrierten Angebote, welche die Kompetenzen beider Geschäftsbereiche (Befestigungstechnik und Fahrzeugbau) widerspiegeln.
- Mangelnder Wissenstransfer: Wichtige Kundeninformationen und Marktkenntnisse wurden nicht systematisch zwischen Produktmanagement und Vertrieb ausgetauscht.
- Verpasste Cross-Selling-Potenziale: Kunden im Bereich Fahrzeugbau wurden nicht aktiv auf ergänzende Befestigungsprodukte aufmerksam gemacht, obwohl hier deutliche Synergieeffekte bestanden.

Um diese Defizite zu beheben, war ein grundlegendes Umdenken erforderlich: Marketing, Vertrieb und Produktmanagement mussten ihre Zusammenarbeit intensivieren, Wissen aktiv austauschen und sich stärker an einer gemeinsamen Zielsetzung orientieren. Nur so konnten ungenutzte Marktpotenziale erschlossen und eine effizientere Marktbearbeitung sichergestellt werden.

Mit dem Antritt einer neuen Geschäftsführung leitete Titgemeyer einen umfassenden strategischen Wandel ein, der einen verstärkten Fokus auf die Erschließung branchenübergreifender Potenziale vorsah. Hintergrund dieser Neuausrichtung war die Erkenntnis, dass in bestimmten Bereichen, insbesondere im Werkzeugsegment der Befestigungstechnik, eine zunehmende Marktsättigung herrschte. Gleichzeitig stagnierte der Einsatz von Titgemeyer-Befestigungselementen im Fahrzeugbau, was auf unzureichend ausgeschöpfte Marktchancen hinwies. Das übergeordnete Ziel der neuen Strategie war es, die vorhandenen Synergien zwischen den Geschäftsbereichen Befestigungstechnik und Fahrzeugbau zu identifizieren und gezielt zu nutzen, um ein nachhaltiges Umsatzwachstum im Bestandskundengeschäft zu erzielen. Dies sollte nicht nur die Abhängigkeit von gesättigten Märkten reduzieren, sondern auch die langfristige Wettbewerbsfähigkeit des Unternehmens stärken.

Die Neuausrichtung basierte auf drei Säulen:

1. Stärkere Verzahnung von Marketing, Vertrieb und Produktmanagement: Einführung regelmäßiger interdisziplinärer Meetings und Workshops zur Förderung des Informationsaustausches und der besseren Abstimmung von Maßnahmen. Darüber hinaus klare Definition von Verantwortlichkeiten für die Kundenkommunikation, die Produktvermarktung und die Entwicklung integrierter Lösungen.

2. Gezielte Marktanalysen zur Identifikation von Umsatzpotenzialen: Systematische Analyse von Kundenfeedback, Kaufhistorien und Markttrends, um ungedeckte Bedürfnisse und Möglichkeiten des Cross Selling zu identifizieren. Darauf aufbauend die Entwicklung von Kundenprofilen und Segmentierungsstrategien, um die Marktansprache zu optimieren und gezielte Marketingkampagnen zu entwickeln.

3. Datengetriebene Entscheidungsfindung: Bereichsübergreifende Freigabe des zentralen CRM-Systems zur Erfassung und Analyse von Kundendaten, um fundierte Entscheidungen in Bezug auf Produktentwicklung, Preisgestaltung und Vertriebsstrategie treffen zu können. Damit einhergehend die kontinuierliche Auswertung von Markt- und Wettbewerbsdaten, um das Produktportfolio zu optimieren und neue Marktsegmente zu erschließen.

Im Rahmen dieser Neuausrichtung kam dem Marketing und Produktmanagement eine zentrale Rolle zu. Sie fungierten als strategische Treiber der Initiative, indem sie die Marktpotenziale analysierten, integrierte Marketingkampagnen entwickelten und die Zusammenarbeit zwischen den Geschäftsbereichen förderten. Ihre Aufgabe war es, sicherzustellen, dass die identifizierten Synergien effektiv genutzt und in marktfähige Produkte und Dienstleistungen umgesetzt wurden.

3.2.2 Umsetzung anhand der Einführung eines kostengünstigen Nietwerkzeugs im Fahrzeugbau

Die beschriebenen Maßnahmen zur interdisziplinären Zusammenarbeit und datenbasierten Entscheidungsfindung führten bei Titgemeyer zu konkreten Erfolgen. Ein besonders anschauliches Beispiel ist die erfolgreiche Einführung eines kostengünstigen Nietwerkzeugs im Bereich Fahrzeugbau, das die Synergien zwischen den Geschäftsbereichen nutzte und zu einer signifikanten Umsatzsteigerung im Bestandskundensegment führte. Im Bereich Fahrzeugbau bestand bei vielen Kunden ein Bedarf an einem kostengünstigen Nietwerkzeug für einfachere Anwendungen, das eine Alternative zu den bisher angebotenen, hochpreisigen Premiumwerkzeugen darstellte. Der Vertrieb hatte diesen Bedarf erkannt und an das Produktmanagement kommuniziert. Um die Marktchance optimal zu nutzen und das Produkt effektiv in das Portfolio zu integrieren, wurde ein systematischer Prozess in vier Schritten umgesetzt:

Marktanalyse zur Identifikation von Potenzialen Das primäre Ziel dieser Analyse war es, fundierte Erkenntnisse darüber zu gewinnen, ob im Fahrzeugbau eine ausreichende Nachfrage nach kostengünstigen Nietwerkzeugen besteht und welche spezifischen Marktsegmente für eine gezielte Ansprache infrage kommen. Die Informationen sollten als Grundlage für die Entscheidung dienen, ob eine Portfolioerweiterung in diesem Bereich sinnvoll ist. Um dies zu realisieren, wurden folgende Maßnahmen durchgeführt:

• Auswertung interner Verkaufsdaten: Die vorhandenen Verkaufsdaten wurden detailliert analysiert, um Bestandskunden im Fahrzeugbau zu identifizieren, die bereits Produkte im Bereich Niettechnologie von Titgemeyer beziehen. Dies ermöglichte eine erste Einschätzung des bestehenden Kundenstamms und des Bedarfs.
• Kundenbefragungen und Vertriebsgespräche: Um ein tieferes Verständnis der Kundenanforderungen an Nietwerkzeuge und deren Preissensibilität zu erlangen, wurden Kundenbefragungen durchgeführt und intensive Gespräche mit den Vertriebsmitarbeitern geführt. Diese qualitativen Daten lieferten wertvolle Einblicke in die Entscheidungsprozesse der Kunden.
• Wettbewerbsanalyse: Eine umfassende Analyse der Wettbewerber im Bereich Nietwerkzeuge wurde durchgeführt, um Differenzierungsmöglichkeiten und unerschlossene Marktpotenziale zu identifizieren. Dies umfasste die Untersuchung von Produktportfolios, Preisstrategien und Marketingaktivitäten der Wettbewerber.

Die Marktanalyse lieferte mehrere Erkenntnisse: Viele Bestandskunden im Fahrzeugbau äußerten zwar einen Bedarf an Nietwerkzeugen, zögerten jedoch aufgrund der hohen Anschaffungskosten, in die bisher angebotenen Premiumprodukte zu investieren. Ein kosteneffizientes Nietwerkzeug, das mit den bestehenden Befestigungslösungen von Titgemeyer kompatibel ist, wurde von Kunden als attraktive Alternative wahrgenommen. Darüber hinaus zeigte die Untersuchung, dass im Fahrzeugbau eine hohe Nachfrage nach kostengünstigen Nietwerkzeugen in einem bislang unerschlossenen Marktsegment besteht. Dies bestätigte, dass die Portfolioerweiterung um ein kostengünstiges Nietwerkzeug sinnvoll ist, was die Grundlage für die nachfolgenden Schritte bildete.

Portfolio-Analyse und strategische Erweiterung des Angebotes Nach der Identifizierung des Marktpotenzials für ein kostengünstiges Nietwerkzeug bestand die nächste Herausforderung darin, eine optimale Produktstrategie zu definieren, die den Marktanforderungen entsprach und das bestehende Produkt-portfolio von Titgemeyer sinnvoll ergänzte. Dabei war es von entscheidender Bedeutung, eine Kannibalisierung der bestehenden Premiumprodukte zu vermeiden und gleichzeitig die Profitabilität des neuen Angebots zu sichern. Dazu wurden folgende Maßnahmen durchgeführt:

- Einsatz der Preis-Leistungs-Technologie-Analyse: Zur strategischen Be-wertung der Produktgruppen von Titgemeyer im Bereich Niettechno-logie wurde eine Portfolio-Analyse mit drei Kriterien durchgeführt (vgl. Abb. 3.1). Diese Methode ermöglichte eine gleichzeitige Betrachtung von Preis, Leistung und Technologie und half, Optimierungspotenziale und Marktchancen zu identifizieren. Durch diese Analyse konnten die Produkte klar positioniert und gezielte Handlungsempfehlungen für die Marktbearbeitung abgeleitet werden.
- Prüfung von Optionen: Es wurden zwei Optionen für die Erweiterung des Produktportfolios geprüft. Sowohl die Eigenentwicklung eines kos-tengünstigen Nietwerkzeugs durch Titgemeyer als auch die Integration eines Zukaufproduktes in das eigene Portfolio.
- Analyse der wirtschaftlichen Tragfähigkeit: Für beide Optionen wurde eine analysiert, inwiefern eine langfristige Profitabilität gegeben ist. Dies umfasste die Kalkulation von Kosten, Preisen und erwarteten Umsätzen.

Positionsbestimmung der Werkzeugsysteme

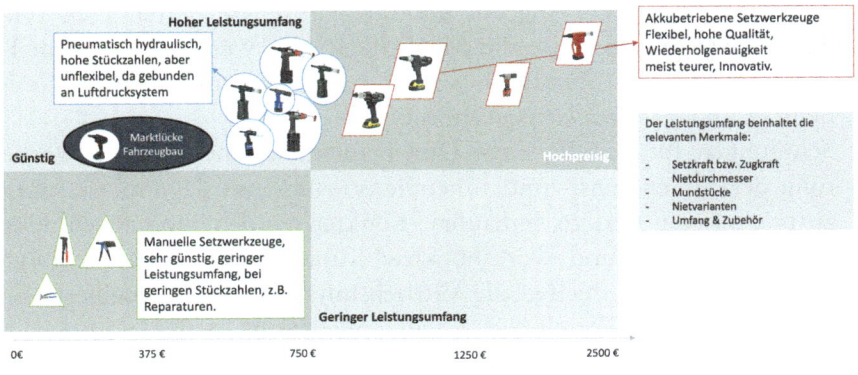

Abb. 3.1 Positionsbestimmung der Werkzeugsysteme bei Titgemeyer

Die Portfolio-Analyse führte zu aussagekräftigen Ergebnissen: Eine Integration eines etablierten Zukaufproduktes erwies sich als die wirtschaftlich sinnvollste Option, da sie mit geringeren Entwicklungsrisiken und -kosten verbunden war und eine schnellere Markteinführung ermöglichte. Zudem sollte das kostengünstige Nietwerkzeug gezielt als ergänzende Lösung zu den bestehenden Premiumwerkzeugen von Titgemeyer positioniert werden. Dies ermöglichte es, preisbewusste Kunden zu gewinnen, ohne das bestehende Premiumsegment zu schwächen.

Go-to-Market-Strategie zur erfolgreichen Markteinführung des kostengünstigen Nietwerkzeugs Nachdem die Portfolio-Analyse die Integration eines Zukaufprodukts als sinnvollste Option ergeben hatte, bestand die nächste Herausforderung darin, das neue Produkt schnell und gezielt im Markt einzuführen. Ziel war es, eine klare Positionierung zu erreichen und die vorhandenen Vertriebskanäle optimal zu nutzen. Zu diesem Zweck wurde eine Go-to-Market-Strategie mit folgenden Elementen entwickelt:

- Positionierung und Messaging: Hier wurde das kostengünstige Nietwerkzeug klar von den bestehenden Premiumlösungen abgegrenzt. Die Kernbotschaft fokussierte sich auf die Kosteneffizienz, die Zuverlässigkeit und die Kompatibilität mit den bestehenden Befestigungslösungen von Titgemeyer. Es wurden überzeugende Argumente formuliert, um den Kunden den Mehrwert des neuen Werkzeugs zu verdeutlichen.
- Pricing: Durch Einführung eines attraktiven Einstiegsangebotes für Bestandskunden im Fahrzeugbau sollte eine schnelle Marktdurchdringung erreicht werden. Das Angebot umfasste einen reduzierten Preis für die ersten Bestellungen sowie die Möglichkeit, das Werkzeug vor dem Kauf ausgiebig zu testen. Zusätzlich wurden spezielle Konditionen für Großabnehmer und Rahmenverträge angeboten.
- Schulungen für den Vertrieb: Dies beinhaltete eine intensive Vorbereitung der Außendienst- und Innendienstteams, um das Produkt optimal zu präsentieren und zu verkaufen. Konkret wurden Produktschulungen, Vertriebstrainings und Workshops zur Kundenkommunikation durchgeführt. Außerdem erhielten die Vertriebsmitarbeitenden detaillierte Informationen zu den Vorteilen des neuen Werkzeugs, den Zielgruppen und den potenziellen Anwendungsbereichen.
- Gezielte Marketingkampagnen: Im Marketing setzte das Team auf den Versand von personalisierten E-Mails an Bestandskunden im Fahrzeugbau mit maßgeschneiderten Angeboten und Informationen zum neuen Werkzeug. Die E-Mails enthielten Links zu Produktvideos,

Anwendungsbeispielen und Kundenreferenzen. Darüber hinaus wurde das neue Produkt in den Online-Shop von Titgemeyer, bestehende Produktkataloge und Broschüren integriert, um eine breite Sichtbarkeit zu gewährleisten (vgl. Abb. 3.2). Relevante Fachmessen und Fachpublikationen im Fahrzeugbau rundeten das Marketingkonzept ab und unterstrichen die Expertise von Titgemeyer im Bereich der Niettechnologie.

Durch die Kombination aus strategischem Vertrieb und datenbasiertem Marketing wurde das kostengünstige Nietwerkzeug innerhalb kurzer Zeit erfolgreich bei Bestandskunden im Fahrzeugbau platziert. Die Marktdurchdringung erfolgte schneller als erwartet und die Verkaufszahlen übertrafen die ursprünglichen Prognosen.

Erfolgsmessung und kontinuierliche Optimierung Nach der erfolgreichen Markteinführung war es von entscheidender Bedeutung, die Wirksamkeit der Go-to-Market-Strategie zu messen und weitere Optimierungspotenziale zu identifizieren. Ziel war es, den Erfolg der Maßnahmen zu quantifizieren, Stärken und Schwächen zu erkennen und die Strategie kontinuierlich an die sich ändernden Marktbedingungen anzupassen. Dazu wurde ein umfassendes System zur Erfolgsmessung etabliert:

Abb. 3.2 Werkzeugbroschüre des kostengünstigen Nietwerkzeugs

- Analyse der Verkaufszahlen: Die Verkaufszahlen wurden detailliert analysiert, um den Umsatzeffekt des neuen Produktes im Bestandskundengeschäft zu bewerten. Dabei wurden sowohl die absoluten Umsatzzahlen als auch die Umsatzentwicklung im Vergleich zum Vorjahr berücksichtigt.
- Sammlung von Kundenfeedback: Um ein tiefes Verständnis für die Kundenzufriedenheit und die Stärken und Schwächen des Produktes zu erlangen, wurde systematisch Kundenfeedback gesammelt. Dies erfolgte durch Kundenbefragungen, persönliche Gespräche mit Vertriebsmitarbeitern und die Auswertung von Online-Bewertungen.
- Optimierung der Preisstrategie und Marketingmaßnahmen: Basierend auf den Ergebnissen der Verkaufsanalyse und dem Kundenfeedback wurden die Preisstrategie und die Marketingmaßnahmen kontinuierlich optimiert. Dies umfasste die Anpassung der Preise, die Verbesserung der Produktbeschreibungen, die Optimierung der Werbekampagnen und die Entwicklung neuer Marketingmaterialien.

Im ersten Halbjahr nach der Einführung des kostengünstigen Werkzeugs verzeichnete der Umsatz im Bereich Nietwerkzeuge eine Steigerung von 76 % (vgl. Abb. 3.3). Diese Entwicklung ist darauf zurückzuführen, dass auch andere Unternehmen im Bereich der Befestigungstechnik die Produkte in Anspruch nahmen.

Im Bereich des Fahrzeugbaus übertraf das Wachstum mit 148 % die ursprünglichen Erwartungen bei Weitem. Dies bestätigt eindrucksvoll, dass der Wandel nicht nur angemessen, sondern längst überfällig war. Zeitgleich

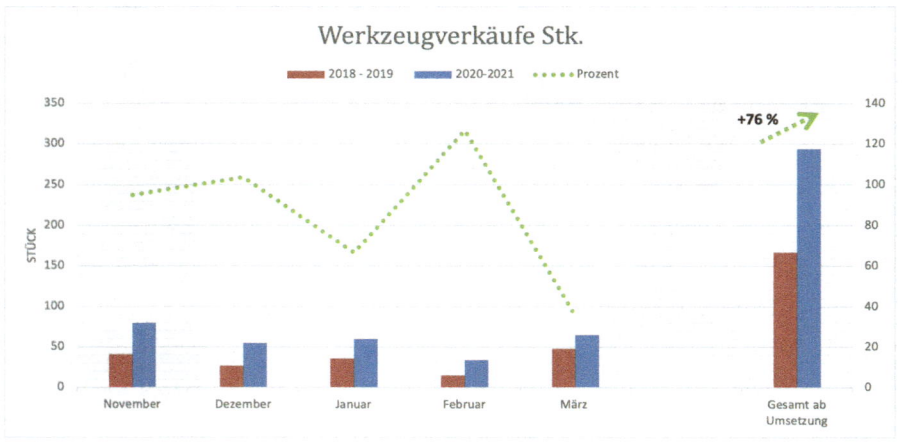

Abb. 3.3   Werkzeugverkäufe im Zeitverlauf bei Titgemeyer

stieg die Cross-Selling-Quote um 18 %, da Kunden, die das neue Produkt nutzten, vermehrt auch andere Befestigungslösungen von Titgemeyer kauften. Darüber hinaus konnte eine erhebliche Effizienzsteigerung im Vertrieb beobachtet werden, was wiederum eine verbesserte Kundenbindung nach sich zog. So reduzierte sich die Abwanderungsrate aufgrund einer optimierten Kommunikation und des auf die Kundenbedürfnisse abgestimmten Produktportfolios messbar um 8 %.

3.2.3 Kritische Würdigung unter Berücksichtigung von Marketing Centricity

Das Praxisbeispiel der Einführung des kostengünstigen Nietwerkzeugs im Fahrzeugbau zeigt eindrücklich, dass die enge Zusammenarbeit zwischen Marketing, Vertrieb und Produktmanagement entscheidend für den Erfolg einer Markteinführung im Bestandskundengeschäft ist. Durch die systematische Analyse von Marktdaten, die strategische Portfolioerweiterung, die gezielte Go-to-Market-Strategie und die kontinuierliche Erfolgsmessung konnte eine signifikante Umsatzsteigerung erzielt, die Kundenbindung erhöht und die Cross-Selling-Quote verbessert werden. In diesem Zusammenhang spielte das Marketing eine zentrale Rolle als Bindeglied zwischen den Abteilungen, indem es Marktinformationen bündelte, die Produktstrategie unterstützte und gezielte Kommunikationsmaßnahmen koordinierte.

Die konsequente Ausrichtung auf die Kundenbedürfnisse und die Integration von Kundenfeedback in die Produktentwicklung und Marketingstrategie trugen maßgeblich zum Erfolg der Markteinführung bei. Dabei ermöglichte die systematische Analyse von Marktdaten, Kundenverhalten und Vertriebsergebnissen, fundierte Entscheidungen zu treffen und die Strategie kontinuierlich zu optimieren. Entsprechend lassen sich vier abschließende Praxisempfehlungen für den B2B-Mittelstand festhalten:

- Fördere den interdisziplinären Austausch durch gezielte Meetings und strukturierte Formate wie Workshops.
- Schaffe eine gemeinsame Datenbasis (bspw. CRM-System), in welcher alle relevanten Kunden- und Verkaufsdaten zusammengeführt werden.
- Hole proaktiv Kundenfeedback ein und stelle diese Erkenntnisse ins Zentrum aller Aktivitäten und Entscheidungen.
- Messe konsequent den Erfolg von Maßnahmen, um anhand klar definierter KPIs Ursachen zu analysieren und die Strategie kontinuierlich anzupassen.

3.3 IIoT Geschäftsmodellentwicklung bei Aerzen Digital Systems

Übersicht

Aerzen Digital Systems als Teil der AERZEN Gruppe zeigt, wie Industrieunternehmen die Potenziale der Digitalisierung heben und werthaltig für das eigene Geschäftsmodell nutzen können. Die Entwicklung digitaler Services ebnet Unternehmen den Weg vom traditionellen Produkt- zum integrierten Lösungsvertrieb. Dieses Praxiskapitel basiert auf einem Interview mit Ricardo Wehrbein, Geschäftsführer bei Aerzen Digital Systems. Vielen Dank für die Mitwirkung und die aufschlussreichen Einblicke.

- Unternehmen: Aerzen Digital Systems GmbH
- Branche: IT-Dienstleistungen
- Unternehmensgröße: 11–50 Mitarbeitende
- Marketingabteilung: 1 Mitarbeitende
- Ansprechpartner: Ricardo Wehrbein, Geschäftsführer
- Integrierte Funktionsbereiche: Produktmanagement, Vertrieb, IT, Management, F&E, Aftersales

Die Digitalisierung hat in den letzten Jahren zunehmend Einzug in die Industrie gehalten und führt zu einem Wandel von traditionellen Produktanbietern hin zu integrierten Lösungen, die physische Produkte mit digitalen Dienstleistungen kombinieren. Diese Entwicklung ist nicht nur eine Reaktion auf den technologischen Fortschritt und die sinkenden Grenzkosten für digitale Infrastruktur, sondern auch auf die steigenden Anforderungen der Kunden an Flexibilität, Effizienz und Transparenz. Unternehmen wie die AERZEN Gruppe haben diesen Wandel erkannt und ihre Strategie entsprechend angepasst. Die AERZEN Gruppe, ein weltweit führendes Unternehmen im Bereich der Drucklufttechnologie mit rund 50 Vertriebs- und Tochtergesellschaften und ca. 2800 Mitarbeitenden, vertreibt seine Prozesslufttechnologien an eine sehr heterogene Kundenlandschaft, bestehend aus Maschinenbauern (Systemintegratoren), Endkunden im Bereich der chemischen Industrie oder Lebensmittelindustrie, aber auch Kunden aus der Wasser- und Abwasseraufbereitung (sowohl Business-to-Business als auch Business-to-Governance).

Im Jahr 2016 startete die Initiative „Aerzen 4.0" mit dem Ziel, die Potenziale der Digitalisierung für das eigene Geschäft zu identifizieren und neue digitale Services inkl. digitaler Geschäftsmodelle zu entwickeln. Im Jahr 2019 wurde Aerzen Digital Systems als Ergebnis dieser Initiative und eigenständige Gesellschaft gegründet, um Lösungen und Dienstleistungen im Kontext des Industrial Internet of Things (IIoT) anzubieten. Das Team von Aerzen Digital Systems besteht aus rund 25 Spezialisten aus acht Nationen und beschäftigt sich mit Digitalisierung, Automatisierung und Systemkompetenz im Zusammenhang mit den Produkten der AERZEN Gruppe. Zu den Leistungen gehört der Betrieb einer Plattform für IIoT-Dienstleistungen (Industrial Internet of Things) für die Verdichter des Unternehmens sowie Lösungen für die Automatisierung von Kläranlagen, insbesondere für die biologische Reinigungsstufe. Darüber hinaus bietet Aerzen Digital Systems IIoT-Consulting für den Mittelstand an, um Kunden bei der digitalen Transformation und der Entwicklung neuer Geschäftsmodelle zu unterstützen.

3.3.1 Ausgangssituation und Herausforderungen bei der Entwicklung digitaler (IIoT) Services

Wichtige externe Treiber für „Aerzen 4.0" waren die Deflation von IT-Komponenten und die zunehmende Verbreitung von Smart Devices, was zu einem signifikanten Preisverfall bei elektronischen Komponenten führte. Gleichzeitig nahmen die Internetkosten ab und Cloud-Infrastrukturanbieter wie AWS und Microsoft Azure stellten immer mehr Ressourcen bereit, was die Voraussetzungen für den Betrieb des Internets der Dinge (IoT) verbesserte. Diese Entwicklungen eröffneten der AERZEN Gruppe neue Handlungsfelder inkl. der Chance, bestehende Steuerungssysteme zu modernisieren und sich mit digitalen Lösungen auseinanderzusetzen. Das digitale Tempo im Markt – große Konkurrenzunternehmen der AERZEN Gruppe entwickelten bereits digitale Lösungen – war ein weiterer ausschlaggebender Faktor.

Die Initiierung von „Aerzen 4.0" brachte sowohl Chancen als auch Risiken mit sich. Die Chance bestand darin, durch Digitalisierung neue Nutzendimensionen für Kunden und damit einhergehend neue Geschäftsfelder zu erschließen, während die Risiken in den hohen Kosten für IT-Sicherheit und der Unsicherheit über die Marktakzeptanz neuer digitaler Lösungen lagen. Hinzu kam die Notwendigkeit, die bestehende Unternehmenskultur an die neuen Geschäftsmodelle anzupassen. Entscheidend bei der Entwicklung digitaler Services ist es demnach nicht, nur die Technologie-, sondern vor allem auch die Marktperspektive einzunehmen. So formulierte das Management der AERZEN Gruppe von Beginn an den Anspruch, dass potenzielle digitale Services nicht nur als „Add On" funktionieren, sondern sich als eigenständiges Geschäftsmodell tragen.

Im Folgenden soll der Fokus weniger auf der Technologie- und verstärkt auf der Marktperspektive liegen. So nähern sich speziell technisch geprägte Unternehmen im B2B-Mittelstand neuen Produkten und Services häufig rein von der technologischen Seite. Die Relevanz dessen – speziell im Kontext technologischer Komplexität bei IIoT-Lösungen – soll an dieser Stelle keinesfalls außer Acht gelassen werden. Der Praxiscase von Aerzen Digital Systems zeigt jedoch, dass gerade die Markt- und Marketingperspektive erfolgsentscheidend ist.

3.3.2 Umsetzung der digitalen Service- und Geschäftsmodellentwicklung

Im Rahmen des Projektes „Aerzen 4.0" wurden vier zentrale Bereiche fokussiert: Die Entwicklung des Geschäftsmodells (Marktperspektive), die technische Infrastruktur, der Einsatz von Künstlicher Intelligenz (KI) zur Effizienzsteigerung und die IT-Sicherheit. Mit Blick auf den Markt galt es u. a. folgende Kernfragen zu beantworten:

- Welche digitalen Services sollten angeboten werden?
- An welche Zielgruppe(n) richten sich diese digitalen Services?
- Welche Anforderungen haben diese Zielgruppen an die Services und darüber hinaus?
- Zu welchem Preis (+ Preismodell) können die digitalen Services angeboten werden?
- Wie erreicht das Angebot die Zielgruppe?

Der aus dem Produktmanagement gesteuerte Prozess zum digitalen Geschäftsmodell – von der Projektinitiierung „Aerzen 4.0" bis zur Monetarisierung inkl. Ausgründung der Aerzen Digital Systems GmbH – vollzog sich in einem Zeitrahmen von ca. drei Jahren (vgl. Abb. 3.4).

In der Darstellung lassen sich gleich zu Beginn zwei zentrale Bausteine für die Vermarktung digitaler Services erkennen:

Aufstellung von Geschäftsmodellhypothesen Zu Beginn eines jeden Geschäftsmodells – besser gesagt zu Beginn einer jeden Vermarktungsaktivität – stehen Hypothesen, die es zu validieren gilt. Welche Pains haben welche Kunden(gruppen) aktuell bei der Nutzung von AERZEN Anlagen? Welche (potenziellen) Kosten entstehen durch diese Pains? Wie können die Pains beseitigt werden, und was wären Kunden bereit, dafür zu bezahlen? Solche

In 3 Jahren zum digitalen Geschäftsmodell

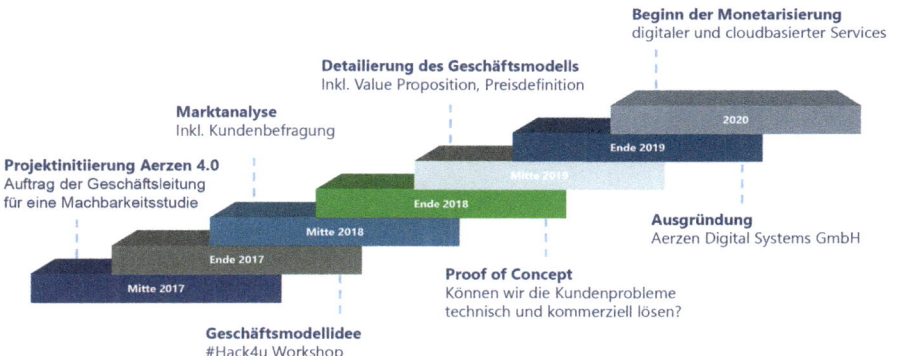

Abb. 3.4 Phasen der digitalen Service- und Geschäftsmodellentwicklung bei AERZEN

und ähnliche Fragestellungen führten schließlich zu drei konkret möglichen digitalen Services:

- Energiemanagement (Reduzierung von Verschwendung durch Energieeinsparung)
- Verfügbarkeitsmanagement (Reduzierung von ungeplanten Stillstandszeiten)
- Nutzungsbasierte Wartung (Reduzierung von Servicekosten)

Durchführung von Marktanalysen Nichts gibt wertvollere Einblicke als der direkte Kundenkontakt. Das hat auch das Team bei AERZEN erkannt und den Vertrieb früh in den Prozess eingebunden, um konkrete Kundeninterviews zu identifizieren und zu akquirieren. Generell war der direkte Kontakt mit dem Vertrieb ungemein wichtig für das Projekt, da nur so ein schlüssiges Bild verschiedener potenzieller Zielmärkte inkl. bestehender Absatz- und Umsatzpotenziale entstand. Immerhin handelt es sich bei allen formulierten Geschäftsmodellhypothesen um Services, die an Bestandskunden vertrieben werden. Neben diesen strategischen Erkenntnissen wurden in Summe 16 strukturierte Kundeninterviews durchgeführt, um Probleme und Herausforderungen zu identifizieren und die Geschäftsmodellhypothesen zu prüfen.

Durchgeführt wurden die Kundeninterviews nach dem Prinzip der Customer Obsession, was die zentralen Elemente des Value Proposition Canvas beinhaltet. Konkret galt es demnach die Jobs, die Pains und die Gains – also die Schmerzpunkte und Nutzen – der Kunden zu ermitteln. Interessant war außerdem, ob und wie diese Punkte sich quantifizieren lassen (um bspw. das Pricing zu spezifizieren), und wie Kunden aktuell mit den Pains und Gains umgehen (etwa durch Workarounds). Während die Verschwendung von Energie bspw. häufig gar nicht weiter auffällt bzw. als Kostenpunkt akzeptiert wird/werden muss, gibt es Kunden, die mögliche ungeplante Stillstände mit dem Überkauf von Maschinen (Redundanzmaschine) kompensieren. Solche und ähnliche qualitative Insights brachte der direkte Kundenkontakt. Darüber hinaus verdeutlichte sich eine Herausforderung, welche bereits zu Beginn aufgrund der Heterogenität der Kunden bestand: Wen sprechen wir eigentlich mit welcher Botschaft und welcher Lösung an?

Zur Beantwortung dieser Frage entwickelte das Team bei AERZEN in Summe vier Personas, um vier unterschiedliche Kundentypen im Kontext der digitalen Services zu beschreiben (vgl. Abb. 3.5). Es galt diese Personas als Archetyp der Zielgruppe nicht nur zu benennen und zu beschreiben, sondern v. a. ihre individuellen Pains, Gains und Jobs herauszuarbeiten. Die zuvor durchgeführte Analyse via Kundeninterviews bildete die notwendige Grundlage, um dies auf Basis realer Erkenntnisse anstelle von Mutmaßungen zu tun. Im Ergebnis standen die Personas „Klaus der Endkunde", „Thomas der Bauingenieur", „Peter der Projektmanager" und „Alex die Einkäuferin". Diese Personas dienten als erste Grundlage für die Entwicklung der Marketingbotschaften und der gesamten Kommunikationsstrategie.

Die zweite Grundlage bestand in einer weiteren zentralen Erkenntnis: Wir haben nicht nur vier externe, sondern v. a. eine erfolgskritische interne Zielgruppe – die Vertriebler in den Vertriebsgesellschaften als Multiplikator. Am Ende des Tages sind diese Personen und Gesellschaften der direkte Zugang zu den anvisierten Zielgruppen und der Schlüssel, um die digitalen Services am Markt zu positionieren. Die Herausforderung: Aktivierung der Vertriebsgesellschaften, um neben den Hardwareprodukten (Maschinen) auch die digitalen Services zu vertreiben. Somit galt es eine weitere Persona zu erarbeiten und mit Leben zu füllen – die Persona des Vertrieblers. Ein besonderes Augenmerk lag auf der kulturellen und organisatorischen Veränderung im Vertrieb. Immerhin verändern digitale Services nicht nur die Customer Journey, sondern auch die Zielpersonen, die vertriebliche Argumentation, das Preismodell etc. – am Ende des Tages die gesamte Art und Weise des Vertriebs. Wo die Vertriebsgesellschaften der AERZEN Gruppe bis dato auf traditionelle Vertriebsmethoden und persönlichen Vertriebs- und Kundenkontakt setzten, galt es nun neue und ergänzende Methoden in die

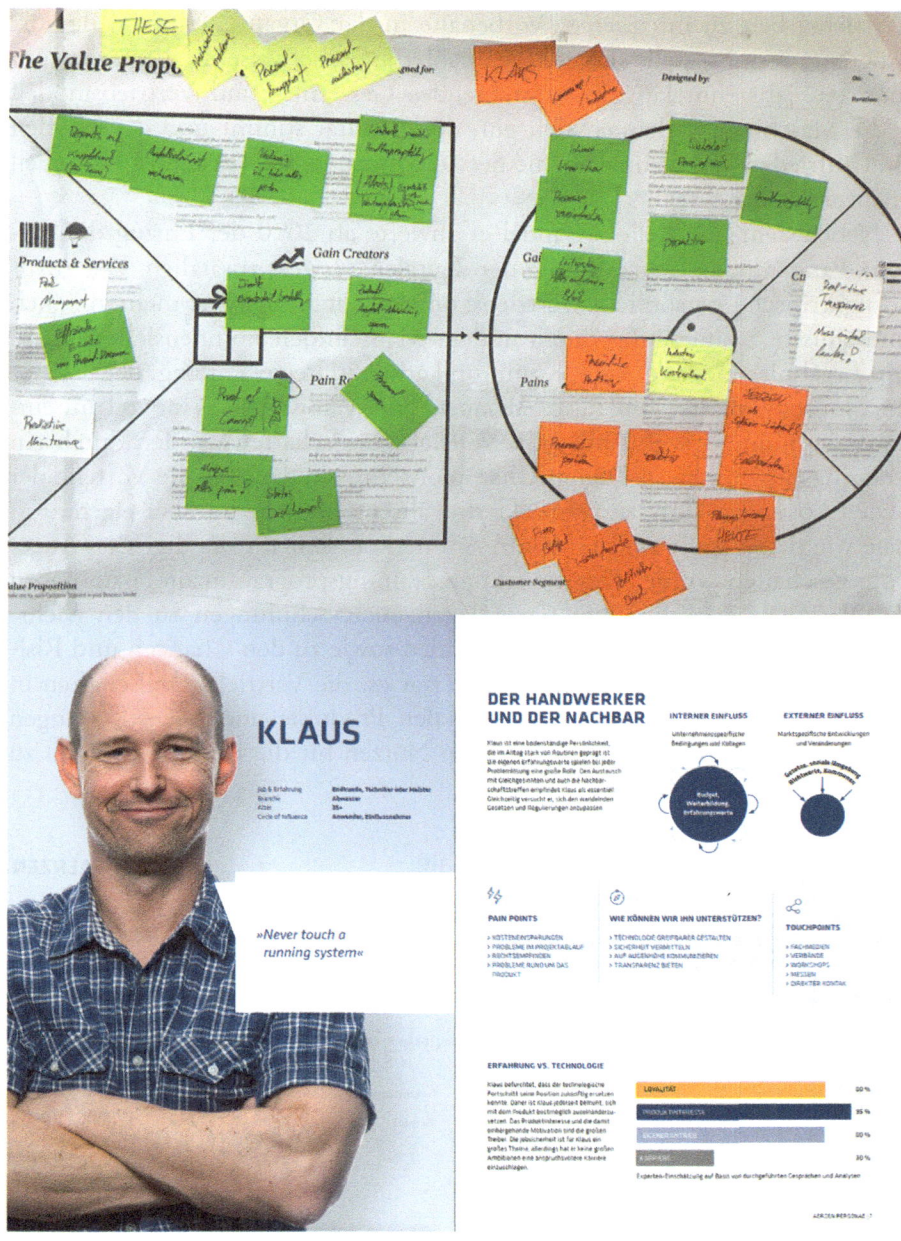

Abb. 3.5 Vom Value Proposition Canvas zur Persona „Klaus"

Vertriebsarbeit zu integrieren. Vorbehalte in der Organisation sind da vorprogrammiert. So stellt sich ein Vertriebler logischerweise die Frage, warum man ein jahrzehntelang funktionierendes Geschäfts- und Vertriebsmodell – die Maschinen verkaufen sich gut, die Qualität stimmt und die Kunden sind zufrieden – jetzt um digitale Services mit komplett neuem Preismodell ergänzen müsse.

Neben dem kulturellen Wandel erschwerte ab 2020 der Einzug der Corona-Pandemie die Vermarktung der digitalen Services zusätzlich. Der zuvor erfolgskritische persönliche Vertriebskontakt war nun nicht mehr möglich und musste zwangsläufig durch andere Maßnahmen kompensiert werden. Im Ergebnis entstand eine Kommunikationsstrategie entlang der Customer Journey, die sowohl Push- als auch Pull-Maßnahmen sinnvoll miteinander kombiniert (vgl. Abb. 3.6). Vertriebsgesellschaften wurden durch ein Trainingsprogramm zu Digital Champions ausgebildet, um die Vorteile der neuen Lösungen aktiv zu vermarkten, während gleichzeitig über eigene Kanäle wie die Website und LinkedIn Aufmerksamkeit für die digitalen Angebote geschaffen wurde. Das vierstufige Trainingsprogramm umfasste neben der Vermittlung technischer Grundlagen auch Schulungen zu den Mehrwerten der Digitalisierung für den Kunden sowie zu den Chancen und Risiken der digitalen Transformation. Ziel war es, die Vertriebsgesellschaften in die Lage zu versetzen, die neuen digitalen Produkte und Dienstleistungen überzeugend zu präsentieren und deren Nutzen für die Kunden deutlich zu

Kommunikations- und Vertriebskanäle    AERZEN

	Awareness	Demand	Consideration / Decision	Purchase	After Sales	
Hygiene	Website (SEO)					PULL
	LinkedIn			LinkedIn		PUSH
	YouTube		Vertriebsunterstützung (Sales Pack)*	Kundenmagazin		
	Fachmedien					
Hub			Persönlicher Besuch / Kontakt			
	PR		Seminar	PR		
		Firmen-Newsletter		Kunden-Newsletter		
Hero			Messe			
	Roadshow & Events			Roadshow & Events		

* Marketingunterstützung

Abb. 3.6 Kommunikationsmix entlang der Customer Journey

machen. Dabei wurde insbesondere auf die Nutzung von Fachmedien, Webinaren und persönlichen Besuchen gesetzt, um die Kunden gezielt anzusprechen. Der persönliche Kontakt, der im Jahr 2020 pandemiebedingt eingeschränkt war, wurde durch eine verstärkte Nutzung von Webinaren und digitalen Veranstaltungen ersetzt.

Diese Strategie erwies sich als erfolgreich, da durchschnittlich 200 bis 300 Teilnehmer an den fachspezifischen Webinaren teilnahmen, was zu einer signifikanten Steigerung der Bekanntheit der digitalen Services führte. Eine wichtige „lesson learned" aus dem Projekt war jedoch, dass die vollständige Digitalisierung des Vertriebs nicht immer den gewünschten Erfolg brachte. Der rein digitale Vertrieb erwies sich als Herausforderung, da viele Kunden weiterhin einen direkten persönlichen Kontakt bevorzugten, um die Vorteile der neuen Technologien besser verstehen zu können. Dies führte zu der Erkenntnis, dass ein hybrider Ansatz aus digitaler und persönlicher Ansprache für die Vermarktung der digitalen Produkte am sinnvollsten ist.

3.3.3 Kritische Würdigung unter Berücksichtigung von Marketing Centricity

Konkret stand und steht Aerzen Digital Systems vor einer Herausforderung, die im Kontext der Digitalisierung typisch ist: Marktakzeptanz in traditionellen industriellen Märkten für digitale (IIoT) Services. Viele Kunden sind noch nicht vollständig mit den Vorteilen der Digitalisierung vertraut, was eine intensive Schulung und Betreuung erfordert. Die Erkenntnis, dass dem so ist, ist bereits der erste zentrale Erfolgsfaktor. Daraus resultiert eine besonders marktorientierte Vorgehensweise der Produkt- und Geschäftsmodellentwicklung, statt sich rein auf die technische Machbarkeit zu konzentrieren.

Marktorientierung Erkennbar wurde diese Vorgehensweise etwa in der Planung (Planungsfeld) und Durchführung (Handlungsfeld) der strukturierten Kundeninterviews, um Lösungen und Services auf Basis validierter Hypothesen und belastbarer Erkenntnisse zu entwickeln. Die Weiterentwicklung der eigenen IIoT-Plattform plant Aerzen Digital Systems weiterhin konsequent marktorientiert durchzuführen. So bieten digitale Produkte und Services im Vergleich zu herkömmlichen Hardwareprodukten den Vorteil, dass Features und Funktionen sukzessiv im Rahmen agiler Iterationen am Markt getestet und dann optimiert werden können. Das gilt letztlich nicht nur für das Produkt selbst, sondern auch für die Vermarktung und Kommunikation – intern wie extern. Das AERZEN-Team setzte in diesem Fall bpsw. auf Leuchtturmprojekte, um schnell belastbare Ergebnisse zu erzielen, die sowohl bei internen Stakeholdern als auch beim Kunden als Argumentationsgrundlage dienen.

Integration Vertrieb In diesem Zusammenhang hat sich insbesondere die frühe und intensive Integration des Vertriebs ausgezahlt. Nicht nur, dass der Zugang zur Zielgruppe für Recherche, Marktanalyse und Leuchtturmprojekte unverzichtbar war – die Integration des Vertriebs steigert das Involvement und infolgedessen die Wahrscheinlichkeit, dass die Vertriebsgesellschaften die digitalen Services auch wirklich im Feld vertreiben. Das intensive und umfangreiche Schulungsprogramm für die Vertriebsgesellschaften als Push-Maßnahme ist nur eine der unterschiedlichen Maßnahmen in Richtung der internen Vertriebspersona. Auch in Zukunft gilt bei Aerzen Digital Systems ein zentrales Credo: Informieren. Informieren. Informieren.

C-Level-Commitment Der letzte Erfolgsfaktor, der speziell in Kombination mit der agilen Herangehensweise besonders wichtig war, war das konsequente Commitment der Managementebene – v. a. zum Projektstart von „Aerzen 4.0". Nur so war es möglich, innerhalb einer traditionellen Organisation interdisziplinär alle notwendigen Funktionen und Kompetenzen um das Projekt herum zu versammeln und eine wirksame Umsetzung (in Zeit, Kosten, Qualität) zu realisieren.

Letztlich gilt es festzuhalten, dass dieses Praxisprojekt nicht eins zu eins in den B2B-Mittelstand übertragbar ist. Immerhin befindet sich Aerzen Digital Systems – wenn auch als autarkes mittelständisches Unternehmen – im Gesamtkosmos der AERZEN Gruppe. Dennoch weisen sowohl die Herausforderungen als auch die Lösungen und Herangehensweisen im Sinne von Marketing Centricity eine besondere Nähe zum B2B-Mittelstand auf. Entsprechend lassen sich drei abschließende Praxisempfehlungen festhalten:

- Beginne die Entwicklung von (digitalen) Geschäftsmodellen direkt am Kunden.
- Der Vertrieb ist dein bester Freund, wenn es um Nähe zum Markt/Kunden geht.
- Beachte die Veränderungen auf Kundenseite, die durch Digitalisierung entstehen.

3.4 Digitale Marken- und Vertriebsstrategie bei ThermoExpert

Übersicht

Markenführung und Vertrieb werden in der B2B-Praxis gern als absolute Gegenspieler dargestellt. ThermoExpert bricht diese Fronten auf und zeigt im Zuge seiner digitalen Neuausrichtung, welche Synergieeffekte und Kombinationsmöglichkeiten Marke und Vertrieb haben. Dieses Praxiskapitel basiert auf der Zusammenarbeit mit Heiko Gevert, Geschäftsführer bei ThermoExpert. Vielen Dank für die Mitwirkung und die aufschlussreichen Einblicke.

- Unternehmen: ThermoExpert Deutschland GmbH
- Branche: Maschinenbau und Betriebstechnik
- Unternehmensgröße: 11–50 Mitarbeitende
- Marketingabteilung: 0 Mitarbeitende
- Ansprechpartner: Heiko Gevert, Geschäftsführer
- Integrierte Funktionsbereiche: Management, Project Engineering, OPP (Order Processing & Procurement), Produktion
- Externe Mitwirkende: Maren Scheurer, André Berkmüller (40knots), Torben Fangmann, Markus Batta (smovement)

Gezielter strategischer Markenaufbau ist im technisch orientierten B2B-Mittelstand nicht das beliebteste Thema. Viele Hidden Champions entwickeln sich über Jahre, gar Jahrzehnte hinweg zu dem, was sie heute sind, ohne viel Aufwand in die bewusste Entwicklung einer Marke zu stecken. Die ThermoExpert Deutschland GmbH wollte im Jahr 2024 einen anderen Weg gehen. Das Unternehmen – gegründet im Jahr 2012 – produziert in Norddeutschland Mantelthermoelemente, mineralisolierte Heizleiter und Beheizungslösungen. Diese Produkte und Systeme vertreibt ThermoExpert an eine sehr heterogene Zielgruppe. So zählen sowohl große Konzerne als auch KMU und Kleinstunternehmen in diversen Branchen – von Maschinen- und Werkzeugbau über maritime Anwendungen, Luft- und Raumfahrt, Halbleitertechnik, Additive Fertigung (3D-Druck) bis zu Bildungs- und Forschungseinrichtungen – zum Kundenportfolio des Unternehmens. Ein zentrales Merkmal der Philosophie von ThermoExpert ist die kundenspezifische Entwicklung und Fertigung der Produkte. So sind unterschiedlichste Größen, Auslegungen und Kombinationen bis zur Losgröße 1 umsetzbar. Entsprechend profiliert sich ThermoExpert nicht allein über die Produktqualität, sondern darüber hinaus über die technische Entwicklung und Begleitung im Project Engineering. Das Unternehmen bezeichnet sich selbst als individueller Lösungsanbieter im Bereich der Thermoelemente und Heizleiter.

3.4.1 Ausgangssituation und Herausforderungen der Marke ThermoExpert

Bei ThermoExpert handelt es sich um ein klassisch gewachsenes Unternehmen im B2B-Mittelstand. Aus dem deutschlandweiten Netzwerk der beiden Gründer und Geschäftsführer heraus entwickelte sich über die Jahre ein beständiger – mittlerweile internationaler – Kundenstamm mit wiederkehrenden Anfragen und Projekten. Aufgrund der stabilen Marktlage und einer hohen Kundenzufriedenheit konzentrierte sich das Unternehmen überwiegend auf reaktiven Vertrieb in Form von Anfragebearbeitung und Auftragsabwicklung über die Geschäftsführung und das Project Engineering. Eine eigene Vertriebs- oder gar Marketingabteilung wurden bisher nicht installiert. Vereinzelte Vertriebsaktionen – bspw. regionale Touren in Deutschland inkl. Kundenbesuche – sorgten für einen stabilen Zustrom von Neugeschäft.

Dennoch wurde dem Management über die Jahre hinweg bewusst, dass die Digitalisierung starke Auswirkungen auf das Geschäfts- und Vertriebsmodell haben würde. So setzte sich ThermoExpert immer wieder mit digitalen Marketing- und Vertriebsmöglichkeiten auseinander. Da das Unternehmen über kein internes Digital-Know-how (z. B. Mitarbeiter im (Online) Marketing) verfügte, nahm es über mehrere Jahre hinweg diverse externe Agenturleistungen in Anspruch. Im Ergebnis entstanden unterschiedliche Insellösungen, wie z. B. eine Website, eine punktuelle Social-Media-Präsenz (Instagram), ein Online-Shop oder eine Google-Ads-Kampagne. Diese Maßnahmen bauten auf keiner Gesamtstrategie auf, was es erschwerte, tiefgehende Synergieeffekte zwischen den Kanälen und Aktionen zu heben. Entsprechend blieben greifbare Ergebnisse aus. So befand sich das Management von ThermoExpert im Jahr 2024 vor der Herausforderung, eine schwer zu überblickende Vielzahl digitaler Möglichkeiten in Einklang miteinander zu bringen, um sie sinnvoll für das Wachstum des Unternehmens zu nutzen. Man erkannte, dass es nicht nur um die Maßnahmen als solches ging, sondern vor allem um den „roten Faden", der dem zugrunde liegen müsse. Entsprechend begannen gesamtstrategische Überlegungen und die Auseinandersetzung mit der Marke „ThermoExpert" als Grundlage für Marketing und Vertrieb. Das Ziel war es, eine Identität mit klarem Markenkern zu entwickeln, der als Kompass („roter Faden") für alle künftigen Vermarktungsmaßnahmen dienen sollte. Darüber hinaus sollte vor allem der Produktbereich der Mantelthermoelemente ausgebaut werden. Während sich das Geschäft der Heizleiter und Systemlösungen zur Zufriedenheit der Geschäftsführung entwickelte, sah man im stagnierenden Bereich der Thermoelemente ungenutzte Marktpotenziale.

3.4.2 Umsetzung der digitalen Marken- und Vertriebsstrategie

Die Neuausrichtung einer Marke inkl. digitaler Vermarktungsstrategie ist ein komplexes und umfangreiches Unterfangen. Anders als bei vorherigen Digitalmaßnahmen war es dem Management wichtig, nachhaltig statt aktionistisch vorzugehen. Auf Basis dieser Anforderungen initiierte ThermoExpert das Projekt und holte sowohl „40knots" als externen Partner zur Markenentwicklung als auch „smovement" als externe Experten für Digitalmarketing und Digitalvertrieb an Board, um die Synergien aus Marken- und Vertriebsstrategie zu heben. Gemeinsam entstand eine Umsetzung, die sich in sechs Phasen unterteilen lässt (vgl. Abb. 3.7).

Marktanalyse Den Startpunkt des Projektes stellte eine erste qualitative Marktanalyse dar. Dabei ging es primär darum, Erkenntnisse über die Zielkunden von ThermoExpert und das Wettbewerbsumfeld zu gewinnen. Auf Zielgruppenebene brachte dies bereits die erste Herausforderung mit sich, denn das Unternehmen agiert in einer besonders heterogenen Kundenstruktur. Somit galt es sowohl Gemeinsamkeiten und übergreifend nutzbare Erkenntnisse zu gewinnen, als auch entscheidende Unterschiede zu identifizieren und in die weitere Vorgehensweise einfließen zu lassen. In Summe wurden zehn qualitative Interviews mit direkten Ansprechpartnern der Kunden

Abb. 3.7 Sechs Phasen der digitalen Marken- & Vertriebsstrategie bei ThermoExpert

von ThermoExpert geführt, dokumentiert und ausgewertet. Dabei handelte es sich sowohl um technische Ansprechpartner, die primär in Kontakt zum Project Engineering stehen, als auch um kaufmännische Ansprechpartner, die vor allem mit dem OPP von ThermoExpert zusammenarbeiten. Auf Basis der kundenseitigen Schilderungen und Erfahrungsberichte konnten zwei initiale Kundenavatare erstellt werden: „Hektor" der Ingenieur und „Elke" die Einkäuferin. Die Kundenavatare beinhalteten demografische Angaben, ein Persönlichkeitsprofil sowie relevante Ziele, Wünsche und Herausforderungen der Zielgruppe.

Die zweite Perspektive bildete das Wettbewerbsumfeld des Unternehmens. Da die digitale Vermarktung im Fokus dieses Projektes stand, wurden relevante Wettbewerber per Onlinerecherche identifiziert und anschließend auf ihre Stärken und Schwächen im Vergleich zu ThermoExpert analysiert. Dabei ging es sowohl um gesamtstrategische Aspekte wie Lieferzeiten oder Produktportfolio als auch um konkrete Aspekte der Digitalvermarktung wie Webauftritt oder Social-Media-Präsenz.

Entwicklung der Marke „ThermoExpert" Der Motor der Markenentwicklung war die Erkenntnis seitens ThermoExpert, die eigene Identität im Zuge der diversen digitalen Einzelmaßnahmen verloren zu haben. Im Sinne einer identitätsbasierten Markenführung lag der Fokus demnach zunächst auf der Markenidentität, auf dem Selbstbild des Unternehmens und der Mitarbeitenden als Identitätsträger. Entsprechend wichtig war es, die unterschiedlichen Perspektiven der Mitarbeitenden in die Umsetzung zu integrieren. Umgesetzt wurde dies in Form eines zweitägigen Markenworkshops, an dem sowohl das Management als auch das Project Engineering, das OPP und die Produktion teilnahmen (in Summe fünf Personen). Auf Basis der Informationen aus der Marktanalyse und dem Input der Workshopteilnehmer wurden in diesem Rahmen drei Handlungsfelder erarbeitet:

- Markensubstanz: Purpose, Vision, Mission und Werte.
- Markenpositionierung: Zielgruppe, Wettbewerber und Differenzierung.
- Markenausdruck: Persönlichkeit, Tonalität, Botschaften und Geschichten.

Im Ergebnis geht es um die Entwicklung einer Marke, welche ihren Kern in der Identität des Unternehmens hat und darüber hinaus sowohl zielgruppenrelevant als auch entscheidend differenzierend ist. Diese Marke gilt es in Form einer einzigartigen Markenpersönlichkeit zum Ausdruck zu bringen.

Entwicklung der Digitalstrategie Eine starke Marke lebt zwar aus dem Inneren, doch wird nur dann zum Leben erweckt, wenn sie konsequent nach außen getragen wird. Im Falle von ThermoExpert erfolgte im Anschluss an die Markenentwicklung nicht nur der Designprozess (Corporate Design mit Logo, Schrift, Farben und stilprägenden grafischen Elementen), sondern die Entwicklung der Digitalstrategie des Unternehmens. Das Ziel war es, die Möglichkeiten des digitalen Marketings und Vertriebs im Sinne der Marke und Positionierung des Unternehmens zu nutzen. Im Zuge dessen wurden vor allem vergangene Maßnahmen (sowohl Erfolge als auch Misserfolge) analysiert, um Muster zu erkennen und Verknüpfungen zur Positionierung herzustellen. Eine zentrale Erkenntnis resultierte bspw. aus der Analyse einer groß angelegten Google-Ads-Kampagne, die nicht die gewünschten Erfolge einbrachte. Mit Blick auf die Positionierung von ThermoExpert – als Individualanbieter strebt das Unternehmen Qualitätsführerschaft und flexible Nischenlösungen/Sonderlösungen an – wurde schnell klar, warum dies so war. Die Kampagne konzentrierte sich auf Shopprodukte, welche von Kunden primär preisorientiert beschafft werden. Wettbewerber, die vergleichbare Produkte auf Plattformen wie Amazon anbieten, können durch ihre Positionierung bessere Preise und durch die Plattformen ein besseres Kauferlebnis anbieten. Der Kern der Positionierung von ThermoExpert – und auch die Rechtfertigung eines Qualitätspreises – konnte im Rahmen der Kampagne keinerlei Wirkung entfalten.

Auch ging es darum, die Vertriebsorganisation von ThermoExpert zu analysieren, um die Digitalstrategie im Sinne der Prozesse und Strukturen des Unternehmens zu gestalten. So galt es bspw. zu berücksichtigen, dass ThermoExpert keine reine Vertriebs- und Marketingabteilung betreibt, sondern die kundenrelevanten Prozesse in Kombination aus Geschäftsführung (in diesem Fall Heiko Gevert), Project Engineering und OPP vollzieht. Entsprechend waren all diese Bereiche und Personen in die Entwicklung der Digitalstrategie integriert. Konkret wurden unterschiedliche interne Detailinterviews durchgeführt, deren Ergebnisse die Grundlage für einen Strategieworkshop waren. Dieser Workshop brachte folgende digitale Handlungsfelder für die Vermarktung hervor:

- Website als Markenkern, Content-Hub und zentrale Anlaufstelle für (potenzielle) Kunden.
- SEO, um den Content-Hub auf die Suchbedürfnisse und Fragen der Zielgruppe abzustimmen.

- YouTube-Content, um die Marke durch Bewegtbild (z. B. Erklärvideos) emotional aufzuladen.
- Social Selling, um via LinkedIn die Personen hinter der Marke in den Fokus zu rücken.

Wichtig war vor allem, dass diese Handlungsfelder keine neuen Insellösungen darstellen, sondern harmonisch aufeinander abgestimmt sind. So fließen die Ergebnisse der Suchmaschinenoptimierung in die Gestaltung und den Aufbau der Website ein. Gleichzeitig bietet der Content-Hub Raum, um den YouTube-Content in Form von FAQ-Artikeln und Praxisbeispielen zu integrieren. Diese Artikel und Videos bilden wiederum die Contentgrundlage für die LinkedIn-Aktivitäten der einzelnen Social Seller (in diesem Fall Management und Project Engineering). In Summe sind die vier Handlungsfelder in Kombination in der Lage, die digitale Kundenreise von der Awareness bis zur reellen Anfrage zu begleiten (Leadgenerierung und -qualifizierung).

Aufbau des Projektsetups Eine zentrale Herausforderung in der Umsetzung der Digitalstrategie war der Bereich der Thermoelemente. Dieser sollte einen Fokus in der Vermarktung erhalten. Gleichzeitig würde ein kompletter Markenrelaunch inkl. Aufbau der vier genannten Handlungsfelder (Website, SEO, YouTube, LinkedIn) klassischerweise einige Zeit in Anspruch nehmen. Das Team um ThermoExpert entschied sich für einen anderen Weg und ein agiles Projektsetup. So wurde der digitale Fokus zunächst rein auf den Produktbereich der Thermoelemente gelegt. Eine neue Website (www.thermoelemente.expert) entstand als Basis für den Content-Hub (zentrale Anlaufstelle für alle Fragen rund um Thermoelemente). Diese Seite bildete bereits den Markenkern von ThermoExpert ab und würde später als (sowohl technische als auch inhaltliche) Basis für den Websiterelaunch dienen. Gleichzeitig fokussierte sich auch das Content Marketing und Social Selling zunächst rein auf den Produktbereich der Thermoelemente, um Ressourcen effizient einsetzen und schnell mit aussagekräftigen Assets und Inhalten an den Markt gehen zu können. Durch kurze, fokussierte Entwicklungs- und Umsetzungszyklen konnte ein Transfer der markenbasierten Digitalstrategie in konkrete Inhalte und Maßnahmen (LinkedIn-Präsenzen, YouTube-Präsenz, Website als Content-Hub) innerhalb von drei Monaten realisiert werden (vgl. Abb. 3.8).

Content Marketing Kaum ein Faktor macht die Notwendigkeit der Kombination von Marken- und Vertriebsstrategie so deutlich wie der Faktor „Content". So ist es im Rahmen der Markenführung besonders wichtig, der Marke

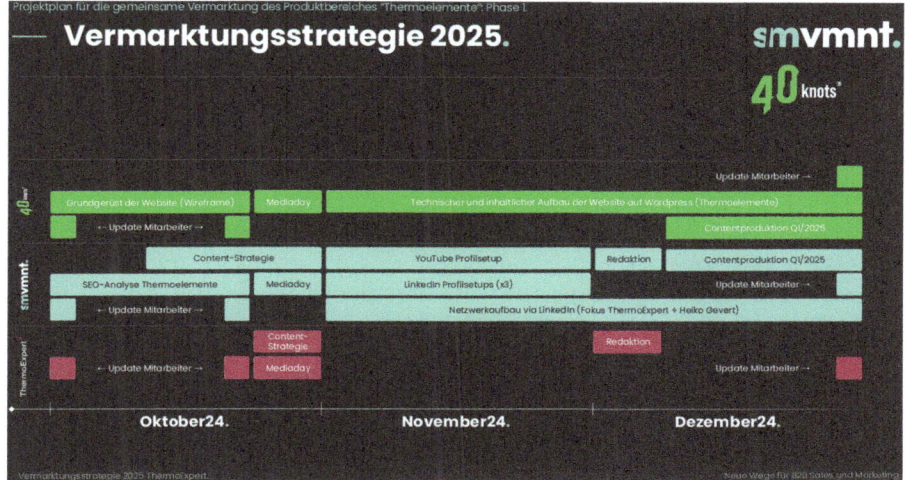

Abb. 3.8 Projektsetup Phase 1 der ThermoExpert-Digitalstrategie

über Content (Bild, Text, Video etc.) Ausdruck zu verleihen, die Persönlichkeit und Tonalität zu transportieren. Das Video eines Projektingenieurs, in welchem er begeistert über die Umsetzung eines kniffligen Projektes berichtet, hat etwa eine andere emotionale Wirkung als die technische Beschreibung des resultierenden Produktes. Umgangssprachlich würden wir sagen „Die Marke schwingt mit." Ein zielgruppenrelevantes und differenzierendes Markenversprechen erhält demnach durch Inhalte seine Substanz. Gleichzeitig ist jedes definierte Handlungsfeld der Digitalstrategie abhängig von Content. Die Website benötigt (suchmaschinenoptimierte) Inhalte in Form von Landingpages, FAQ und Praxisbeispielen, YouTube benötigt Inhalte in Form von Erklärvideos und Interviews, und LinkedIn benötigt Inhalte in Form von Shortform-Content (Videosnippets, Bilder, Social-Media-Texte).

Auf die Strategieentwicklung folgte demnach die Übersetzung in konkrete Inhalte. Wichtig war die strategische Entscheidung der Expertenpositionierung. So basieren Marke und Geschäftsmodell von ThermoExpert zu einem entscheidenden Teil auf der Expertise und dem Service der Personen im direkten Kundenkontakt (der sog. ThermoExperten). Entsprechend spielten diese Personen eine zentrale Rolle im Content-Marketing-Prozess, von der Ideengenerierung über die Formatentwicklung bis zur reellen Contentproduktion und Distribution. Im Folgenden ist dies anhand des Projektingenieurs Peter Schmüser (technischer Ansprechpartner für Kunden im Project Engineering) dargestellt:

- Peter sammelte und beantwortete relevante Kundenfragen (Basis für FAQ-Artikel).
- Peter stellte passende Praxisprojekte in Videos vor (YouTube-Content und LinkedIn).
- Peter ist Protagonist der Marke auf unterschiedlichen Fotos (personenzentriertes Shooting).
- Peter baute sein eigenes LinkedIn-Expertenprofil auf (siehe Social Selling).
- Peter wurde als Ansprechpartner zur digitalen Kontaktaufnahme (LinkedIn, Website, Formulare etc.) für Kunden aufgebaut.

Social Selling Das Ziel der Digitalstrategie von ThermoExpert war es nicht nur, die Marke digital zu transportieren, sondern darauf aufbauend den Vertriebsprozess (zunächst für den Produktbereich Thermoelemente) digital abzubilden. Um dies zu realisieren, entschied sich das Team dazu, Social Selling zu nutzen. Entsprechend wurden konkrete Social Seller – 1× aus dem Management und 1× aus dem Project Engineering – ausgewählt, die eine persönliche LinkedIn-Präsenz aufbauen. Über die Personenprofile kann letztlich ein Netzwerk auf Basis der konkreten Zielgruppe aufgebaut werden, indem die Social Seller sich mit den konkreten Ansprechpartnern in den jeweiligen Unternehmen vernetzen. Zudem schaffen sie durch eigene Inhalte (siehe Content Marketing) Aufmerksamkeit für die Marke „ThermoExpert" und treten somit zugleich als Markenbotschafter und Produktexperten auf (vgl. Abb. 3.9). Durch die Verknüpfung mit den anderen Handlungsfeldern der Digitalstrategie leiten sie potenzielle Kunden proaktiv zu weiterführenden Inhalten (z. B. Website/Content-Hub, YouTube), und stehen darüber hinaus als direkter Vertriebsansprechpartner zur Verfügung (z. B. durch LinkedIn-Direktnachrichten oder Kontaktformulare).

Zum Zeitpunkt dieses Praxiskapitels befindet sich die Digitalstrategie von ThermoExpert gerade in der ersten Rollout-Phase. Der Fokus dieser Phase liegt im Netzwerkaufbau via LinkedIn und der Distribution der im Content-Hub verfügbaren Inhalte. Die Umsetzung findet nun in zweiwöchigen Sprints statt, deren Ergebnisse wiederum die Basis für weitere Maßnahmen und Anpassungen legen. Dabei stehen noch größere Schritte im Bereich der digitalen Vermarktung in den Startlöchern. So plant das Team um ThermoExpert die Einstellung eines Digital Sales and Marketing Managers, um die Aktivitäten im Content Marketing und Social Selling noch intensiver steuern und ausbauen zu können.

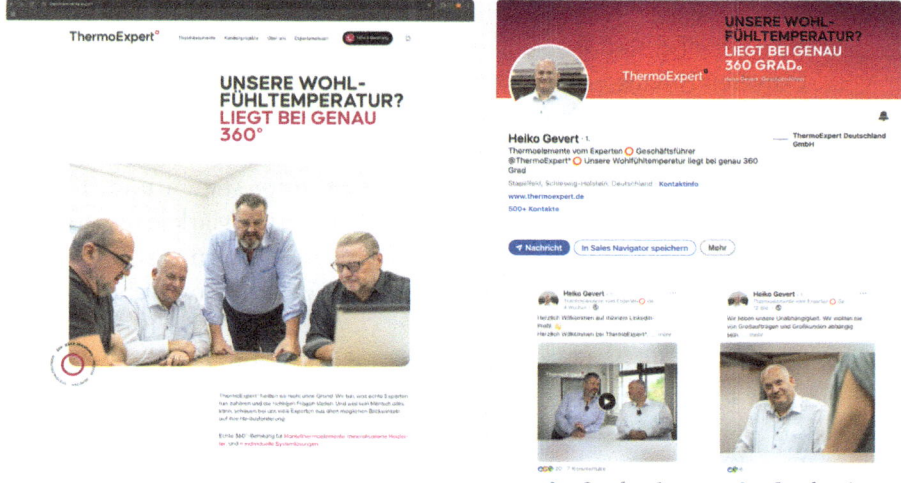

Abb. 3.9   Auszug der digitalen Assets von ThermoExpert

3.4.3   Kritische Würdigung unter Berücksichtigung von Marketing Centricity

Die digitale Marken- und Vertriebsstrategie von ThermoExpert ist das Ergebnis interdisziplinärer Zusammenarbeit. Ohne die konsequente Integration aller kundenrelevanten Funktionsbereiche hätte eine zielführende Umsetzung in diesem Fall nicht stattfinden können. Darüber hinaus war vor allem die schrittweise Übersetzung der Strategie in konkrete digitale Handlungsfelder wichtig, um im Fokusbereich Thermoelemente in kurzer Zeit ein Ergebnis zu realisieren, welches unter reellen Marktbedingungen getestet, validiert und optimiert werden kann. Unter Berücksichtigung von Marketing Centricity lassen sich demnach zwei Perspektiven beleuchten.

Markenperspektive Um den anvisierten roten Faden der Vermarktung zu finden und in einem Markenkern zu bündeln, war die Identität der Marke „ThermoExpert" entscheidend. Da die Perspektiven der Mitarbeitenden (vor allem derjenigen im direkten Kundenkontakt) ein wesentlicher Baustein bei der Entwicklung dieser Identität waren, war die Teilhabe aller Funktionsbereiche zwingend erforderlich. Anhand des direkten Kundenkontaktes konnten die verschiedenen Personen Informationen und Eindrücke einbringen, die sowohl das Selbstbild als auch das Fremdbild (Zielgruppenperspektive) prägen. Darüber hinaus sorgt die durchgehende Teilhabe dafür, dass die Mitarbeitenden selbst – immerhin sind sie sowohl in der Digitalstrategie als auch im Tagesgeschäft direkte Markenbotschafter zum Kunden – die Marke und Positionierung des Unternehmens verstehen, mitgestalten und in ihrer Arbeit anwenden können. So besteht das definierte Markenversprechen nicht allein aus einem Slogan und einem Design, sondern aus konkreten Maßnahmen der Mitarbeitenden, die diese Marke in der Praxis verkörpern.

Vertriebsperspektive Die digitale Marketing- und Vertriebsstrategie lebt schon allein deshalb von der interdisziplinären Zusammenarbeit der Funktionsbereiche, weil eine konkrete Marketing- und Vertriebsabteilung nicht vorhanden ist. Darüber hinaus zeigte sich, dass im Rahmen einer digitalen Kundenreise verschiedene Kontaktpunkte zu unterschiedlichen Experten auftreten, sodass die Teilhabe dieser Funktionsbereiche besonders wichtig wurde. So konnten sowohl das Management als auch das Project Engineering und das OPP-Team wichtige Insights einbringen und darauf aufbauend an der Ausgestaltung der unterschiedlichen Handlungsfelder mitwirken. Die Tatsache, dass die Personen selbst eine zentrale Rolle in der digitalen Kommunikation inkl. Vertriebsprozesse einnehmen, rundet dies ab und zahlt letztlich darauf ein, dass ThermoExpert seine Positionierung als Anbieter für individuelle Lösungen und speziell entwickelte Qualitätsprodukte über die konkreten Experten im Vertriebsprozess transportieren kann.

In Summe unterstreicht dies, welche Wechselwirkung zwischen Markenstrategie und Vertriebsstrategie besteht und welchen Wert die funktionsübergreifende Zusammenarbeit an beiden Punkten hat, um auf Basis einer klaren Positionierung einen digitalen roten Faden im B2B-Mittelstand zu entwickeln. Dies führt zu fünf abschließenden Praxisempfehlungen:

- Eine klare Strategie und Positionierung hilft, im digitalen Chaos den Überblick zu behalten.
- Marke ist interdisziplinär und deine Mitarbeitenden die besten Markenbotschafter.
- Nutze einen schrittweisen Rollout, um schnell mit Ergebnissen an den Markt zu treten.
- Starker Digitalvertrieb lebt von der Teilhabe aller kundenrelevanten Funktionsbereiche.
- Persönlicher Kontakt und Expertise bestehen auch in digitaler Form weiter.

3.5 Go-to-Market Strategie bei Freudenberg Medical

> **Übersicht**
>
> Ein neuer Markt und die zeitgleiche Verankerung einer neu geschaffenen Marketingabteilung? Bei einer solchen Ausgangssituation ist kein Platz für blinden Aktionismus. Hier sind Strategie, eine pragmatische Vorgehensweise und vor allem Teamwork gefragt. Freudenberg Medical zeigt, wie ein kleines Team einer solchen Komplexität Herr werden kann. Dieses Praxiskapitel basiert auf einem Interview mit Laura Kirstein, Director Marketing and Communications bei Freudenberg Medical. Vielen Dank für die Mitwirkung und die aufschlussreichen Einblicke.
>
> * Unternehmen: Freudenberg Medical (Teil der Freudenberg-Gruppe)
> * Branche: Entwicklung und Herstellung von Produkten und Lösungen für die Medizintechnologie- und die Pharmaindustrie
> * Unternehmensgröße: 1001–5000 Mitarbeitende
> * Marketingabteilung: 4 Mitarbeitende
> * Ansprechpartner: Laura Kirstein, Director Marketing and Communications
> * Integrierte Funktionsbereiche: Marketing, Management, Engineering, Business Development
> * Externe Mitwirkende: Susanne Trautmann (Marketing Canvas)

Die Freudenberg-Gruppe, gegründet vor über 175 Jahren, zählt zu den größten Familienunternehmen Deutschlands. Mit über 52.000 Mitarbeitenden in 60 Ländern und einem Jahresumsatz von 12 Mrd. EUR ist sie ein global agierender Konzern mit einer einzigartigen Struktur: Die zehn Geschäftsgruppen agieren weitgehend unabhängig, wie autarke mittelständische Unternehmen.

Freudenberg Medical ist eine der kleinsten dieser Geschäftsgruppen und auf Medizintechnologie spezialisiert. Das Unternehmen fungiert als CDMO (Contract Design & Manufacturing Organization) und bietet nicht nur die Fertigung von Komponenten bis hin zu fertigen Produkten, sondern begleitet Projekte von der Idee bis zur Markteinführung. Mit Fokus auf Silikon- und Thermoplastverarbeitung sowie Katheterherstellung produziert Freudenberg Medical weltweit Hightech-Lösungen für u. a. führende Medizintechnologie-Konzerne (OEMs). Dieses Geschäftsmodell hebt das Unternehmen von traditionellen Auftragsfertigern ab und unterstreicht den Anspruch, Lösungen für klinische Herausforderungen zu liefern.

Weltweit agiert Freudenberg Medical über ein globales Netzwerk an Vertriebs- und Produktionsstandorten. Von Deutschland über Irland und

Mittelamerika bis nach China und in die USA verfügt das Unternehmen aktuell über 11 Unternehmensstandorte. Damit einher geht ein international aufgestelltes Marketingteam, welches sich über Deutschland, Irland und die USA verteilt. In Summe arbeiten vier Personen im Marketingteam bei Freudenberg Medical und verantworten neben klassischen Marketingthemen auch Aufgaben wie die Unternehmens- und Krisenkommunikation.

3.5.1 Ausgangssituation und Herausforderungen bei Freudenberg Medical

Internationales Marketing in einer thematisch sensiblen Branche und über mehrere Zeitzonen hinweg ist generell bereits keine leichte Aufgabe. Das Marketingteam von Freudenberg Medical befand sich darüber hinaus in einer besonders kniffligen Ausgangssituation:

Wir befinden uns im Jahreswechsel 2022/2023. Während der Hochphase von COVID-19 boomte das Geschäft mit Silikon- und Thermoplastprodukten, insbesondere aufgrund der starken Nachfrage nach Komponenten für Corona-Tests und die Impfstoffproduktion. Dieser situative Erfolg wurde jedoch von einem drastischen Nachfragerückgang nach dem Abflauen der Pandemie überschattet, als viele Kunden hohe Lagerbestände abbauten. Die sogenannte „Corona-Klippe" führte zu einem erheblichen Rückgang in der Auslastung, insbesondere im Silikon- und Thermoplast-Spritzguss, und übte Druck auf Freudenberg Medical aus, neue Geschäftsfelder zu erschließen, um Umsatzverluste auszugleichen.

Parallel dazu befand sich die Unternehmensfunktion Marketing & Kommunikation in einer Aufbauphase. Bis vor Kurzem existierte diese Abteilung nicht als zentraler Bestandteil von Freudenberg Medical. Die neu geschaffene Position der Marketingleitung hatte die anspruchsvolle Aufgabe, die Bedeutung von Marketing als strategisches Instrument intern zu etablieren und den Wertbeitrag zu belegen. Die überschaubare Teamgröße (v. a. im Kontext der Unternehmensgröße und globalen Ausrichtung), kombiniert mit einem umfassenden Verantwortungsbereich – einschließlich Unternehmens- und Krisenkommunikation – stellte hohe Anforderungen an die Effizienz und Wirksamkeit der Maßnahmen.

Zusätzlich hatte das Unternehmen eine grundlegende Transformation seines Geschäftsmodells angestoßen. Während der Fokus in der Vergangenheit auf der reinen Vermarktung von Produktionskapazitäten lag, richtete sich Freudenberg Medical nun strategisch neu aus. Das Ziel war es, sich von einem traditionellen Auftragsfertiger zu einem Anbieter vertikal-integrierter

Lösungen zu entwickeln, der Kunden entlang der gesamten Wertschöpfungskette begleitet – von der Designphase über die Fertigung bis hin zur Markteinführung. Dieser Wandel erforderte nicht nur ein Umdenken innerhalb der Organisation, sondern auch eine Anpassung der Außenkommunikation, der direkten Kundenansprache und aller Vermarktungsinitiativen.

Ein Aspekt dieser strategischen Neuausrichtung war die Erschließung des Marktes für In-vitro-Diagnostik (IVD). Obwohl der Bereich während der Pandemie boomte, erkannte Freudenberg Medical, dass IVD weit über Corona-Tests hinaus ein enormes Potenzial bietet. Mit Anwendungen, die von der Identifikation von Krebszellen bis zur Erkennung von Infektionskrankheiten reichen, bot dieser Markt zahlreiche Chancen. Gleichzeitig erforderte die Zielgruppenansprache eine präzise Ausrichtung, da sowohl etablierte Unternehmen als auch Start-ups in diesem Segment tätig waren. Die interne Herausforderung bestand darin, Expertise in diesem neuen Bereich zu entwickeln und innovative Geschäftsmodelle zu formulieren, die belastbar genug sein würden, um sich nachhaltig in diesem Markt zu positionieren.

Diese Ausgangssituation bildete die Grundlage für eine strategische Go-to-market-Initiative, die darauf abzielte, die internen Strukturen zu stärken, die Positionierung im Bereich der In-vitro-Diagnostik zu schärfen sowie Freudenberg Medical nachhaltig als Lösungsanbieter in diesem Segment zu etablieren.

3.5.2 Umsetzung der Go-to-market-Initiative bei Freudenberg Medical

Die in Q1/2023 aus dem Marketing heraus initiierte Go-to-market-Initiative bei Freudenberg Medical begann mit einer klaren Vorstellung für den erwarteten Output: Die Entwicklung einer konsistenten Value Proposition für den Bereich IVD, die Umsetzung einer digitalen Marketingkampagne zur Ansprache neuer Kunden, die Verbesserung der internen Effizienz durch optimiertes Targeting sowie eine stärkere Abstimmung zwischen Marketing und Vertrieb, um die direkte Arbeit am Kunden effektiver zu gestalten. Darauf aufbauend lässt sich die konkrete Umsetzung in vier Abschnitte unterteilen.

Management-Buy-In Der erste entscheidende Schritt bestand darin, dass Top-Management von Freudenberg Medical bereits während der Initiierung in das Projekt zu involvieren. Die strategische Geschäftseinheit „Specialty Components", die das IVD-Geschäft verantwortet, wurde durch ihren

Präsidenten direkt eingebunden. Diese Entscheidung sicherte die notwendige Priorisierung des Projekts auf Unternehmensebene und ermöglichte den Zugang zu entscheidenden interdisziplinären Ressourcen sowie die Teilnahme hochrangiger Stakeholder. Der Präsident selbst übernahm eine aktive Rolle, indem er bspw. gemeinsam mit der Projektleitung die Einladungen zu den darauf folgenden Workshops verschickte.

Die Einladungsliste wurde mit Bedacht zusammengestellt, um ein interdisziplinäres Projektteam aus verschiedenen Abteilungen und Standorten zu schaffen. So waren neben Marketing auch Experten aus Vertrieb, Entwicklung und Standortleitung Teil des Projekts. Die Einbindung von Engineering-Vertretern war besonders wichtig, da sie das technische Know-how und die Umsetzbarkeit der entwickelten Ideen sicherstellten. Unter anderem nahmen der Leiter der globalen Technologieabteilung und die Engineering-Verantwortlichen der kalifornischen Standorte an den Workshops teil. Zusätzlich wurde das Business-Development-Team einbezogen, das durch seine Nähe zu den Kunden entscheidende Markt- und Zielgruppenkenntnisse beisteuern konnte.

Bereits vor den Workshops wurde durch bilaterale Gespräche mit einzelnen Teilnehmern sichergestellt, dass alle Beteiligten die Ziele und Hintergründe des Projekts verstehen. Diese Vorarbeit war notwendig, um die Workshops effizient zu gestalten und ein gemeinsames Verständnis für die Herausforderungen und Potenziale im IVD-Markt zu entwickeln. Hierbei war auch die Überwindung organisatorischer Hürden wichtig: Das globale Team, verteilt auf verschiedene Zeitzonen, musste logistisch abgestimmt werden. Die Sitzungen fanden daher zu Uhrzeiten statt, die sowohl für Teilnehmer in Deutschland als auch für jene an der Westküste der USA akzeptabel waren. Letztlich ermöglichte die frühe Einbindung des Managements neben der Priorisierung, dass organisatorische Herausforderungen (bspw. stark ausgelastete Zeitpläne der Führungskräfte) berücksichtigt werden. Dies lieferte die Grundlage für die folgenden Workshops.

Durchführung der Go-to-market-Workshops Die Go-to-market-Workshops waren das zentrale Element zur Strukturierung und Entwicklung der GTM-Strategie für den Bereich der In-vitro-Diagnostik (IVD). In Zusammenarbeit mit Susanne Trautmann als externe Partnerin wurden die Workshops methodisch auf dem sogenannten „Marketing Canvas" aufgebaut (vgl. Abb. 3.10). Mit insgesamt neun Feldern, die sich auf die Bereiche Markt, Produkt und Planung aufteilen, dient das Marketing Canvas als visueller Wissensspeicher und Strategiewerkzeug zugleich. Das interdisziplinäre Projektteam wird mithilfe eines umfassenden Fragenkatalogs zu einer

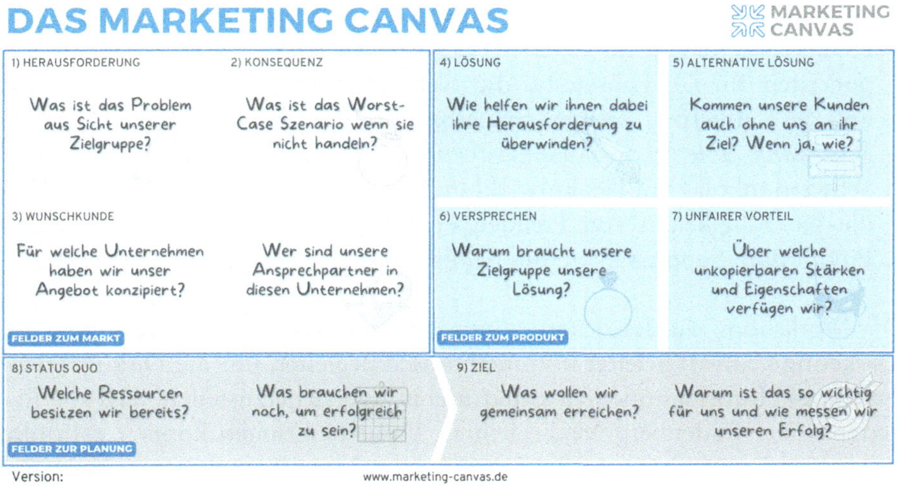

DAS MARKETING CANVAS

MARKETING CANVAS

1) HERAUSFORDERUNG	2) KONSEQUENZ	4) LÖSUNG	5) ALTERNATIVE LÖSUNG
Was ist das Problem aus Sicht unserer Zielgruppe?	Was ist das Worst-Case Szenario wenn sie nicht handeln?	Wie helfen wir ihnen dabei ihre Herausforderung zu überwinden?	Kommen unsere Kunden auch ohne uns an ihr Ziel? Wenn ja, wie?
3) WUNSCHKUNDE		**6) VERSPRECHEN**	**7) UNFAIRER VORTEIL**
Für welche Unternehmen haben wir unser Angebot konzipiert?	Wer sind unsere Ansprechpartner in diesen Unternehmen?	Warum braucht unsere Zielgruppe unsere Lösung?	Über welche unkopierbaren Stärken und Eigenschaften verfügen wir?
FELDER ZUM MARKT		FELDER ZUM PRODUKT	
8) STATUS QUO		**9) ZIEL**	
Welche Ressourcen besitzen wir bereits?	Was brauchen wir noch, um erfolgreich zu sein?	Was wollen wir gemeinsam erreichen?	Warum ist das so wichtig für uns und wie messen wir unseren Erfolg?
FELDER ZUR PLANUNG			

Version: www.marketing-canvas.de

Abb. 3.10 Das Marketing Canvas

lebendigen Diskussion angeregt. Striktes Time-Keeping stellt einen zielführenden Austausch rund um ein konkretes Produkt oder einen Service sicher. Auf diese Weise wird das gesamte Erfahrungswissen der internen Experten kompakt zusammengefasst, wobei nun auch Wissenslücken im Unternehmen sichtbar werden. Die Perspektiven der Einzelnen fügen sich zu einem stimmigen Gesamtbild. So lassen sich aus den strukturierten Informationen klare Handlungsempfehlungen und ein roter Faden für die Go-to-Market-Strategie ableiten.

Die Workshops fanden in Form von zwei virtuellen Sitzungen zu jeweils vier Stunden statt, da das Team weltweit verteilt sitzt und sich nicht physisch treffen konnte. Besonders die Koordination der neun Stunden Zeitunterschied zwischen den Teilnehmenden in Deutschland und den USA galt es zu meistern. Um durch gemeinsame Diskussion der Herausforderungen und Möglichkeiten eine klare und tragfähige Strategie zu entwickeln, wurden mit dem Marketing Canvas spezifische Fragestellungen bearbeitet:

- *Wer sind die Zielgruppen?:* Es wurde eine detaillierte Analyse der relevanten Kundensegmente vorgenommen, die sowohl Start-ups als auch etablierte OEMs umfasste. Besonderer Wert wurde darauf gelegt, die unterschiedlichen Bedürfnisse dieser Zielgruppen zu identifizieren, da sich Start-ups auf Entwicklungspartnerschaften konzentrieren, während OEMs skalierbare und zuverlässige Lösungen suchen.

- *Welche Probleme sollen gelöst werden?*: Das Team identifizierte spezifische Herausforderungen im Bereich IVD, wie die Herstellung präziser Komponenten für Diagnosetests, die Skalierung von Produktionsprozessen und die Einhaltung strenger regulatorischer Vorgaben.
- *Wie kann eine klare Kommunikationsstrategie entwickelt werden?*: Ein Schwerpunkt lag auf der Entwicklung einer kohärenten Value Proposition, die die Fähigkeiten von Freudenberg Medical im Bereich Engineering, Produktion, Supply Chain und regulatorischer Unterstützung betonte.

Die Workshops wurden extern durch Susanne Trautmann (Erfinderin des Marketing Canvas) geleitet und methodisch begleitet, um die Diskussion zu lenken, die Informationen zu strukturieren und sicherzustellen, dass alle Experten von Freudenberg Medical ihren Input einbringen können. Mithilfe eines digitalen Whiteboard-Tools wurde der Fortschritt dokumentiert und die Ergebnisse visualisiert. Eine zusätzliche Person aus dem Marketingteam übernahm die Rolle der Dokumentation inkl. Time-Keeping, um z. B. die korrekte Schreibweise branchenspezifischer Fachbegriffe oder interner Abkürzungen sicherzustellen.

Im Ergebnis stand eine präzise GTM-Strategie, die spezifische Maßnahmen umfasste. Dabei wurde auch eine klare Segmentierung der Zielgruppen festgelegt, um sowohl Start-ups als auch etablierte Unternehmen gezielt anzusprechen. Ein besonderer Fokus lag auf der Stärkung der Kundenbeziehungen durch Standortbesuche in den Produktionsstätten in Kalifornien, die strategisch günstig in der Nähe zahlreicher IVD-Unternehmen liegen.

Kampagnenentwicklung und -umsetzung Nach den Marketing-Canvas-Workshops wurden die Ergebnisse in eine konkrete digitale Marketingkampagne gegossen. Diese zielte darauf ab, sowohl die neue Value Proposition von Freudenberg Medical in den IVD-Markt zu kommunizieren als auch konkrete neue Kundenkontakte zu generieren. In Summe umfasste die Kampagne drei Komponenten:

- *Erstellung einer IVD-spezifischen Landingpage:* Diese Seite fungiert als zentraler Anlaufpunkt für potenzielle Kunden, die sich über die Lösungen von Freudenberg Medical im Bereich IVD informieren möchten. Die Landingpage wurde nicht nur als Informationsquelle konzipiert, sondern auch als Möglichkeit, die Expertise des Unternehmens in der Entwicklung und Produktion von Diagnostikkomponenten hervorzuheben. Sie sollte die Entscheidungsträger der Zielgruppen direkt ansprechen und die Vorteile einer Zusammenarbeit mit Freudenberg Medical verdeutlichen.

Besonderes Augenmerk lag darauf, die technischen Kompetenzen des Unternehmens zu präsentieren – insbesondere im Bereich der Design-for-Manufacturability und der engen Zusammenarbeit mit Kunden während des gesamten Produktentwicklungszyklus. Die Seite wurde in enger Zusammenarbeit mit den Vertriebsteams entwickelt, um sicherzustellen, dass die Inhalte die Bedürfnisse und Anforderungen der Zielgruppen präzise widerspiegeln.

- *Gezielte Anzeigenplatzierungen:* Um die Zielgruppen direkt anzusprechen, wurde eine digitale Anzeigenkampagne entwickelt (vgl. Abb. 3.11). Diese beinhaltete unter anderem die Schaltung von Banner-Ads und die gezielte Ansprache von Nutzern über LinkedIn Matched Audiences. Die Entscheidung, LinkedIn als Plattform zu nutzen, war ein strategischer Schritt, da diese Plattform besonders effektiv für die Ansprache von Entscheidungsträgern in der Medizintechnik ist. Durch die gezielte Platzierung von Ads und die Nutzung von Matched Audiences konnten

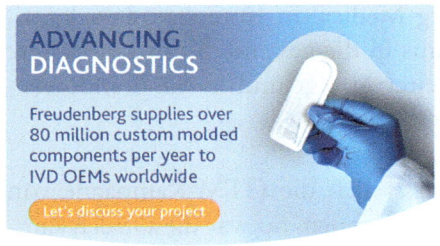
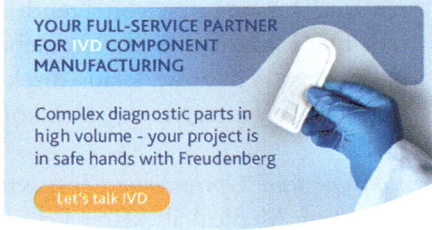

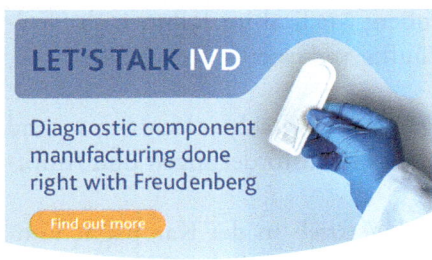
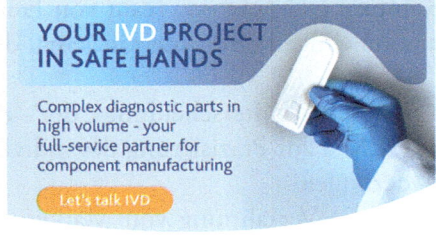

Abb. 3.11 Ausgewählte Anzeigen der IVD-Kampagne

maßgeschneiderte Zielgruppen ressourceneffizient erreicht werden. Dies ermöglichte es, potenzielle Kunden aus der Zielbranche zu identifizieren, die besonders relevant für die angebotenen Lösungen sind. Durch die verschiedenen Maßnahmen zur Präzisierung konnte die qualitative Reichweite der Kampagne erhöht werden, um konkrete Leads zu generieren.

- *Vertriebliche Kundenansprache:* Ein wichtiger Bestandteil der Kampagnenumsetzung war die enge Zusammenarbeit zwischen dem Marketing-Team und den Vertriebsteams vor Ort. Potenzielle Kunden wurden gezielt angesprochen, um diese zu den Standorten von Freudenberg Medical in Kalifornien einzuladen. Der Standort Kalifornien wurde als strategisch wichtig erachtet, da die Region sowohl für Start-ups als auch für etablierte Unternehmen im IVD-Sektor ein bedeutender Markt ist. Die Einladung zu den Standortbesuchen war nicht nur eine Möglichkeit, die Dienstleistungen und Produktionskapazitäten vor Ort zu präsentieren, sondern auch eine Gelegenheit, das Vertrauen von potenziellen Kunden zu gewinnen. Hier wurde besonders darauf geachtet, dass die Kunden nicht nur die Produktionseinrichtungen besichtigten, sondern auch mit den Experten und Ingenieuren von Freudenberg Medical in Kontakt treten konnten. Die Einbindung der Vertriebsteams in die gesamte Kampagne sorgte dafür, dass generierte Leads direkt weiterverfolgt und in die Standortbesichtigungen integriert werden konnten.

Evaluation und Optimierung Insgesamt lässt sich die GTM-Kampagne von Freudenberg Medical als klarer Erfolg kennzeichnen. So war die Displaykampagne unter allen Kampagnen des Unternehmens die erfolgreichste des Jahres 2023. Darüber hinaus befindet sich die Landingpage für den IVD-Markt in den Top-10 der im Jahr 2023 reichweitenstärksten Seiten der Unternehmenswebsite, obwohl die Seite erst im Mai des Jahres Live gegangen ist. Dank der Kampagne konnte das Team von Freudenberg Medical im Rahmen der Evaluation einige Punkte identifizieren, die künftig verbessert werden sollen:

- Stärkere Unterscheidung der Zielgruppenansprache (Start-ups und OEMs) zur Präzisierung der individuellen Herausforderungen und Anforderungen.
- Engere Verzahnung von Marketing und Vertrieb in der Kampagnenumsetzung, um die Reaktion auf Kundenanfragen und die Weiterbearbeitung von Leads weiter zu optimieren.
- Technische Anpassung der Filter (bspw. bei LinkedIn Matched Audiences), um das Targeting der Zielgruppen noch präziser zu gestalten und die Leadqualität zu erhöhen.

- Anpassung der Landingpage hinsichtlich verbesserter Nutzerführung und klarerer Call-to-Actions, um die Conversion-Rate zu steigern.

Somit war die Evaluation der durchgeführten Maßnahmen am Ende der ersten Kampagnenphase ein wichtiger Schritt, um aus den gewonnenen Erfahrungen zu lernen und künftige Initiativen noch wirksamer zu gestalten.

3.5.3 Kritische Würdigung unter Berücksichtigung von Marketing Centricity

Die Krux vieler Go-to-market-Initiativen: Das Marketingteam kommt häufig erst dann zum Einsatz, wenn die Produktentwicklung bereits abgeschlossen ist. In Konsequenz muss die Kommunikationsstrategie zur Vermarktung des Produktes meist ohne fundiertes Briefing und angemessene Ressourcen entwickelt werden. Freudenberg Medical geht in diesem Fall einen anderen Weg und entspricht damit dem Kerngedanken von Marketing Centricity. So ist das Marketingteam nicht nur von Beginn an an Bord, sondern tritt gar als Initiator auf. Dies stellt ein klares Statement in Richtung Marktorientierung dar. Um aus dieser Vorgehensweise eine Erfolgsgeschichte zu machen, setzt Freudenberg Medical auf zwei zentrale Erfolgsfaktoren:

Teamzusammenstellung Bereits das Management-Buy-In war ein entscheidender Schritt, um die Weichen für den Erfolg zu stellen. Die Tatsache, dass die oberste Management-Ebene eine aktive Rolle im Projekt eingenommen hat, verhilft dem Thema zu mehr Relevanz im gesamten Unternehmenskontext und unterstreicht die Dringlichkeit der Initiative. Darüber hinaus erhält das Projektteam klare Zielvorgaben und kann im weiteren Projektverlauf mit hoher Planungssicherheit arbeiten. Durch die Involvierung des Managements sind notwendige Ressourcen zu jedem Zeitpunkt leichter zugänglich. Hinzu kommt, dass die interdisziplinäre Teamzusammenstellung – entgegen organisatorischer und logistischer Hürden – der Schlüssel zu konkreten, wirksamen Ergebnissen war. Neben dem Marketingteam wurde sämtliche technische und marktrelevante Expertise um die GTM-Strategie herum versammelt, um sowohl die interne Perspektive (bspw. technische Umsetzbarkeit) als auch die externe Perspektive (bspw. Verständnis der Märkte und Zielunternehmen) detailliert abdecken zu können. Im Ergebnis entsteht eine Dynamik, die für die Umsetzung des Canvas-Modells besonders wertvoll ist. Das Feedback der Workshopteilnehmer bestätigt dies: So wurden die Workshops zwar als besonders intensiv, aber ebenso erkenntnisreich beschrieben.

Im interdisziplinären, internationalen Team kam es zu lebhaften, tiefgehenden Debatten, welche zwingend erforderlich sind, um zu einer belastbaren Positionierung im Markt zu gelangen.

Agile Umsetzung Angesichts der Vielfalt und Komplexität der Herausforderungen – sowohl aufgrund der organisatorischen Gegebenheiten als auch aufgrund der Geschäftsmodelltransformation des Unternehmens – wäre es wohl kaum verwunderlich gewesen, wenn ein solches Projekt einige Monate Strategiearbeit in Anspruch nimmt. Stattdessen lagen zwei Monate zwischen GTM-Strategie und Go-Live der Landingpage. Darüber hinaus fokussiert sich Freudenberg Medical konsequent darauf, sogenannte „lessons learned" aus der Initiative zu identifizieren, die wiederum dazu beitragen, die gesamte Vermarktung (Kampagnen, Vertrieb etc.) im IVD-Markt nun sukzessiv zu optimieren. In Summe lassen sich also sechs konkrete Praxisempfehlungen festhalten:

- Involviere das Management frühzeitig in die Initiative und betone die Dringlichkeit.
- Eine starke Teamzusammenstellung ist hohe organisatorische Hürden wert.
- Nutze externe Tools und Partner (bspw. Marketing Canvas), um Prozesse zu strukturieren und Erkenntnisse sauber zu dokumentieren.
- Strategische Initiativen leben von einem lebhaften Diskurs zwischen den Funktionen.
- Simplifizierung auf Methodenebene hilft, um komplexe Themen auf den Punkt zu bringen.
- Jede(s) Kampagne(nergebnis) sollte zur Optimierung künftiger Kampagnen genutzt werden.

3.6   Social Recruiting bei Elsner Elektronik

Übersicht

Der Fachkräftemangel stellt insbesondere mittelständische B2B-Unternehmen vor immense Herausforderungen. Elsner Elektronik zeigt als ländliches Familienunternehmen, wie man diesen Herausforderungen mittels digitaler Recruitingstrategien begegnen kann. Das Unternehmen beweist, dass der B2B-Mittelstand im (digitalen) Wettbewerb durchaus mit Großunternehmen und Konzernen mithalten kann. Dieses Praxiskapitel basiert auf einem Interview mit Lina Elsner, Geschäftsführerin bei Elsner Elektronik. Vielen Dank für die Mitwirkung und die aufschlussreichen Einblicke.

- Unternehmen: Elsner Elektronik GmbH
- Branche: Herstellung von intelligenter Gebäudeautomation
- Unternehmensgröße: 51–200 Mitarbeitende
- Marketingabteilung: 6 Mitarbeitende
- Ansprechpartner: Lina Elsner, Geschäftsführerin Personal und Finanzen
- Integrierte Funktionsbereiche: Personalmangement, Marketing, Management
- Externe Mitwirkende: Moritz Neuhaus (Insight Consulting)

Elsner Elektronik ist ein in zweiter Generation familiengeführtes Unternehmen mit Sitz im ländlichen Ostelsheim in Baden-Württemberg. Gegründet 1990, hat sich das Unternehmen zu einem angesehenen Akteur in der Gebäudeautomationsbranche entwickelt. Mit 60 Mitarbeitenden, darunter zehn Auszubildenden, bietet Elsner Elektronik Lösungen für intelligente Gebäude, bei denen zentrale Steuerungssysteme die Automatisierung von Prozessen wie Klimaregulierung, Beleuchtung und Sicherheit übernehmen. Die Kundenstruktur umfasst überwiegend Geschäftskunden und die Unternehmensphilosophie betont eine direkte Zusammenarbeit mit Systemintegratoren und Elektrikern.

Die Personalstruktur bei Elsner Elektronik ist – wie im B2B-Mittelstand üblich – sehr divers. So vereint das Unternehmen unterschiedlichste technische, handwerkliche und kaufmännische Fachbereiche – vom Prüfingenieur über den Elektriker für Geräte und Systeme bis zum Industriekaufmann und Kaufmann für E-Commerce. Einen Großteil dieser Berufe bildet das Unternehmen selbst aus, was eine zentrale Säule der eigenen Personalstrategie darstellt. Nichtsdestotrotz befindet sich Elsner Elektronik in einer herausfordernden Personalsituation. Speziell das Recruiting neuer Fachkräfte in den unterschiedlichen Fachbereichen wurde im Management als strategisches Fokusthema definiert. Das Resultat ist u. a. die Social-Recruiting-Strategie des Unternehmens mit Fokus auf dem sozialen Netzwerk LinkedIn.

3.6.1 Ausgangssituation und Herausforderungen im Recruiting bei Elsner Elektronik

In den Jahren 2020–2023 fand ein schrittweiser Generationswechsel im Management des Familienunternehmens statt. Zu diesem Zeitpunkt stand das Unternehmen vor ähnlichen Herausforderungen wie viele andere B2B-Mittelständler auch. So durchläuft der gesamte Arbeitsmarkt einen Generationswechsel, welcher große Veränderungen in der Arbeitsweise, den Ansprüchen und Wünschen jüngerer Arbeitnehmer mit sich bringt. Gleichzeitig verändern sich die Wege und Methoden, mit denen potenzielle Mitarbeitende – speziell in der jüngeren Generation – erreicht und vom eigenen Unternehmen überzeugt werden können. Als heterogen aufgestelltes Industrieunternehmen steht Elsner Elektronik zudem vor der Herausforderung, nicht nur jüngere Generationen anzusprechen, sondern v. a. Generationenunterschiede in die eigene Personalstrategie zu integrieren. Die Personalstruktur des Unternehmens umfasst eine breite Altersspanne von 16-jährigen Auszubildenden bis hin zu Mitarbeitenden, die kurz vor dem Renteneintritt stehen. Diese Ambivalenz inkl. unterschiedlichster Perspektiven auf die Arbeitswelt – sowohl bei bestehenden als auch bei potenziellen Mitarbeitenden – gilt es zu managen.

Inmitten der generell angespannten und komplexen Arbeitsmarktsituation haben Mittelständler wie Elsner Elektronik zudem mit Standortnachteilen zu kämpfen. So ist ein Arbeitsplatz im ländlichen Raum tendenziell unattraktiver als ein vergleichbares Angebot in urbanen Gegenden und Großstädten wie Stuttgart. Angebote wie Remote Work und/oder Homeoffice lässt das industrielle Geschäftsmodell von Elsner Elektronik nur eingeschränkt zu. Ostelsheim als Firmenstandort verfügt über eine eingeschränkte Verkehrsanbindung, was insbesondere für Auszubildende oder Mitarbeitende ohne eigenes Auto problematisch ist. Zwar bietet das Unternehmen Alternativen wie Jobräder an, dennoch bleibt die Erreichbarkeit ein Hindernis.

Dem gegenüber steht eine starke Konkurrenz im Wettstreit um Schlüsselpositionen in Technik, IT, und im kaufmännischen Bereich. In der unmittelbaren Umgebung von Elsner Elektronik befinden sich große und global tätige Unternehmen wie Bosch, Daimler oder Porsche. Diese verfügen über erhebliche Ressourcen und können Benefits anbieten, die ein mittelständisches Unternehmen wie Elsner Elektronik kaum in vergleichbarem Maße bereitstellen kann. Diese Wettbewerbssituation führte bereits dazu, dass sich das Unternehmen mit kreativen und kosteneffizienten Angeboten wie Kindergartenzuschlägen, Sonderurlauben oder einem vollfinanzierten Kantinenmodell positioniert. Trotzdem ist es langfristig nicht umsetzbar, über rein quantifizierbare Metriken wie Gehalt und Benefits konkurrenzfähig zu bleiben. Das stetig steigende Aufgebot der Großunternehmen – von Betriebskindergärten über hauseigene Fitnessstudios bis zu groß angelegten Sabbatical-Programmen – macht sich im B2B-Mittelstand radikal bemerkbar.

Abhilfe können digitale Wege des Recruitings schaffen, wobei festzuhalten ist, dass geflügelte Begriffe wie Social Media und Social Recruiting gleichermaßen Chance wie Herausforderung für mittelständische Unternehmen sind. Zwar bieten Netzwerke wie LinkedIn, Instagram, TikTok und Co. eine

Vielzahl attraktiver Möglichkeiten, mit potenziellen Mitarbeitenden in Kontakt zu treten, doch haben die wenigsten B2B-Mittelständler das digitale Know-how im Hause, um mit diesen Werkzeugen von heute auf morgen wirksam umzugehen. Der Aufbau eines funktionierenden digitalen Recruiting (in diesem Fall Social Recruiting) inkl. Ausbau der internen Kompetenzen und klarer Abgrenzung zu den großen Konkurrenzunternehmen war die Herausforderung, die es für das Familienunternehmen zu meistern galt.

3.6.2 Umsetzung der Social-Recruiting-Initiative bei Elsner Elektronik

Initiiert und eingeführt wurde das Social Recruiting aus der Geschäftsführung heraus. Mit ihrem LinkedIn-Profil stellt Lina Elsner – Geschäftsführerin und Hauptverantwortliche für den Personalbereich – außerdem das Zentrum der Initiative dar. Grundsätzlich lässt sich die Umsetzung in unterschiedliche Phasen unterteilen:

Strategieentwicklung Die Entwicklung und Implementierung der Social-Recruiting-Strategie von Elsner Elektronik erfolgte in Zusammenarbeit mit Insight Consulting als externen Strategiepartner. Als Grundlage für die Strategie (und auch für die spätere operative Umsetzung) diente das von Insight Consulting entwickelte CLB5-Modell (vgl. Abb. 3.12). Damit zeigt sich

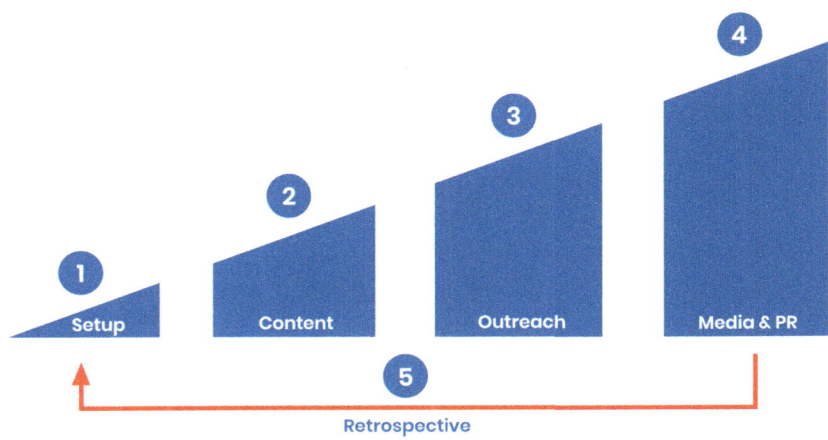

Abb. 3.12 Der CLB5-Prozess

bereits die Besonderheit der Strategie. Während Social-Media-Strategien traditionell über die Marketingabteilung und den Unternehmensaccount gesteuert werden, stehen in diesem Fall die Personenmarken – speziell die C-Level Personal Brands von Lina und Bastian Elsner – im Vordergrund. Der Prozess konzentriert sich auf die Positionierung der persönlichen LinkedIn-Profile der beiden Geschäftsführer. Während die Personenmarke und das Profil von Bastian Elsner Vertriebsziele verfolgt, konzentriert sich Lina Elsner als Personal Brand und LinkedIn-Profil auf das hier beschriebene Social Recruiting.

Insgesamt nahm der durch den externen Partner begleitete Strategieprozess rund drei Monate in Anspruch. Im Rahmen der initialen Workshops wurden die Ziele definiert und anschließend die beiden LinkedIn-Profile von Lina und Bastian Elsner aufgebaut (vgl. Abb. 3.13). In Bezug auf das Recruiting ging es nicht nur um die kurzfristige Gewinnung neuer Mitarbeitender, sondern auch um den langfristigen Aufbau einer starken Arbeitgebermarke über das C-Level-LinkedIn-Profil. Das Ergebnis war sowohl die inhaltliche als auch die visuelle Aufbereitung der persönlichen LinkedIn-Profile in Form von aussagekräftigen Bildern (Profil- und Titelbild) und Texten (z. B. Profilslogan und Info-Text). Neben dem LinkedIn-Profil galt es außerdem eine Content-Strategie für eben diese Profile aufzusetzen, um regelmäßig Inhalte via LinkedIn veröffentlichen zu können. Dabei ging es im Kern darum, mit authentischen Inhalten aus der Perspektive des C-Levels die Unternehmenswerte zu transportieren und Einblicke in den Arbeitsalltag zu gewähren, damit potenzielle Mitarbeitende über LinkedIn auf Elsner Elektronik als Arbeitgeber aufmerksam werden.

Content Marketing auf LinkedIn Im Zentrum der operativen Umsetzung stand und steht die regelmäßige Veröffentlichung von Content über das LinkedIn-Profil von Lina Elsner. An dieser Stelle spielt die Zusammenarbeit mit der Marketingabteilung eine wichtige Rolle. Konkret wurde das Marketingteam im Zuge des Social Recruiting verstärkt. Für die operativen Personal-Branding-Maßnahmen auf LinkedIn wurde eine Werkstudentenstelle geschaffen und besetzt. Diese Maßnahme wurde ergriffen, da Social-Media-Plattformen wie LinkedIn eine hohe Frequenz in der Content Produktion erfordern. Das Hauptaufgabenfeld der neuen Stelle liegt entsprechend in der Planung, Produktion und Koordination des Social-Media-Contents in direktem Sparring mit Lina Elsner. Dies erfolgt im Rahmen von Weekly Calls, in denen bestehende Inhalte analysiert, neue Ideen eingebracht und

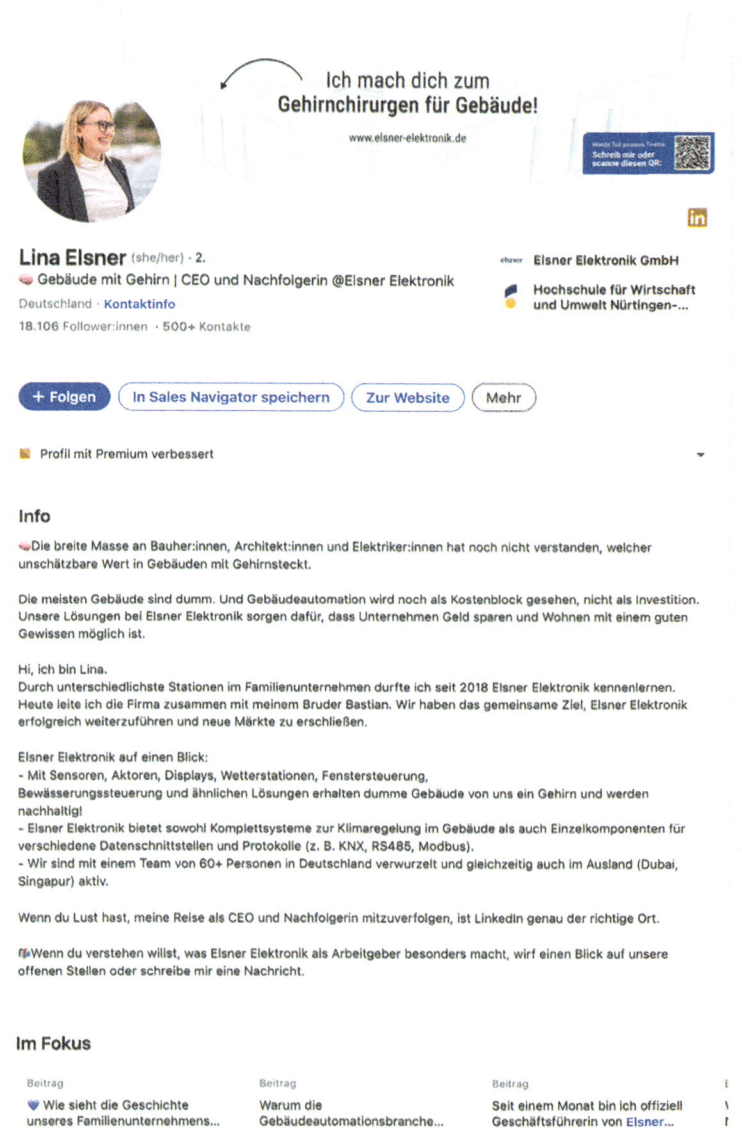

Abb. 3.13   LinkedIn-Profil von Lina Elsner, Geschäftsführerin Elsner Elektronik

konkrete Aktivitäten inkl. Prioritäten für die kommende Woche definiert werden. Außerdem dienen diese Calls als regelmäßiger Feedback Loop, um Erkenntnisse auszutauschen und die langfristige Strategie sukzessiv zu optimieren und an aktuelle Gegebenheiten anzupassen. So erfolgt der Social-Media-Content über das C-Level-Profil von Lina Elsner immer in direkter Abstimmung und Kombination mit konkreten Kampagnen – etwa für spezielle Stellenanzeigen und Recruitinginitiativen. Die Schaffung einer konkreten Stelle stellt letztlich sicher, dass eine nachhaltig wirksame und konsistente Social-Media-Kommunikation über die Personal Brand und das C-Level-Profil stattfindet.

Kombination mit weiteren (Personal)Marketing- und Recruitingmaßnahmen Die Kommunikation über das C-Level-Profil von Lina Elsner stellt eine zentrale Säule im Recruitingprozess von Elsner Elektronik dar. Entsprechend agiert die Geschäftsführerin in steter Koordination mit weiteren Recrutingaktivitäten, die in direkter Abstimmung zwischen Personal- und Marketingabteilung geplant und durchgeführt werden. Dadurch ist das Unternehmen in der Lage, crossmedial (bspw. via LinkedIn Ads, Instagram, Facebook, TikTok) zu kommunizieren und potenzielle Bewerber übergreifend anzusprechen. Darüber hinaus öffnet die Personal Brand Türen zu diversen Kooperationen. So war Lina Elsner seit Initiierung der Social-Recruiting-Initiative zu Gast in diversen Podcasts, wurde zu relevanten Events wie der Juniorenkonferenz 2024 oder der herCareer Messe eingeladen, kam als Interviewpartner in Kontakt mit Bachelor- und Masterstudenten und veröffentlichte als Co-Autorin einen Gastbeitrag im Buch „Unternehmensnachfolge – Frauen schaffen Zukunft".

Aktuell zählt das LinkedIn-Profil von Lina Elsner über 18.000 Follower (Stand Dezember 2024). Darüber hinaus positioniert Elsner Elektronik weitere Markenbotschafter, die neben Lina und Bastian Elsner auf LinkedIn aktiv sind. Aktuell zählt das Unternehmen fünf aktive Mitarbeitende, im Jahr 2025 sind weitere Markenbotschafter geplant. Via LinkedIn konnte Elsner Elektronik bis dato folgende Stellen besetzen:

- 2× Entwickler
- 1× Marketing Manager
- 2× Elektroniker für Geräte und Systeme
- 1× Produktmanager
- 1× Vertriebsleiter

3.6.3 Kritische Würdigung unter Berücksichtigung von Marketing Centricity

Die Social-Recruiting-Aktivitäten von Elsner Elektronik zeigen den Wandel auf, in dem sich die Funktionsbereiche Marketing und Personalmanagement im Kontext sozialer Medien befinden. Zum einen bedarf die wirksame Gewinnung neuer Mitarbeitender zunehmend digitale Medien- und Kampagnenkompetenz. Das konsequente Zusammenspiel der Marketing- und der Personalabteilung wird zum zentralen Erfolgsfaktor, um diese digitalen Handlungsfelder für sich zu erschließen. Zum anderen sorgen Plattformen wie LinkedIn dafür, dass Social-Media-Kommunikation nicht länger zentral aus der Marketingabteilung heraus, sondern dezentral über persönliche Profile stattfindet. Im Fall von Elsner Elektronik waren und sind das die C-Level-Profile von Bastian und Lina Elsner. Somit zeigt sich, dass (digitale) Kommunikation im Recruiting nicht länger ein Marketingthema, sondern vor allem auch ein Managementthema ist.

Erfolgsentscheidend war es in diesem Fall, eine konsistent effektive und zugleich persönlich authentische Kommunikation aus der C-Level-Perspektive heraus zu realisieren. Dies bedarf einer sauberen Koordination im Content Marketing und Kampagnenmanagement, damit die Geschäftsführung zeiteffizient und dennoch eng in die Kommunikationsprozesse eingebunden ist.

Letztlich kombiniert Elsner Elektronik in der Umsetzung der Social-Recruiting-Initiative eine klare Strategie mit einer schrittweisen Umsetzung in kurzen Optimierungszyklen. Dies zeigt einmal mehr den Wert agiler Vorgehensweisen in solchen Projekten. Durch die wöchentlichen Planungs- und Umsetzungsphasen ist das Unternehmen in der Lage, seine (z. T. crossmedialen) Aktivitäten agil zu steuern und jederzeit auf Basis aktueller Erkenntnisse anzupassen. Dabei profitiert das Team um Lina Elsner von den engen Kommunikationswegen zwischen Management, Marketing- und Personalabteilung, welche diese Vorgehensweise im B2B-Mittelstand ermöglichen. Daher lassen sich fünf abschließende Praxisempfehlungen festhalten:

- Dezentralisiere deine Social-Media-Kommunikation durch Personenprofile.
- Vereine die Kompetenzen der Marketing- und Personalabteilung für dein Social Recruiting.
- Eine klare Priorisierung sorgt für nachhaltig wirksame Social-Media-Kommunikation.

- Die Geschäftsführung selbst ist der wertvollste Markenbotschafter für die Arbeitgebermarke.
- Social Media ist schnelllebig: Agile Workflows helfen, jederzeit flexibel darauf zu reagieren.

3.7 Content Marketing via Corporate Influencer bei Rotek Motoren

Übersicht

Welchen Wert haben Mitarbeitende als Markenbotschafter für den B2B-Mittelstand? Wie können Unternehmen sog. Corporate Influencer für Marketing, Vertrieb und die gesamte Unternehmensentwicklung nutzen? Das Familienunternehmen Rotek Motoren zeigt, wie persönliches Content Marketing via Markenbotschafter auf Social Media funktioniert, welche Herausforderungen damit einhergehen und was im Mittelstand trotz überschaubarer Marketingressourcen erreicht werden kann. Dieses Praxiskapitel basiert auf einem Interview mit Rolf Treusch, Geschäftsführer der Rotek GmbH & Co. KG, und Maureen Treusch, Marketing Manager bei der Rotek GmbH & Co. KG. Vielen Dank für die Mitwirkung und die aufschlussreichen Einblicke.

- Unternehmen: Rotek GmbH & Co. KG
- Branche: Herstellung von Antriebstechnik
- Unternehmensgröße: 11–50 Mitarbeitende
- Marketingabteilung: 1 Mitarbeitende
- Ansprechpartner: Rolf Treusch, Geschäftsführer Rotek, Maureen Treusch, Marketing Manager Rotek
- Integrierte Funktionsbereiche: Vertrieb, Marketing, Geschäftsführung
- Externe Mitwirkende: Franko Schulz (Vogel Corporate Solutions)

Rotek Motoren in seiner heutigen Form wurde im Jahr 2000 durch die Übernahme eines bestehenden Betriebs gegründet. Von Beginn an war das Unternehmen auf die Produktion von individuellen Antriebslösungen spezialisiert. Dabei zeichnen sich die Produkte – Kleinmotoren und Getriebe – durch eine hohe Fertigungstiefe und ein Baukastensystem aus, das diverse Varianten und Kombinationen ermöglicht. Dies erlaubt es Rotek, kundenspezifische Anpassungen selbst in kleinen Stückzahlen zu realisieren. Neben der eigenen Produktion handelt das Unternehmen auch mit Standardmotoren, um Kundenbedürfnisse in größeren Losgrößen abzudecken. Der Fokus und Wettbewerbsvorteil liegt jedoch auf der Realisierung individueller Lösungen, die an die Anforderungen der Kunden angepasst sind.

Das Kundenportfolio von Rotek Motoren umfasst eine breite Palette von Unternehmen, von mittelständischen Betrieben bis hin zu namhaften internationalen Konzernen. Laut Geschäftsführung liegt der Schwerpunkt jedoch klar im Mittelstand, wo die Vorteile der Individuallösungen und des Baukastensystems am stärksten greifen. Rotek liefert seine Produkte weltweit, wobei über 90 % des Umsatzes in der DACH-Region und Europa generiert wird. Distributoren in bspw. Singapur und Südafrika unterstützen das internationale Geschäft. Besondere Herausforderungen, wie zuletzt die Marktschwankungen im Bereich der Pelletheizungen, konnte das Unternehmen bisher durch die Diversifikation der Kundenstruktur bewältigen. Diese Vielfalt ermöglicht es Rotek, auch in schwierigen Marktphasen als stabiler Partner für seine Kunden zu agieren.

3.7.1 Ausgangssituation und Herausforderungen bei Rotek Motoren

Die Unternehmensgeschichte von Rotek Motoren war und ist geprägt durch Transformation. Als Betrieb mit eher handwerklichen Arbeitsweisen gestartet, ist das Unternehmen bis zum Jahr 2020 zu einem Industriebetrieb mit 40 Mitarbeitenden angewachsen. Dem zugrunde liegt ein tiefgreifender Kulturwandel, welcher v. a. auf flache Hierarchien, Eigenverantwortung, Gestaltungsfreiheit und offene Kommunikationsstrukturen baut. Anders als in traditionellen, hierarchisch geprägten Weisungs- und Entscheidungsstrukturen legt das Management von Rotek Motoren den Fokus bewusst darauf, die Mitarbeitenden zu Gestaltern, Entscheidern und Verantwortlichen zu machen. Inmitten der Coronapandemie im Jahr 2020 stand das Unternehmen marketingseitig vor mehreren Herausforderungen:

1. *Traditionelles Marketing und fehlende Digitalisierung:* Wie in der Industrie üblich setzte auch Rotek Motoren bisher vornehmlich auf traditionelle Marketingmaßnahmen. Eine allumfassende Marketingstrategie inkl. digitaler Initiativen existierte bis zu diesem Zeitpunkt nicht. Der Fokus des Unternehmens lag auf Messeauftritten und Pressearbeit. Diese Maßnahmen brachten jedoch nicht mehr die gewünschten Ergebnisse. So lagen die Messekosten – davon abgesehen, dass diese Maßnahme durch die Coronapandemie bis auf weiteres nicht mehr möglich war – im unteren sechsstelligen Bereich, während nur eine Handvoll neuer Kunden aus diesen Messeauftritten generiert werden konnte. Das Management führte

das Ergebnis vor allem darauf zurück, dass die Messeauftritte in keinem
größeren Kontext standen. So gab es keinerlei Kombination mit digitalen Folgemaßnahmen, die etwa der Leadqualifizierung und Weiterentwicklung von Kontakten dienen würden. Sowohl die Website als auch die
rudimentäre Social-Media-Präsenz wurden bereits als Baustellen erkannt.
Darüber hinaus fehlte dem Unternehmen ein System – etwa ein CRM –
um Daten und Informationen zu strukturieren und darauf aufbauend
kundenbezogene Marketingprozesse zu initiieren. In Summe kam das
Management zu dem Schluss, dass die aktuelle Marketing- und Vertriebsarbeit zu ineffizient sei, um den aktuellen Herausforderungen gerecht zu
werden.

2. *Fachkräftemangel und fehlende Sichtbarkeit:* Die Konkurrenz um qualifi-
zierte Mitarbeiter war stark. Dabei erschwerte vor allem die fehlende bzw.
geringe allgemeine Sichtbarkeit des Unternehmens die Gewinnung neuer
Talente. Neben dem Vertrieb erkannte das Management vor allem das
Mitarbeiterwachstum als Hürde der Unternehmensentwicklung. Da man
sich sicher war, dass die vergleichsweise fortschrittliche Unternehmenskultur ein klarer Wettbewerbsvorteil ist, wurde die fehlende externe Sichtbarkeit eben dieser Unternehmenskultur als Hauptproblematik herausge-
stellt.

3.7.2 Umsetzung der Corporate-Influencer-Initiative bei Rotek Motoren

Die Umsetzung bei Rotek Motoren begann mit einer umfassenden Status-
quo-Analyse mit Fokus auf den Marketingmaßnahmen des Unternehmens
und der digitalen Präsenz. Diese Analyse umfasste vor allem eine detaillierte
Bewertung der bisherigen Marketinginitiativen. Dort bestätigte sich das
Bild, dass die traditionellen Ansätze (einzelne Messeauftritte und Pressearbeit) nicht ausreichend effektiv sind, um das Wachstum und die Marktposition des Unternehmens zu sichern. Zwar konnte Rotek Motoren durch
diverse Fachartikel etc. auf reichlich nützlichen Content zurückgreifen,
doch war dieser Content weder leicht zugänglich noch nutzerfreundlich zu
konsumieren. Gemeinsam mit dem externen Partner „Vogel Corporate Solutions" identifizierte das Unternehmen digitale Potenziale für die Zukunft.
Eine zentrale Erkenntnis war, dass die Website nicht nur optisch, sondern
auch funktional überarbeitet werden müsse, um benutzerfreundlicher und
zielgerichteter zu sein. Gleichzeitig wurde erkannt, dass LinkedIn als soziales Netzwerk eine ideale Plattform bietet, um durch zielgruppengerechtes

Content Marketing sowohl Sichtbarkeit und Markenbekanntheit aufzu-bauen als auch vertrieblich aktiv zu werden, Leads zu generieren und Kunden zu gewinnen. In diesem Kontext begann die erste Auseinandersetzung mit der Möglichkeit, Mitarbeitende – allen voran Rolf Treusch als Geschäftsführer – als Markenbotschafter für Rotek Motoren einzusetzen.

Schnell wurde im Management und im Marketing jedoch klar, dass weitere Einzelmaßnahmen nicht zum Erfolg führen würden. Vielmehr ging es dem Unternehmen um eine übergreifende strategische Basis, um sämtliche Marketing- und Vertriebsaktivitäten darauf aufbauen zu können. Sowohl eine neue Website als auch die Social-Media-Aktivitäten sollten exakt auf die Bedürfnisse der Kunden zugeschnitten sein. Um dies zu realisieren, griff das Team auf das Konzept der Buyer Persona zurück. In Summe wurden drei Buyer Personas entwickelt, um die künftigen Marketingaktivitäten gezielt auf diese typischen Vertreter der Zielgruppe ausrichten zu können. Jede Persona repräsentiert spezifische Ansprechpartner beim Kunden mit klar definierten Bedürfnissen und Herausforderungen.

- Ein Konstrukteur, welcher die technische Lieferantenauswahl vornimmt.
- Ein Einkäufer, welcher die wirtschaftlichen Aspekte einer Zusammenarbeit im Blick hat.
- Der Geschäftsführer (vgl. Abb. 3.14) als Hauptentscheider im Kaufprozess.

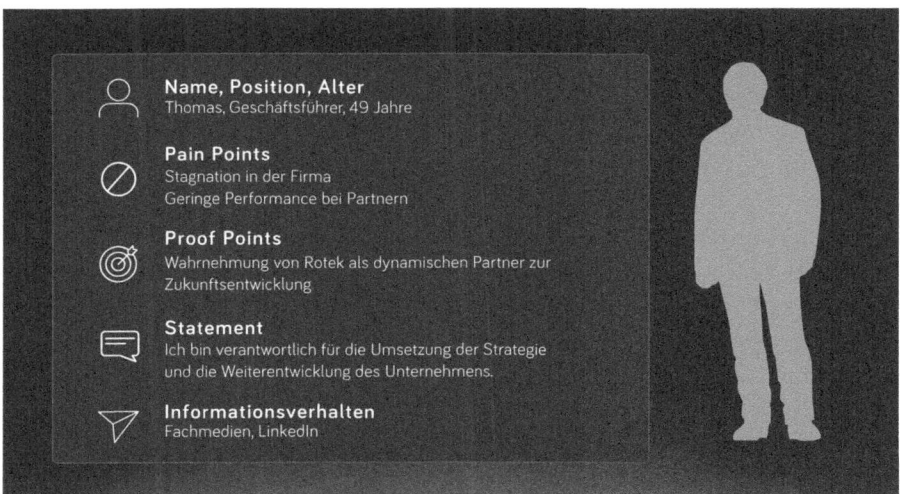

Abb. 3.14 Auszug Personaentwicklung bei Rotek Motoren anhand eines Beispiels

Beispielsweise wurden Anforderungen wie technologische Präferenzen, Einkaufsentscheidungsprozesse und Kommunikationsvorlieben analysiert. Die Personaentwicklung erfolgte initial durch die Geschäftsführung und das Marketing, wobei das Team vor allem auf Kundeninformationen aus dem Vertrieb zurückgriff, um ein möglichst aussagekräftiges Bild der typischen Kunden zu erhalten. Diese Informationen bildeten schließlich die Basis für alle weiteren Entwicklungen im Marketing.

Eine zentrale Erkenntnis aus der Personaentwicklung war, dass es sich bei den drei typischen Vertretern der Zielgruppe (Konstrukteur, Einkäufer, Geschäftsführer) um sehr unterschiedliche Ansprechpartner mit individuellen Präferenzen und Herausforderungen handelt. Zwar konnte festgestellt werden, dass alle drei Personas LinkedIn in ihrem Informationsverhalten nutzen, doch beschäftigen sie sich mit unterschiedlichen Inhalten und haben differenzierte Bedürfnisse, die mit individuellem Content adressiert werden müssen. Diese Erkenntnis festigte die Entscheidung, auf LinkedIn mit unterschiedlichen Markenbotschaftern/Corporate Influencern (Personenprofile von Mitarbeitenden bei Rotek Motoren) aufzutreten und diese Markenbotschafter wiederum hinsichtlich individueller Personas als Zielgruppe zu positionieren. Darüber hinaus versprach sich das Team eine effektivere Social-Media-Kommunikation, wenn diese von Mensch zu Mensch statt im herkömmlichen Sinne über ein Unternehmensprofil stattfindet.

Das erste LinkedIn-Personenprofil, welches Rotek Motoren als Corporate Influencer positionierte, war das Profil von Rolf Treusch als Geschäftsführer des Unternehmens. Auch heute ist dieses Profil die zentrale Säule der Corporate-Influencer-Initiative. Ziel von Rolf Treusch war und ist es, als verantwortungsvoller und nahbarer Unternehmer die Persona des Geschäftsführers „Thomas" anzusprechen und Rotek Motoren als dynamischen und zukunftssicheren Partner zu präsentieren. Die Positionierung entfernt sich bewusst von produkt- und technikzentrierter Kommunikation und konzentriert sich stattdessen auf die Hauptthemen Unternehmensführung, Kulturwandel, Leadership und unternehmerische Verantwortung. Dabei stellt Rolf Treusch über seinen Content regelmäßig den direkten Bezug zu seiner Arbeit bei Rotek Motoren her, erzählt transparent und ehrlich von seinen Erfolgen, Fehlern und Learnings. Im Fokus steht eine menschlich nahbare Kommunikation, die andere Unternehmer und Geschäftsführer inspirieren soll (vgl. Abb. 3.15).

Im zweiten Schritt wurden mehrere Vertriebler des Unternehmens als Motorexperten positioniert, um die technische Perspektive, welche v. a. für die Konstrukteure als Persona relevant ist, effektiv abzubilden. Auf diesen

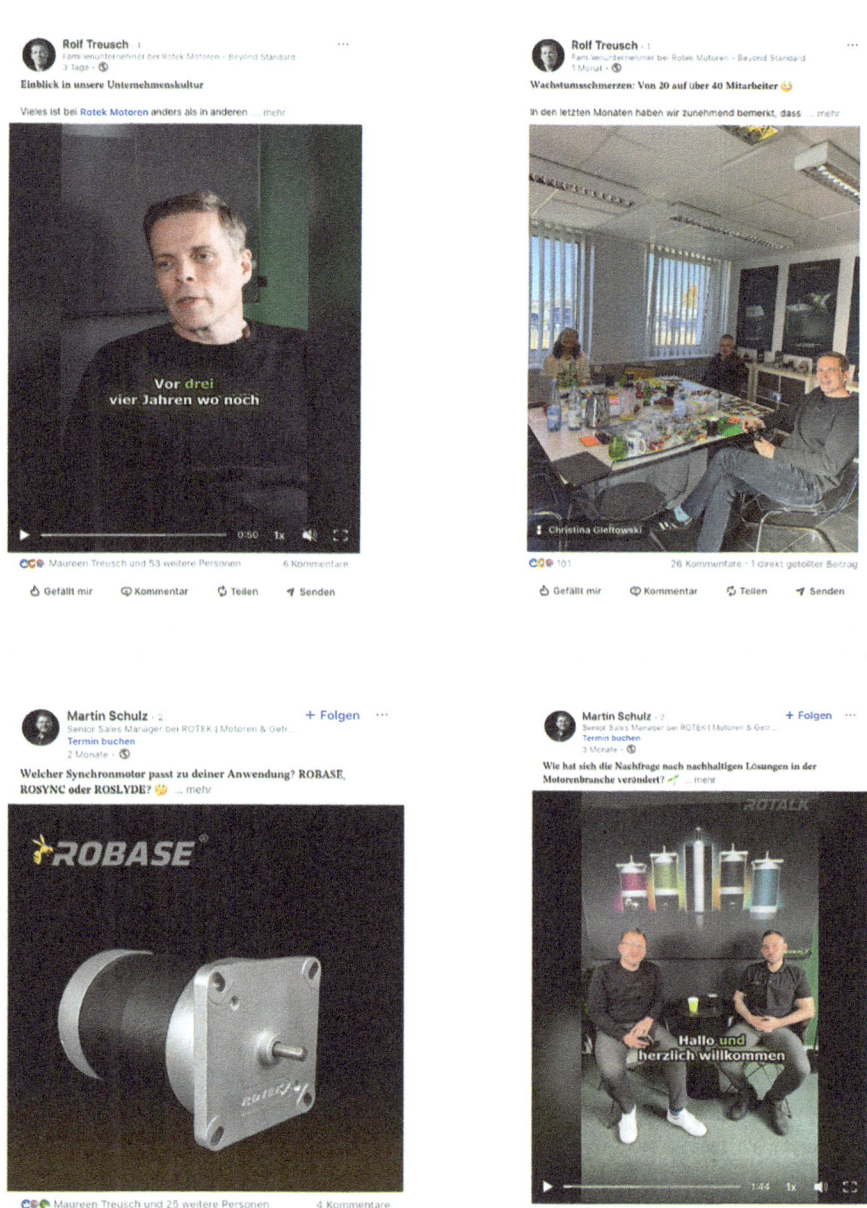

Abb. 3.15 LinkedIn-Auftritte bei Rotek Motoren

Profilen findet sich Content, welcher deutlich tiefer in technische Details einsteigt und produktzentrierte Informationen gibt. So realisiert Rotek Motoren über unterschiedliche Markenbotschafter eine besonders zielgruppenorientierte Kommunikation und schafft es gleichzeitig, mehrere Zielgruppen auf Personenebene gleichzeitig zu adressieren.

Aktuell (Stand: Januar 2025) sind 18 Personenprofile von Mitarbeitenden von Rotek Motoren auf LinkedIn zu finden, von denen 5 Personen aktiv via Content Marketing als Markenbotschafter auftreten:

- Rolf Treusch, Geschäftsführer Rotek Motoren (4824 Follower)
- Maureen Treusch, Marketing Managerin (1329 Follower)
- Martin Schulz, Technischer Vertrieb (1534 Follower)
- Robin Herrmann, Produktmanager Antriebstechnik (1260 Follower)
- Oktay Kasapoglu, Industriemechaniker (74 Follower)

Die Profile sind mit professionellen Profil- und Titelbildern im Sinne des Corporate Designs von Rotek Motoren ausgestattet, beinhalten weiterführende Informationen zur Person und zum Unternehmen (z. B. Infotext, Berufserfahrung, Fokusbeiträge) und posten regelmäßig (i. d. R. wöchentlich) authentische Beiträge aus der Perspektive der jeweiligen Person im Kontext des Arbeitsalltags bei Rotek Motoren. Während Rolf Treusch etwa über seine Rolle als Unternehmer, Geschäftsführer und Führungskraft berichtet, geben Martin Schulz und Robin Herrmann – u. a. im Videoformat „ROTALK" – Einblicke in die Technik und die Zusammenarbeit mit Kunden.

Damit dieses dezentrale Content Marketing über Markenbotschafter trotz begrenzter Ressourcen in der Marketingabteilung funktioniert, setzt Rotek Motoren auf Effizienz statt Perfektion. Im ersten Schritt konzentrierte sich das Team zu 100 % auf das Personenprofil von Rolf Treusch, um dieses Profil aufzubauen und weiterzuentwickeln, anhand des Profils zu lernen und den Prozess im Anschluss auf die weiteren Profile anwenden zu können. Darüber hinaus nutzt das Unternehmen größtenteils authentische Contentformate (bspw. Selfies, Fotos und Videos mit dem Smartphone), um sowohl ehrliche Einblicke ins Unternehmen zu gewährleisten als auch den Produktionsaufwand überschaubar zu halten. Diese Contentformate – u. a. der o. g. „ROTALK" – werden effizient geplant und produziert, um sie schnell auf LinkedIn publizieren zu können. Die Resonanz, die der Content im Anschluss auf LinkedIn bekommt, hilft dem Team bei der Optimierung und Anpassung künftiger Beiträge.

Maureen Treusch als Hauptverantwortliche im Marketing von Rotek Motoren steuert vorrangig das Content Marketing rund um die Markenbotschafter. So ist sie im Austausch mit den Personen, kuratiert Ideen, plant Formate und unterstützt sowohl bei der Redaktionsplanung als auch der Contentproduktion. Durch die enge Zusammenarbeit der Marketingabteilung mit den Markenbotschaftern entlang fest definierter Workflows gelingt es Rotek Motoren, die auf Social Media besonders wichtige Konstanz zu gewährleisten. In der Planung greift das Team immer wieder auf bestehende Inhalte – etwa von der Website oder aus den bestehenden Fachartikeln – zurück, um sie durch kleine Anpassungen für LinkedIn nutzbar zu machen.

3.7.3 Kritische Würdigung unter Berücksichtigung von Marketing Centricity

Mit seiner Markenbotschafter-Initiative zeigt Rotek Motoren, wie Content Marketing auf Social Media mit dem Fokus auf Mensch-zu-Mensch-Kommunikation und Personenprofile funktioniert. Dabei profitiert das Unternehmen nicht zuletzt von seiner generellen Unternehmenskultur, welche bereits auf Dezentralität setzt. Eben diese dezentrale Kommunikation hilft dem Rotek-Team, auf LinkedIn unterschiedliche Zielgruppen mit zielgruppenspezifischen Inhalten anzusprechen. Diese Kommunikation gelingt sowohl kundenseitig als auch bewerberseitig, sodass Rotek Motoren bereits neue Mitarbeiter gewinnen konnte, welche via LinkedIn auf das Unternehmen aufmerksam wurden. In Summe lassen sich vier Erfolgsfaktoren festhalten, die zu dem beschriebenen Ergebnis führten:

Kundenorientierung Anstelle der traditionell aktionistischen Vorgehensweise im Marketing basiert das Content Marketing von Rotek Motoren auf klar definierten Personas, wodurch die Kommunikation konsequent auf die Themen, Herausforderungen und Bedürfnisse der unterschiedlichen Zielpersonen zugeschnitten ist. Die dezentrale Vorgehensweise über die Markenbotschafter erlaubt es dem Unternehmen, alle Zielgruppen fokussiert anzusprechen und somit eine hohe Kundenorientierung in der Social-Media-Kommunikation zu realisieren.

Lernen durch Umsetzung Das Team von Rotek Motoren hielt den Planungsprozess bewusst schlank und konzentrierte sich zu Beginn komplett auf das Profil des Geschäftsführers Rolf Treusch. Durch die pragmatische Umsetzung im Content Marketing konnte das Unternehmen schnelle Lerneffekte erzielen und auf Basis des gewonnenen Wissens weitere Profile als Markenbotschafter aufbauen. Darüber hinaus hat das Profil des Geschäftsführers eine

Vorbildfunktion, um Mitarbeitende in anderen Funktionen zur eigenen Umsetzung zu motivieren.

Authentischer Content Die Markenbotschafter von Rotek Motoren setzen in ihrer Social-Media-Kommunikation überwiegend auf authentische Contentformate. Neben der Tatsache, dass Zielgruppen diese Art des Contents auf LinkedIn bevorzugen, hilft die Vorgehensweise den Markenbotschaftern, den Aufwand der Contentproduktion auf das Wesentliche zu reduzieren. So gelingt es dem Team von Rotek Motoren, die auf Social Media benötigte Contentfrequenz trotz überschaubarer Ressourcen zu sichern.

Enge Zusammenarbeit Die Durchführung der Content-Marketing-Aktivitäten bei Rotek Motoren ist determiniert durch eine enge Zusammenarbeit zwischen den Markenbotschaftern und der Marketingabteilung. In Planungs- und Steuerungsfunktion kann das Marketing demnach dafür sorgen, dass das Content Marketing der definierten Gesamtstrategie folgt. Gleichzeitig erhalten die Markenbotschafter die benötigte Unterstützung (Contentplanung und Contentproduktion), um souverän auf LinkedIn aufzutreten.
Daher lassen sich für den B2B-Mittelstand vier abschließende Praxisempfehlungen festhalten:

- Durch Markenbotschafter können unterschiedliche Zielgruppen fokussiert angesprochen werden.
- Qualität vor Quantität: Es bietet sich an, im kleinen Kreis zu starten, um aus der Umsetzung zu lernen.
- Effektive Social-Media-Kommunikation lebt von Pragmatismus statt Perfektionismus.
- Durch dezentrale Kommunikation transformiert sich das Marketing von der reinen Umsetzungs- zur Steuerungsinstanz.

3.8 Digitale Transformation bei formary/ Roland Bittner

Übersicht

Wie kann ein mittelständisches Familienunternehmen in einer stark fragmentierten Branche den Schritt in die digitale Zukunft vollziehen, ohne dabei die eigenen Wurzeln zu verlieren? Formary und die Roland Bittner GmbH stehen exemplarisch für eine gelungene Transformation: Ein tiefgreifender Wandel

des Geschäftsmodells, die Entwicklung einer digitalen Plattform sowie die Integration von Start-up-Dynamik in einem traditionsreichen Unternehmen und
einer traditionellen Branche. Dieser Prozess erfordert Vision, strategisches Vorgehen und eine enge Zusammenarbeit der beteiligten Teams. Dieses Praxiskapitel basiert auf einem Interview mit Lisa-Marie Bittner, Co-Founder von formary
und CEO der Roland Bittner GmbH. Vielen Dank für die Mitwirkung und die
aufschlussreichen Einblicke.

- Unternehmen: formary, Roland Bittner GmbH
- Branche: Herstellung von Verpackungen und Behältnissen
- Unternehmensgröße: 11–50 Mitarbeitende
- Marketingabteilung: 3 Mitarbeitende
- Ansprechpartner: Lisa-Marie Bittner, Co-Founder formary, CEO Roland Bitt-
  ner GmbH
- Integrierte Funktionsbereiche: Vertrieb, Marketing, Operations, Produktent-
  wicklung

Die Roland Bittner GmbH, gegründet 1985, ist ein mittelständisches Familienunternehmen, das sich auf die Herstellung technischer Kunststoffteile
und Verpackungslösungen spezialisiert hat. Über Jahrzehnte hinweg hat das
Unternehmen eine starke Marktposition in der Produktion von Tiefzieh-
teilen aufgebaut und bietet zusätzlich Lohnverpackungsservice für Kunden
an. Mit einem Team von knapp 30 Mitarbeitenden, von denen der Großteil
mittlerweile für die firmeneigene Marke formary tätig ist, steht die Roland
Bittner GmbH für Tradition und Fachkompetenz in der Fertigungstechno-
logie.

Formary wurde 2021 initiiert, um auf die sich wandelnden Anforderungen der Branche zu reagieren und gleichzeitig in einer branchenspezifischen
Pionierphase die Chancen der Digitalisierung zu nutzen. Ziel war es, eine
digitale Beschaffungsplattform zu entwickeln, die vor allem die Intransparenz und die Fragmentierung des Tiefziehmarktes adressiert. Mit einem
Netzwerk von über 70 Herstellern und 350 Maschinen bietet formary eine
Lösung, die Kunden und Lieferanten effizient miteinander verbindet und
den gesamten Prozess von der Produktkonfiguration über das Lieferantenmatching bis hin zur Auslieferung abbildet und optimiert.

Besonders bemerkenswert ist der hybride Ansatz, den das Unternehmen
verfolgt. So bringt das Team inmitten der Stabilität und Bodenständigkeit
eines mittelständischen Familienunternehmens die Agilität eines Start-ups
unter. Die Plattform agiert nicht als Marktplatz, sondern als Schnittstelle zu
einem angebundenen Lieferantennetzwerk und als Vertragspartner für Kunden und Lieferanten über den gesamten Kaufprozess hinweg, was eine recht-
lich sichere und nahtlose Transaktionsabwicklung ermöglicht.

3.8.1 Ausgangssituation und Herausforderungen des Tiefziehmarktes

Das Team der Roland Bittner GmbH ist ein etablierter Player auf dem Tiefziehmarkt. In der Natur dieses Marktes liegt eine starke Fragmentierung und Intransparenz. Mit über 800 bis 1000 Tiefziehunternehmen allein in Deutschland handelt es sich um einen von kleinen und mittelständischen Unternehmen dominierten Sektor. Die meisten dieser Betriebe beschäftigen zwischen 15 und 50 Mitarbeitende und verfügen über hoch spezialisierte Maschinenparks. Trotz ihrer (z. T. nischigen und einzigartigen) Expertise kämpfen viele dieser Unternehmen mit ähnlichen Problemen: Unzureichende Marktsichtbarkeit, ineffiziente Beschaffungsprozesse und ein hoher Preisdruck durch Konkurrenz in unmittelbarer geografischer Nähe. Für Kunden wiederum ist es schwierig, den passenden Hersteller zu finden, der ihre spezifischen Anforderungen erfüllt.

Für die Roland Bittner GmbH gingen damit spezifische Risiken einher: Die Abhängigkeit von wenigen Großkunden führte zu einem sogenannten „Klumpenrisiko", da der Verlust eines dieser Kunden erhebliche Umsatzeinbußen zur Folge haben würde. Darüber hinaus war der Maschinenpark des Unternehmens stark auf konstante Auslastung angewiesen, was zusätzliche Belastungen für das Management mit sich brachte. Die Geschäftsführung, die sich gerade in einem Generationswechsel zur zweiten Generation befand, erkannte zudem, dass das bisherige Geschäftsmodell wenig skalierbar war und stark auf inkrementellen Innovationen beruhte. Traditionelle Investitionen in neue Maschinen oder Produktionsverfahren waren zwar ein Mittel, um wettbewerbsfähig zu bleiben, boten jedoch keine langfristige Sicherheit, insbesondere angesichts steigender Energiepreise und der aktuellen wirtschaftlichen Unsicherheiten.

Dem entgegen standen und stehen disruptive Geschäftsmodellinnovationen entlang digitaler Plattformen. Auch wenn solche Themen in einem traditionellen Segment wie der Tiefziehbranche zunächst abwegig erscheinen, ließen sich doch ähnliche Umsetzungen in verwandten Branchen beobachten. Beispiele wie Laserhub in der Metallbranche oder Xometry im 3D-Druck zeigten, wie Plattformmodelle etablierte Strukturen revolutionieren konnten, indem sie Transparenz und Effizienz schufen. Diese Entwicklungen dienten nicht nur als Vorbild, sondern erhöhten auch den Druck auf traditionelle Unternehmen, ihre Geschäftsmodelle zu überdenken, bevor sie ihre Marktposition in die Hand externer Plattformen legen.

Angesichts dieser Ausgangssituation war dem Management klar: Inkrementelle Innovationen würden an dieser Stelle nicht ausreichen. Der Schlüssel lag in einer radikalen Transformation des Geschäftsmodells, das sich auf die Digitalisierung und die Optimierung von Beschaffungsprozessen stützen sollte. Letztlich sollte die Schaffung einer eigenen Plattform nicht nur Marktanteile sichern, sondern das Unternehmen für eine digitale Zukunft rüsten.

3.8.2 Umsetzung der digitalen Transformation bei formary

Die Entwicklung von formary begann mit einem MVP (Minimum Viable Product). Da das Familienunternehmen zu diesem Zeitpunkt über keine eigenen Softwareentwickler verfügte, wurde zu Beginn ein externer Dienstleister mit der Entwicklung der Plattform beauftragt. Dieser entwickelte eine Basisversion der Plattform, welche zunächst lediglich einen Konfigurator und eine einfache Website umfasste (vgl. Abb. 3.16). Dies erlaubte es, schnell erste Anfragen zu generieren und das Konzept der Plattform direkt am Markt zu testen. Ein zentraler Fokus lag darauf, schnellstmöglich einen Proof of Concept zu erbringen. Man entschied sich daher bewusst gegen langwierige Planungsphasen und für eine „Test-and-Learn"-Herangehensweise, um schnell Feedback vom Markt einzuholen. Dies bedeutete auch, dass anfangs viele Prozesse hinter dem MVP manuell ausgeführt wurden, um die Flexibilität und das Tempo zu erhöhen sowie die Entwicklungskosten überschaubar zu halten.

Nach erfolgreichem Proof of Concept wurde der Fokus neu gelegt: Nun ging es primär um den Aufbau interner Kompetenzen. Ein eigenes Produktteam wurde zusammengestellt, bestehend aus Softwareentwicklern und Data Scientists. Während sich die Entwickler auf die Weiterentwicklung der Plattform konzentrierten, entwickelten die Data Scientists erste Algorithmen für das Lieferantenmatching und die Optimierung von Prozessen. Ein weiterer Schritt war die Anbindung eines Systems zum Customer-Relationship-Management (CRM). Der Nutzen des Systems bestand vor allem darin, Kundenanfragen effizienter zu bearbeiten und Prozesse wie Kalkulation und Angebotserstellung zu automatisieren. Durch die Automatisierung konnten sich die Mitarbeitenden im Vertrieb stärker auf die direkte Kundenbetreuung konzentrieren, was die Vertriebsleistung insgesamt steigerte.

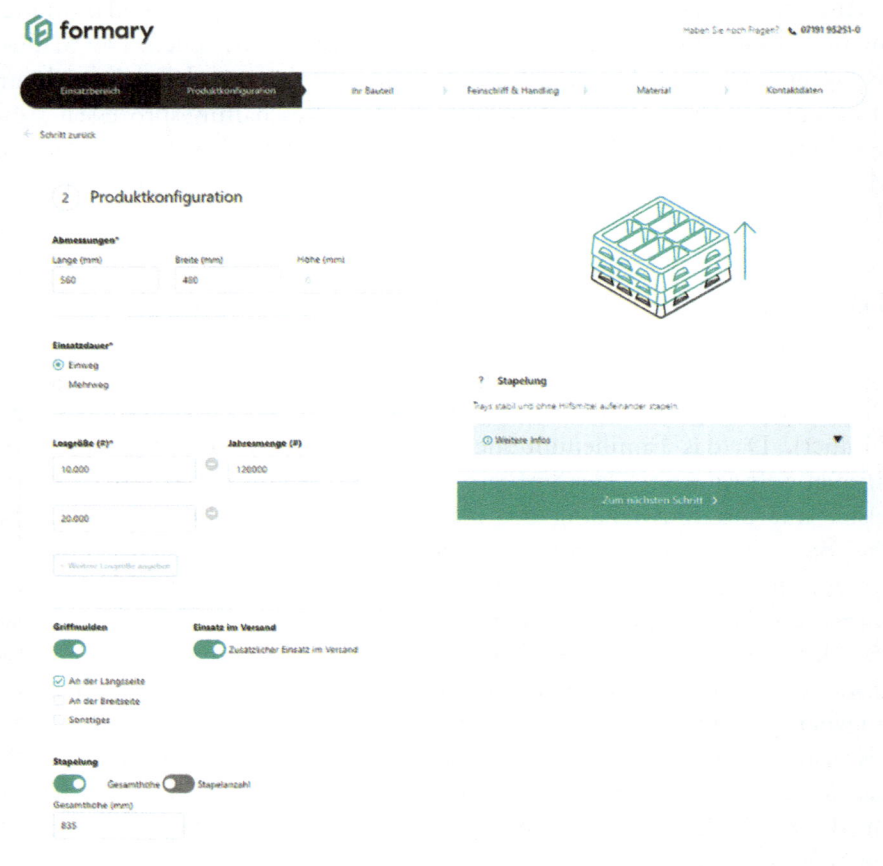

Abb. 3.16 Auszug (Produkt(grund)konfiguration) aus dem MVP von formary

Während die gesamte Entwicklung von formary für ein Softwareunternehmen typisch wäre, ist sie für ein Industrieunternehmen eher untypisch. So setzte und setzt das Team konsequent auf agile Entwicklungsmethoden. Kundenfeedback wird systematisch in die Plattformentwicklung integriert, um sicherzustellen, dass die Funktionen den tatsächlichen Bedürfnissen des Marktes entsprechen. Discovery-Calls mit Kunden und regelmäßige UX-Tests (User Experience) waren und sind feste Bestandteile des Prozesses. Auch intern wurde eine starke Feedbackkultur etabliert. Regelmäßige Workshops zwischen den Bereichen Vertrieb, Marketing, Operations und Produktentwicklung förderten den Austausch und die sukzessive Verbesserung der Prozesse. Ziel war es, die Plattform so zu gestalten, dass sowohl die Nutzer (Kunden und Lieferanten) einen stetig steigenden Mehrwert erleben als auch interne Teams möglichst effizient arbeiten können.

Das Produkt als solches ist jedoch nur die halbe Miete. So galt es nicht nur Effizienz in der Auftragsabwicklung zu schaffen, sondern auch gezielt Neugeschäft zu generieren. In den ersten Phasen der Umsetzung setzte das Team von formary auf eine Inbound-Vertriebsstrategie. Der Fokus lag auf Inbound-Anfragen, die vor allem durch Suchmaschinenoptimierung (SEO) und digitale Anzeigenkampagnen generiert wurden. Später ergänzte man dies durch eine strukturierte Outbound-Strategie, um gezielt neue Kundengruppen anzusprechen. Auch Gated-Content-Maßnahmen wie technische Design-Guides und branchenspezifische Whitepaper wie Webinare erwiesen sich als effektiver Weg, um Leads für die Plattform zu generieren (vgl. Abb. 3.17). Parallel dazu wurden PR-Aktivitäten und Fachartikel genutzt, um die langfristige Sichtbarkeit in der Zielbranche zu erhöhen.

Ein weiteres zentrales Ziel des Projekts ist die Integration von Machine-Learning-Algorithmen in die Plattform, um sowohl die Performance als auch die User Experience signifikant zu verbessern. Die Entwicklung solcher Algorithmen befand sich zum Zeitpunkt des Praxisinterviews in der Beta-Phase, wurde jedoch bereits intern getestet. Zusammen mit einem Forschungsinstitut arbeitet das Team an der Verfeinerung dieser Technologien, um sie im Laufe des Jahres 2025 vollständig in der Plattform einzubinden.

Abb. 3.17 Gated-Content-Beispiel „Design Guide für Ihre Tiefziehteile" von formary

Dies zahlt auf die langfristige Vision ein, den Beschaffungsprozess durch intelligente Automatisierung immer effizienter für alle Beteiligten (Kunden, Lieferanten und formary selbst) zu gestalten. Letztlich gelingt dies, indem eine klare Strategie mit einer pragmatischen, iterativen Umsetzung kombiniert wird, die einen konsequenten Fokus auf Markt- und Kundenbedürfnisse erlaubt. So ist die geschaffene Plattform heute nicht nur ein Produkt, sondern das Herzstück eines vollständig transformierten Geschäftsmodells.

3.8.3 Kritische Würdigung unter Berücksichtigung von Marketing Centricity

Die Transformation von einem reinen Fertigungsunternehmen zum digitalen Plattformanbieter verläuft nicht ohne Herausforderungen. Eine solch radikale Veränderung des Geschäftsmodells birgt vor allem das große Risiko der Marktannahme. Inwiefern Kunden und Lieferanten die Plattform und die damit einhergehenden Services nutzen würden, ließ sich zu Beginn der Entwicklung nur schwer vorhersagen. Umso wichtiger waren der Aufbau und die Weiterentwicklung einer Feedbackkultur als Basis für einen konsequenten Innovationsgedanken im Unternehmen. Agile Entwicklungszyklen, Minimalprodukte (MVPs) und schnelle Markttests direkt am Kunden waren und sind der Schlüssel, um diese Kultur im Unternehmen zu verankern. So verankert formary den Kerngedanken marktorientierter Unternehmensführung – und somit den Kerngedanken von Marketing Centricity – in seinem Geschäftsmodell.

Letztlich sind es nicht nur die Marketing- und Vertriebsteams, die einen direkten Draht zum Markt haben, sondern alle am Produkt und an den Prozessen beteiligten Teams. Durch schlanke Teamstrukturen, regelmäßige Feedback Loops und gezielte Nutzung diverser Kontaktpunkte zum Markt (sowohl Marketingmaßnahmen als auch Kundengespräche etc.) realisiert formary Marktorientierung im Arbeitsalltag der Teams. Dabei profitiert das Unternehmen von den Grundlagen agiler Softwareentwicklung und bringt diese Vorgehensweisen in eine traditionelle industrielle Branche. Für den B2B-Mittelstand lassen sich daher fünf abschließende Praxisempfehlungen festhalten:

- Baue MVPs, um möglichst schnell Marktfeedback erhalten zu können.
- Sobald ein Proof of Concept existiert, baue konsequent internes Knowhow aus.
- Konstruktive Feedbackkultur ist der Schlüssel zu marktorientierter Innovation.

- Ermögliche allen Teams den direkten Kontakt zu Kunden und zum Markt.
- Nutze agile Entwicklungszyklen, um regelmäßig Tests durchführen zu können.

Literatur

Buch

Kotler, P., & Armstrong, G. (2018). *Principles of marketing* (17. Aufl.). Pearson Education.
Reichheld, F. F., & Teal, T. (1996). *The loyalty effect: The hidden force behind growth, profits, and lasting value.* Harvard Business School Press.

Homepage/Unternehmen als Quelle (kein Autor)

Bain & Company. (2020). *Customer loyalty in banking: Global edition.* https://www. bain.com/insights/customer-loyalty-in-banking-global-edition. Zugegriffen: 21. Febr. 2025.
LinkedIn. (2025). *LinkedIn Content Heiko Gevert.* https://www.linkedin.com/in/ heiko-gevert/recent-activity/all. Zugegriffen: 26. Jan. 2025.
LinkedIn. (2025). *LinkedIn Content Martin Schulz.* https://www.linkedin.com/in/ martin-schulz-3a96b3203/recent-activity/all. Zugegriffen: 18. Jan. 2025.
LinkedIn. (2025). *LinkedIn Content Peter Schmüser.* https://www.linkedin.com/in/ peter-schm%C3%BCser/recent-activity/all. Zugegriffen: 26. Jan. 2025.
LinkedIn. (2025). *LinkedIn Content Rolf Treusch.* https://www.linkedin.com/in/rolf-treusch/recent-activity/all. Zugegriffen: 18. Jan. 2025.
LinkedIn. (2025). *LinkedIn Profil Lina Elsner.* https://www.linkedin.com/in/lina-elsner. Zugegriffen: 18. Jan. 2025.
Titgemeyer GmbH & Co. KG. (2025). *Pull-Link PB50 Akku-Blindnietwerkzeug.* https://www.titgemeyer.com/fileadmin/titgemeyer/downloads/befestigungstechnik/verarbeitungstechnik/katalog/de/Tb1591D.pdf. Zugegriffen: 22. Febr. 2025.

4

Bereit für Marketing Centricity im B2B-Mittelstand?

Zusammenfassung Was nehmen wir aus diesem Buch mit? Bei aller Erfahrung und Hingabe, die in die Entwicklung von Marketing Centricity geflossen ist, handelt es sich dennoch um ein abstraktes Modell, welches erst dann zum Leben erweckt wird, wenn Unternehmen im B2B-Mittelstand (etwa anhand der konkreten Anwendungsfälle und Empfehlungen) mit der Umsetzung beginnen. Im letzten Kapitel haben wir gesehen, dass es bereits Vorreiter in unterschiedlichen Themen gibt. Jetzt gilt es darauf aufzubauen, um den B2B-Mittelstand für aktuelle und künftige Herausforderungen zu rüsten. In diesem letzten Kapitel schauen wir uns an, wie wir dies auf unterschiedlicher Ebene (Implikationen fürs Management, Implikationen für Marketingleiter, Implikationen für Marketing Manager) realisieren können.

Es ist ein schöner Gedanke, dieses Buch mit einer Schritt-für-Schritt-Anleitung als Masterplan für Marketing Centricity abzuschließen. Doch wie das häufig mit schönen Gedanken so ist: Sie sind nicht realistisch. Jeder Junior-Consultant lernt in seinen ersten Wochen im Job: Die beste Beraterantwort ist „Es kommt drauf an". Und tatsächlich: Pauschalisierung kann es hier nicht geben. Jedes Team und jede Organisation muss – wie das bei vielen anderen Transformationen auch der Fall ist – seinen eigenen Weg finden (Vgl. Kröger & Marx, 2024, S. 207). Was nicht bedeutet, dass es keine hilfreichen Leitplanken gibt, um den eigenen Weg zu finden. Abschn. 2.2.5 fasst bereits konkrete Schritte zum Start der Umsetzung von Marketing Centricity zusammen. In diesem letzten Kapitel möchten wir nochmals

T. Fangmann, *Marketing-Centricity im B2B-Mittelstand*, https://doi.org/10.1007/978-3-658-48868-0_4

detaillierter auf die Besonderheiten im B2B-Mittelstand eingehen, Stärken und Schwächen beleuchten, Chancen und Risiken identifizieren, um darauf aufbauend konkrete Leitplanken liefern zu können (Vgl. Abb. 4.1). In dem Sinne: Bereit für unser allerliebstes BWL-Instrument? Die SWOT-Analyse (Strenghts, Weaknesses, Opportunities, Threats).

(S) Stärken im B2B-Mittelstand In der internen Perspektive hat Marketing im B2B-Mittelstand kein leichtes Spiel. Dennoch bringen viele mittelständische Unternehmen Grundvoraussetzungen mit, die für die Einführung, Umsetzung und Verankerung von Marketing Centricity wertvoll sind. Während Transformationen in Großunternehmen und Konzernen gerne mal an zig Anträgen, Formularen und Unterschriften von Vorgesetzten scheitern, sind Organisationen im Mittelstand deutlich schlanker aufgestellt. In der Regel gibt es hier wenig Bürokratie, eine überschaubare Hierarchie und vergleichsweise kurze Kommunikations- wie Entscheidungswege. All dies fördert die Integration neuer Themen in eine Organisation. Speziell im Falle von Marketing Centricity ist das föderlich, denn hier steht das Aufbrechen von Silos und Abteilungsgrenzen im Vordergrund. Besser also, wenn die Grenzen überschaubar und von einer nicht allzu großen Zahl bestehender Manager beschützt werden.

Hinzu kommt, dass die Marketingabteilung im B2B-Mittelstand oftmals direkt der Geschäftsführung unterstellt ist. Dieser direkte Draht zum Management ist definitiv von Vorteil, wenn Transformation – vor allem mit abteilungsübergreifenden Auswirkungen – erfolgreich sein soll. Ein weiterer Vorteil liegt im Management selbst, denn der B2B-Mittelstand besteht zu einem Großteil aus familiengeführten Unternehmen. Damit gehen i. d. R. die Eigenfinanzierung des Unternehmens einher sowie die Unabhängigkeit gegenüber externen Geldgebern oder sonstigen Interessensgruppen. Dies wiederum bedeutet, dass Mittelständler größtenteils autark agieren und Entscheidungen langfristig treffen können.

Mit Blick auf Marketing und Vertrieb fällt die besonders ausgeprägte Vertriebsorganisation in vielen Unternehmen im B2B-Mittelstand auf. Während eine starke Vertriebsorientierung seitens der Marketer gern als große Herausforderung beschrieben wird, sind die Ressourcen, das Know-how und vor allem das direkte Kundenwissen, welches sich aus dem persönlichen – teils jahre- oder jahrzehntelangen – Kontakt mit Bestandskunden ergibt, sehr hilfreich für die Umsetzung von Marketing Centricity. Neben der Vertriebsorganisation steht i. d. R. eine Marketingabteilung, die zwar klein, aber aus diesem Grund auch generalistisch aufgestellt ist. Marketing Manager im B2B-Mittelstand sind kein kleines Rädchen in einem großen Getriebe, son-

(S) STÄRKEN:
Schlanke Organisation, kurze Wege
Persönliche Kundenbeziehungen
Stark ausgeprägter Vertrieb
Marketing direkt an Geschäftsleitung
Marketing generalistisch aufgestellt

(W) SCHWÄCHEN:
Begrenztes Digital- & Daten-Know-how
Marketing spielt untergeordnete Rolle
Begrenzte (Marketing)Ressourcen
Traditionelle Organisation und Führung
Fokus Vertrieb (Bestandskunden)

(O) CHANCEN:
Effizienzsteigerung (Digitalisierung)
Nutzung von Daten zur Marktanalyse
Geringe digitale Eintrittsbarrieren
"Schnell frisst langsam"
Messbarkeit von Marketingmaßnahmen

SO-STRATEGIEN:

Kurze Wege & unbürokratische
Organisation nutzen, um schnell zu
handeln und zu reagieren.

Vertrieb und Kundenbeziehungen
nutzen, um Informationsbasis zu
schaffen und Projekte anzustoßen.

Digitale (Marketing)Ergebnisse direkt an
die Geschäftsleitung berichten, um Wert
der Initiativen aufzuzeigen.

WO-STRATEGIEN:

Digital-Know-how ausbauen, um
Datennutzung zu realisieren, Marketing
messbar zu machen und zu optimieren.

Marketing mittels messbarer Ergebnisse
in der Gesamtorganisation aufwerten.

Neukundenakquise mittels digitaler
Vertriebsmethoden ausbauen und
geringe Eintrittsbarrieren nutzen.

(T) RISIKEN:
Ungewissheit über externe Dynamiken
Globales digitales Wettbewerbsumfeld
Steigende Anforderungen der Kunden
Komplexität durch digitale Vielfalt
Know-how Grenzen: Fachkräftemangel

ST-STRATEGIEN:

Schlanke Organisationsstrukturen
nutzen, um auf Dynamiken und
Veränderungen zu reagieren.

Vertriebsstärke und persönliche
Kundenbeziehungen nutzen, um sich im
globalen Wettbewerb zu behaupten.

Generalistische Marketingrolle nutzen,
um die Vielfalt digitaler Marketingmöglichkeiten zu managen.

WT-STRATEGIEN:

Digital-Know-how ausbauen, um externe
Dynamiken datenbasiert zu verstehen
und zu nutzen.

Marketingfunktion aufwerten und
Ressourcen schaffen, um Position im
digitalen Wettbewerb zu stärken.

Traditionelle Organisationsstruktur
transformieren, um übergreifenden
Wissenstransfer zu ermöglichen.

Abb. 4.1 SWOT-Analyse: Marketing Centricity im B2B-Mittelstand

dern sind qua Jobbezeichnung gezwungen, diverse Marketingdisziplinen als Allrounder in sich zu vereinen. Diese übergreifende Rolle in Kombination mit der Diversität der Marketingaufgaben (von Vertrieb über Markenfüh- rung bis zum Recruiting) ist eine wertvolle Positionierung, um die vorgese- hene Schlüsselposition und Managementrolle des Marketing im Sinne von Marketing Centricity zu erfüllen.

(W) Schwächen im B2B-Mittelstand Während die generalistische Marketin- gabteilung und die direkte Anbindung an die Geschäftsleitung zwar von Vorteil sind, ist in den meisten mittelständischen B2B-Organisationen fest- zuhalten, dass die Marketingfunktion eine untergeordnete Rolle einnimmt.

Die Rede ist von traditionell vertriebsgeprägten Strukturen und von Hidden Champions, die sich in der Vergangenheit wenig bis gar nicht mit systematischen Marketingangelegenheiten auseinandergesetzt haben. Eine starke Vertriebsorientierung (Fluch und Segen zugleich) sowie die häufige Fokussierung auf das Bestandsgeschäft (reaktiver Vertrieb, Key Account Management etc.) sorgen dafür, dass die Marketingfunktion häufig hinter ihren aktuellen Möglichkeiten zurückbleibt.

Gezielte Vermarktungsmaßnahmen – selbst vertriebsorientierte Maßnahmen zur Neukundengewinnung – sind für die wenigsten B2B-Mittelständler täglich Brot. Die begrenzten Ressourcen (personell wie finanziell), die innerhalb der Marketingabteilungen zur Verfügung stehen, sind nur schwer über die Vielzahl der zu bearbeitenden Handlungsfelder aufzuteilen. Entsprechend wenig Spezial-Know-how – bspw. in Bezug auf (fortgeschrittene) Digitaldisziplinen, Data Analytics oder auch Change Management – ist im Marketing und in den Unternehmen generell vorhanden.

Gerade auf Letzteres kommt es jedoch an, wenn man einen Blick auf die häufig vorherrschenden traditionellen Arbeitswelten und Führungsmodelle wirft, die sich im B2B-Mittelstand – vor allem im produzierenden und produktionsnahen Gewerbe – zwar bewährt haben, jedoch entgegen der agilen, interdisziplinären Denk- und Arbeitsweise von Marketing Centricity stehen. Hier sind die traditionellen hierarchischen Systeme und Abteilungsgefüge durchaus als hinderlich einzustufen. Darüber hinaus haben die wenigsten Organisationen im B2B-Mittelstand tiefgehende Erfahrung in der Zusammenarbeit mit diversen ineinandergreifenden externen Zahnrädern (Agenturen und Dienstleister), um Spezial-Know-how gezielt im Rahmen einer sauberen Gesamtstrategie zu orchestrieren.

(O) Chancen im B2B-Mittelstand Während das externe Umfeld (wie in Kap. 1 beschrieben) Marketing Centricity überhaupt erst notwendig macht, bietet der Blick nach außen auch einige Chancen, die im Rahmen der Einführung und Durchführung von Marketing Centricity genutzt werden möchten. Allen voran steht die Digitalisierung mit all ihren Möglichkeiten für den B2B-Mittelstand. So ist festzuhalten, dass digitales Marketing (und auch weitere Digitaldisziplinen) durch Möglichkeiten der – z. T. KI-gestützten – Automatisierung von Prozessen zu einer Effizienzsteigerung führt, was den Faktor „Personal" inmitten des Fachkräftemangels und der begrenzten Personalressourcen im Marketing weniger erfolgskritisch macht. Die Digitalisierung bietet den Unternehmen die Möglichkeit, die eigenen Aktivitäten anhand diverser Daten und Informationen zu steuern und sich somit

lediglich auf die Maßnahmen zu konzentrieren, die wirklich zielführend und wirksam sind. Maßnahmen ohne ausreichende Wirkung können entsprechend angepasst oder gekürzt werden, um Ressourcen für andere Handlungsfelder frei zu machen. Eines dieser Handlungsfelder wäre etwa die systematische Auswertung von Daten zur Markt- und Kundenanalyse.

Zudem zeigt sich, dass die digitale Transformation nicht nur neue Zugänge zu Informationen bietet, sondern auch eine täglich steigende Anzahl neuer Marketingmöglichkeiten (Kanäle, Formate, Inhalte etc.) mit sich bringt. Der Vorteil für den B2B-Mittelstand: Die meisten dieser Möglichkeiten sind mit vergleichsweise geringen Eintrittsbarrieren verbunden. So ist es um ein Vielfaches leichter, mit einem Social-Media-Profil digital loszulegen, als einen Messestand auf der Leitmesse der eigenen Branche zu realisieren oder einen TV-Werbespot zu produzieren.

Zugleich bedeutet dies, dass digitale Märkte und digitales Marketing das wirtschaftliche Machtgefüge zugunsten mittelständischer Unternehmen verändern. So verändern sich die Spielregeln von „klein frisst groß" zu „schnell frisst langsam". Sei es der Aufbau digitaler Vertriebswege oder die Entwicklung digitaler Produkte und Services – ein schlankes, unbürokratisches Vorgehen inkl. Testing und sukzessiver Optimierung zahlt sich für den B2B-Mittelstand aus. All dies geht einher mit einer nie dagewesenen Vielzahl an Analysemöglichkeiten, was die Messbarkeit von Marketingmaßnahmen drastisch erhöht. Das traditionelle Bild vom Marketing als reine Kostenstelle kann durch die Messung der Wirksamkeit von Maßnahmen aufgebrochen werden, um Marketing auch in der internen Wahrnehmung zum Erfolgstreiber zu transformieren.

(T) *Risiken im B2B-Mittelstand* Diverse digitale Möglichkeiten inkl. umfangreicher Daten und Analysen klingen verlockend. Die Kehrseite der Medaille: Eine überwältigende digitale Vielfalt führt zu einer nie dagewesenen Komplexität, mit der es im B2B-Mittelstand umzugehen gilt. Hinzu kommt das Tempo externer Dynamiken in einem globalen Wettbewerbsumfeld. Während sich Mittelständler weltweit mit Marktbegleitern messen, verändern sich digitale Marktmechanismen täglich. Neue Möglichkeiten entstehen, erprobte Methoden büßen an Wirksamkeit ein, bestehende Kanäle verändern sich. Was morgen funktioniert, kann heute noch gänzlich unbekannt sein. Was heute funktioniert, kann morgen schon obsolet sein. Zwar steht die Welt der digitalen Vermarktung allen Unternehmen im B2B-Mittelstand offen, doch es braucht auch die Ressourcen sowie das Know-how, um in dieser Welt Fuß zu fassen.

Der Fachkräftemangel macht es den Unternehmen nicht leichter, das erforderliche Know-how in die Organisation zu bringen. Letztlich bringt Marketing Centricity also immer eine gewisse Ambivalenz mit sich: Auf der einen Seite sorgt es dafür, Komplexität zu bewältigen und die Vermarktung im B2B-Mittelstand effektiv wie effizient zu gestalten, auf der anderen Seite werden eben jene Komplexität sowie natürliche Grenzen (z. B. Know-how) zum größten Risiko in der Umsetzung.

SO-Strategien (Stärken nutzen, um Chancen zu ergreifen) Im Rahmen der SWOT-Analyse tun sich in Summe vier Handlungsfelder auf, um die interne Perspektive (Stärken, Schwächen) mit der externen Perspektive (Chancen, Risiken) zu kombinieren. Das erste Handlungsfeld möchte interne Stärken nutzen, um externe Chancen zu ergreifen. So empfiehlt es sich für B2B-Mittelständler, ihre vergleichsweise schlanke Organisationsstruktur inkl. kurzer Kommunikations- und Entscheidungswege zu nutzen, um Maßnahmen auf dem digitalen Spielfeld deutlich schneller umzusetzen als größere Marktbegleiter, die mitunter durch ihre eigene Bürokratie ausgebremst werden. Geringe Eintrittsbarrieren bei vielen Themen im Digitalmarketing sorgen dafür, dass genau diese Schnelligkeit entscheidender wird als klassische Ressourcenvorteile.

Zudem profitiert der B2B-Mittelstand von der stark ausgeprägten Vertriebsorganisation (v. a. im Bestandskundengeschäft). Der Erfolg diverser aktueller Marketingthemen – sei es bei Inbound-Kampagnen, bei Marketing Automation oder bei Social Selling – ist determiniert durch die Nutzung von Kundenwissen. Dieses Kundenwissen ist oft näher als gedacht. Intensive persönliche Kundenbeziehungen bergen i. d. R. eine Menge wertvoller Informationen, die systematisch in der Initiierung und Durchführung von Marketing-Centricity-Kollaborationen genutzt werden können. Anhand dieser Informationen können nicht nur passende Themen und Handlungsfelder identifiziert, sondern auch die Qualität der Umsetzung optimiert werden, was wiederum die messbaren Ergebnisse verbessert.

Die Möglichkeit, im Rahmen digitaler Marketingfelder eine hohe Messbarkeit der einzelnen Maßnahmen zu erzeugen, lässt sich letztlich gut mit der Tatsache kombinieren, dass die Marketingfunktion im B2B-Mittelstand häufig direkt der Geschäftsleitung unterstellt ist. Gelingt es, den direkten Kontakt zur obersten Entscheiderebene zu nutzen, um belastbare Ergebnisse zu berichten und den Wert von Initiativen aufzuzeigen, stellt dies ein wichtiges Fundament dar, um die Marketingfunktion sukzessiv in der Gesamtorganisation aufzuwerten und gleichzeitig den Rückhalt für weitere Themen und Kollaborationen zu erhalten.

ST-Strategien (Stärken nutzen, um Risiken zu minimieren) Die Stärken des B2B-Mittelstands lassen sich nicht nur nutzen, um Chancen zu ergreifen, sondern auch um Risiken zu reduzieren. So lässt sich der Ungewissheit hinsichtlich externer Entwicklungen und Dynamiken (VUCA-Welt) insofern entgegenwirken, dass Unternehmen ihre o. g. schlanken Organisationsstrukturen nutzen, um schnell und unkompliziert auf Veränderungen zu reagieren. Die Reaktionsgeschwindigkeit ist demnach auch auf diesem Handlungsfeld entscheidend, um sich immer wieder auf veränderte Marktbedingungen einzustellen.

Zu diesen Marktbedingungen gehört v. a. der durch Digitalisierung geprägte globale Wettbewerb. Während die Vielzahl weltweit agierender Konkurrenzunternehmen eines der größten Risiken für mittelständische Unternehmen darstellt, können diese Unternehmen ihre starken persönlichen Kundenbeziehungen nutzen, um sich durch Vertriebsstärke einen Wettbewerbsvorteil zu verschaffen. Speziell dann, wenn Produkte rein technologisch austauschbarer werden und Innovationen schnell kopierbar sind, kann die Ausgestaltung des Vertriebs zum entscheidenden Alleinstellungsmerkmal werden. Persönlicher und digitaler Vertrieb schließen sich an der Stelle nicht aus. Vielmehr können sie wertvolle Synergien ergeben.

Hinzu kommt die generalistische Rolle des Marketing im B2B-Mittelstand. Häufig als „eierlegende Wollmilchsau" missverstanden, bringen die Marketinggeneralisten einen entscheidenden Vorteil mit sich: Durch ihre breite Aufstellung kennen sie sich in einer Vielzahl von Marketingthemen aus, wenngleich dieses Wissen selten so sehr in die Tiefe geht wie bei einem Spezialisten für eine einzige Marketingdisziplin. Eine solche Tiefe benötigt es jedoch in vielen Fällen gar nicht, um die richtigen Themen zu identifizieren und eine adäquate Umsetzung im Unternehmen zu steuern. Während also Marketinggeneralisten das Management diverser Disziplinen im Rahmen von Kollaborationen übernehmen, können je nach Handlungsfeld immer diejenigen Spezialisten (intern wie extern) hinzugezogen werden, die es gerade benötigt, um den nächstlogischen Schritt zu gehen. Statt der eierlegenden Wollmilchsau oder dem Erfüllungsgehilfen entwickeln wir die Marketer zu Koordinatoren von Marketing Centricity.

WO-Strategien (Schwächen reduzieren, um Chancen zu nutzen) Während die SWOT-Analyse vorsieht, Stärken gezielt zu nutzen, ergeben sich außerdem Handlungsfelder auf Basis von Schwächenreduktion. Im B2B-Mittelstand ist das begrenzte Digital-Know-how eine Schwäche, die es zu reduzieren lohnt. Gezielte Maßnahmen zum Ausbau der Digitalkompetenzen – sowohl in der Marketingabteilung als auch in anderen Funktionsbereichen – sorgen dafür, dass die Chancen, die sich aus der Auswertung digitaler Daten und Informationen ergeben (bspw. zur Marktanalyse oder Optimierung von Maßnahmen), besser genutzt werden können. Dies wiederum wirkt sich positiv auf die interne Argumentationsstärke des Marketing aus, denn Digitalkompetenz sorgt dafür, dass Maßnahmen mittels Datenanalyse messbar und der Impact des Marketing auf Geschäftsergebnisse transparent gemacht werden.

All dies fördert die Aufwertung der Marketingfunktion in der Gesamtorganisation, was wiederum das Fundament darstellt, um überhaupt die koordinierende Schlüsselrolle im Rahmen von Marketing Centricity einzunehmen. Zuletzt ermöglichen es die geringen Eintrittsbarrieren und unterschiedlichen Möglichkeiten im digitalen Marketing und Vertrieb, den im B2B-Mittelstand bis dato unterrepräsentierten Bereich der systematischen Neukundenakquise auszubauen und sich als Unternehmen unabhängiger vom Bestandskundengeschäft zu machen. Solche vertriebsorientierten Kollaborationen können schließlich die benötigten Ergebnisse hervorbringen, um relevante Stakeholder zu überzeugen und Marketing Centricity weiter in die Organisation zu tragen.

WT-Strategien (Schwächen reduzieren, um Risiken zu minimieren) Zuletzt lassen sich Schwächen im B2B-Mittelstand ebenfalls reduzieren, um Risiken entgegenzuwirken. Schließlich lassen sich die Dynamiken globaler, digitaler Märkte mit zunehmender Komplexität immer schwieriger nachvollziehen. Der Ausbau von Digitalkompetenz in den eigenen Reihen sorgt dafür, dass immer mehr Daten genutzt werden können, um ein tieferes Verständnis für externe Entwicklungen zu gewinnen.

Gelingt wiederum durch Kompetenzaufbau und weitere gezielte Maßnahmen (bspw. Realisierung von Kollaborationen, die zu belastbaren Ergebnissen führen) die Aufwertung der Marketingfunktion in der Gesamtorganisation, stellt dies eine gute Grundlage dar, um dort neue Ressourcen zu schaffen, mit diesen Ressourcen weitere Initiativen zu starten und letztlich die eigene Position im globalen Wettbewerb zu stärken. All dies lässt sich schließlich umso effektiver umsetzen, wenn Unternehmen im B2B-Mittelstand ihre mitunter traditionelle Organisationsstruktur überdenken und zielführend transformieren, um agile, interdisziplinäre Zusammenarbeit zu ermöglichen und dadurch den Wissenstransfer innerhalb der Organisation und darüber hinaus zu beschleunigen.

Die vier Handlungsfelder der SWOT-Analyse verdeutlichen, wie stark all die internen und externen Faktoren in einer Wechselwirkung zueinander

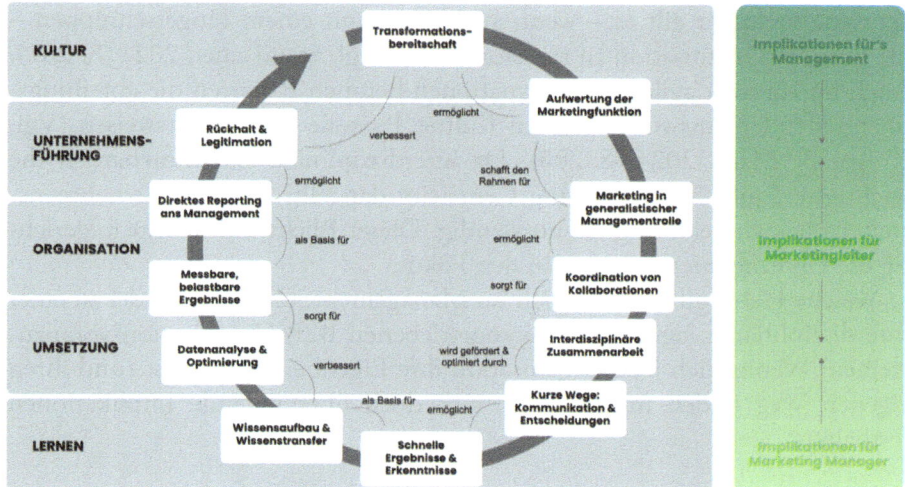

Abb. 4.2   Marketing-Centricity-Regelkreis im B2B-Mittelstand

stehen. Es ergibt sich ein Regelkreis, der als Basis für alle folgenden Implikationen – sowohl auf strategischer Management- als auch auf operativer Marketingebene – dient (Vgl. Abb. 4.2).

4.1   B2B-Mittelstand der Zukunft: Implikationen fürs Management

Es sind herausfordernde Zeiten für Unternehmer, Geschäftsführer und Manager im B2B-Mittelstand. Umso relevanter wird es im Rahmen der Unternehmensführung, flexibel auf Marktdynamiken zu reagieren und Vermarktung auf allen Ebenen sowie in alle Richtungen effektiv zu gestalten. Marketing Centricity ist ein Weg, genau dies zu tun. Dabei gilt zu beachten: Marketing Centricity bedeutet Veränderung. Veränderung bzw. Transformation beginnt auf oberster Führungsebene. Die B2B-Unternehmensführung der Zukunft beeinflusst demnach das B2B-Marketing der Zukunft.

Warum ist das so? Bereits im Rahmen von Customer Centricity/Kundenorientierung – Marketing Centricity folgt den wesentlichen Grundsätzen dieser Denkweise – erkennen Experten, dass eine Konzentration auf einzelne Bereiche (etwa nur die Transformation der Marketingabteilung) nicht ausreicht, um die gewünschten Effekte in der Organisation und am Markt zu erzielen. Vielmehr gilt es – wenn auch nicht mit einem Fingerschnippen – die gesamte Organisation zu transformieren (Vgl. Staudacher, 2021, S. 281). Auch im Kontext agiler Transformationen betonen Experten die abteilungsübergreifenden Auswirkungen auf Kultur, Prozesse und Arbeitsweisen (Vgl. Kröger & Marx, 2024, S. 208). Da interdisziplinäre Zusammenarbeit die wichtigste Säule von Marketing Centricity darstellt, ist ein unternehmensweiter Blickwinkel zwingend notwendig. Dieser Blickwinkel rückt folgerichtig die Unternehmensführung in den Fokus.

Welche Hebel gibt es demnach im Management, um den Wandel zu einer interdisziplinären, agilen und datengetriebenen B2B-Organisation voranzutreiben? Wenngleich jede Organisation ihre Eigenheiten aufweist (und ihren eigenen Weg finden muss), lassen sich doch übergreifende Implikationen festhalten.

1. Begrüße Transformation im Unternehmen

Veränderung ist keine exklusive Aufgabe der Geschäftsführung. Veränderung sollte vielmehr in der DNA einer jeden Organisation stecken, um im Sinne von „schnell frisst langsam" in hoher Reaktionsgeschwindigkeit auf Marktveränderungen reagieren und die Organisation entsprechend anpassen zu können. Damit ein solches Mindset allerdings in Fleisch und Blut übergeht, muss es aus der Geschäftsführung heraus begrüßt werden. Ein Narrativ à la „alles bleibt hier, wie es ist" ist tödlich für zukunftsfähiges Marketing in sämtlichen Unternehmensbereichen. Vielmehr gilt es Mitarbeitende – im Falle von Marketing Centricity werden es vor allem diejenigen in und um die Marketingabteilung herum sein – zu ermutigen, neue Arbeitsweisen zu erproben, über Abteilungsgrenzen hinaus zu kollaborieren, marktrelevanten Themen explorativ zu begegnen und anhand reeller Umsetzung zu lernen.

Transformationsbereitschaft ist demnach der initiale Dominostein im Regelkreis für Marketing Centricity. Leichter gesagt als getan, denn es geht natürlich nicht darum, „Transformation" als großes Schlagwort auf die Website und das schwarze Brett zu schreiben. Wie so oft wiegen Taten schwerer als Worte. Es gibt diverse Wege, um managementseitig Bereitschaft zu signalisieren und Transformation zu begrüßen. Folgende Beispiele können als Anhaltspunkte in der Praxis dienen:

- Marktveränderungen und deren Auswirkungen proaktiv kommunizieren.
- Transparenz über aktuelle Veränderungen und deren Ergebnisse schaffen.
- Internes Marketing für Ergebnisse und Erfolge von Veränderungsprozessen.

- Möglichkeiten für Mitarbeitende installieren, um unkompliziert Feedback und Ideen zu geben.
- Status quo proaktiv und ergebnisoffen mit den Mitarbeitenden diskutieren.
- Schulungsangebote für Mitarbeitende zu zukunftsrelevanten Themen schaffen.
- Anreize schaffen (Belohnungen, Entwicklungsmöglichkeiten), um Engagement zu würdigen.
- Bürokratische oder hierarchische Hürden für Mitarbeitende erkennen und reduzieren.

Letztlich ist es diese Transformationsbereitschaft, die es überhaupt erst ermöglicht, dass die Marketingfunktion aus ihrer traditionellen Rolle des Erfüllungsgehilfen herauswächst, in der Gesamtorganisation aufgewertet wird und somit der Managementrolle im Sinne von Marketing Centricity gerecht werden kann.

2. Fordere die strategische Rolle des Marketing ein

Transformationsbereitschaft ist die Basis. Darüber hinaus empfiehlt sich jedoch eine proaktive Herangehensweise: Transformation nicht nur begrüßen, sondern einfordern. Das bedeutet mit Blick auf die Marketingfunktion einen Wandel vom reinen „Umsetzer" zum Manager und Strategen. Für viele Marketer im B2B-Mittelstand dürfte dies das Verlassen der Komfortzone und das Betreten eines unbekannten Terrains bedeuten. Wenngleich vielerorts die Aufwertung der Marketingfunktion gefordert wird, sollten wir nicht die Herausforderungen außer Acht lassen, die damit einhergehen. Die vorhergehenden Kapitel haben auf unterschiedliche Art und Weise gezeigt, welchen Wertbeitrag Marketing leisten kann. In strategischer Rolle wird die Marketingfunktion nun (z. T. erstmals) gefordert sein, dies auch zu tun.

Aus Managementperspektive ergibt sich die Notwendigkeit, eine klare Marketingstrategie einzufordern, die auf die Ziele und Strategie des Unternehmens einzahlt (Vgl. Abschn. 2.2.5). Dies ist wichtig, damit der Wandel der Marketingfunktion beidseitig gestützt wird: Bottom-up durch einen Push der Marketingverantwortlichen, und Top-down durch einen Pull aus dem Management. Beidseitiges Commitment auf eine veränderte Rolle des Marketing im B2B-Mittelstand erhöht die Wahrscheinlichkeit, dass sich die Veränderung nachhaltig in der Organisation verankert.

Darüber hinaus sollte ein besonderes Augenmerk darauf gelegt werden, die Marketingfunktion (wie auch immer sie in der jeweiligen Organisation aufgestellt ist) zur Strategieentwicklung zu befähigen. In erster Linie gilt es

Transparenz in Form von Informationen zu schaffen, etwa hinsichtlich der aktuellen Marktsituation, der Unternehmensstrategie und der damit einhergehenden Ziele. Die Praxis zeigt, dass gerade hier häufig ein Informationsdefizit vorliegt. Transparenz und offene Kommunikation zwischen Managementebene und Marketingfunktion sind der Nährboden für alle folgenden Implikationen.

3. Hinterfrage bestehende Maßnahmen konsequent

Es gibt einen Satz in der Praxis des B2B-Mittelstands, der jegliche Bemühungen in Richtung Marketing Centricity im Keim erstickt: „Das haben wir schon immer so gemacht." Sofern ein solcher Satz – egal ob explizit geäußert oder implizit mitschwingend – im Raum steht, sollten managementseitig die Alarmglocken läuten. Fakt ist: Marketing Centricity ist speziell für die Marketingfunktion/Marketingabteilung eine große Umstellung inkl. einer Vielzahl neuer Aufgaben. Dem stehen Schreibtische in den Marketingbüros entgegen, die bereits heute voll von (meist operativen) Aufgaben sind. Nur logisch, dass die reine Erweiterung des Aufgabenfeldes zum Scheitern verurteilt ist. Überforderung, oberflächliche Herangehensweisen und mangelhafte Ergebnisse werden die Konsequenz sein.

Um dies aus Managementperspektive zu verhindern, lohnt sich ein kritischer Blick auf alle aktuellen Maßnahmen, in welche das Marketing involviert ist. Praktisch ausgedrückt: Jede Messe, jede operative Zuarbeit, jede Social-Media-Aktivität und jedes andere (interne wie externe) Marketing-to-Do darf und sollte auf den Prüfstand gestellt werden.

- Welche Ressourcen (Zeit und Geld) fließen in welches Thema?
- Welchen Wert erzeugen diese Maßnahmen wirklich?
- Inwiefern zahlen diese Maßnahmen auf die gesteckten Ziele ein?
- Wo entstehen Opportunitätskosten, weil Ressourcen gebunden sind und sich nicht um andere zukunftsrelevante Themen kümmern können?

Diese Fragen sollten sich gemeinsam mit Marketing, Vertrieb und Co. gestellt werden. Speziell aus dem Management heraus sollte klar kommuniziert sein: Nichts ist in Stein gemeißelt. Alles kann verändert werden, wenn es dem Fortschritt des Unternehmens dient.

4. Synchronisiere die Führungsmannschaft (speziell Marketing und Vertrieb)

Ein zentrales Credo von Marketing Centricity lautet: Schluss mit Silodenken und Zielkonflikten zwischen den Abteilungen. Besonders die Abteilungen

Marketing und Vertrieb sind prädestiniert dafür, sich in den Zielen und Vorgehensweisen uneinig zu sein. Klassiker wie „Kurzfristiger Vertriebserfolg vs. Langfristige Markenwirkung" oder „Analoger Vertrieb vs. Digitales Marketing" stellen Blockaden für interdisziplinäre Zusammenarbeit dar, die es einzureißen gilt.

Am Ende des Tages arbeiten beide Abteilungen (und natürlich auch alle anderen Funktionsbereiche) gemeinsam am Kunden und am Markt. Zielsynchronisierung ist ein logischer Erfolgsfaktor, um die Arbeit in Kollaborationen zu ermöglichen und zu optimieren. Managementseitig ergibt sich die Möglichkeit, dies innerhalb der Führungsebene zu tun. So sollte die Marketingstrategie nicht nur klar zwischen Unternehmensführung und Marketing abgestimmt sein, sondern auch von relevanten Stakeholdern wie etwa der Vertriebsleitung oder der Personalleitung getragen werden. Allen Akteuren innerhalb der Führungsmannschaft sollte der langfristige Weg (inkl. Lern- und Anpassungszyklen – siehe OKR-Methodik), die sich ergebenden Handlungsfelder, die anvisierten Kollaborationen, die resultierenden Aufgaben und die benötigten Ressourcen klar sein. Dabei ist es besonders ratsam, die Stakeholder aktiv in die Strategieentwicklung einzubinden, um Verständnis zu schaffen, Expertise und Erfahrung zu bündeln sowie die Wahrscheinlichkeit zu erhöhen, dass zentrale Schlüsselpositionen auch in schwierigen Situationen (bspw. bei knappen Ressourcen) hinter der Strategie stehen.

5. Ermögliche interdisziplinäre Zusammenarbeit
Kollaboration zwischen Abteilungen ist im B2B-Mittelstand nichts Neues. Große Vorteile mittelständischer Unternehmen sind (wie bereits beschrieben) die unkomplizierten Kommunikationswege und die Nähe (organisatorisch und z. T. auch räumlich) zwischen den Funktionsbereichen. Vorhandenes Silodenken ist zwar nicht zu unterschätzen, doch es ist mit weit weniger Bürokratie und Politik behaftet, als dies bspw. in Großkonzernen der Fall ist.

Ein Großteil der Kollaboration findet jedoch implizit statt. Funktionsbereiche tauschen sich aus und arbeiten gemeinsam an Themen, weil der Arbeitsalltag es erfordert. Die explizite interdisziplinäre Zusammenarbeit im Rahmen von Marketing-Centricity-Kollaborationen stellt eine Errungenschaft dar, die es über die implizite Zusammenarbeit hinaus zu erreichen gilt. Dabei definieren sich die Kollaborationen als weit intensiver, als es die Zusammenarbeit im Tagesgeschäft ist. Der Intensität gilt es auf Managementebene Rechnung zu tragen.

So ist es ratsam, die Kollaborationen, die sich aus der Marketingstrategie ergeben, mit einem klaren Reporting zu belegen. Fortschritt, Ergebnisse und

v. a. Erkenntnisse werden in abgestimmten Zyklen auf oberster Managementebene berichtet, um Zwischenstände zu diskutieren, nächste Schritte zu fixieren und Informationen zwischen den Funktionsbereichen zu teilen. Ein solches Reporting (bspw. OKR-Review) schafft den nötigen Raum, um Hindernisse (wie Zielkonflikte, fehlende Ressourcen, mangelhafte Zusammenarbeit) transparent zu machen und Lösungen zu finden. Erfahrungen zeigen, dass speziell Managementreviews dafür sorgen, die interdisziplinäre Umsetzung nachhaltig zu sichern. Weiterhin dienen folgende Punkte als Inspiration für die Praxis:

* Reviews beziehen sich nicht nur auf Ergebnisse, sondern auch auf die Zusammenarbeit.
* Die Personen/Funktionen, die eine Kollaboration reporten, rotieren.
* Ergebnisse und Erkenntnisse werden dokumentiert, um sie in der Organisation zu teilen.
* Erfolge werden gefeiert (auch die Erkenntnis, dass ein Weg nicht ideal ist, ist ein Erfolg).

Die Verankerung der Kollaborationen in die Reportingstruktur des Managements signalisiert nicht nur die unternehmensweite Relevanz, sondern bringt diese übergreifenden Themen auf dieselbe organisatorische Ebene wie traditionelle abteilungsspezifische Reportings. Langfristig verhindert dies, dass Marketing Centricity nur als nettes Nebenprojekt neben dem Tagesgeschäft gilt, und formt es zum zentralen Treiber der Unternehmensentwicklung.

6. Schaffe Ressourcen im Marketing
Marketing Centricity fordert keineswegs, die Marketingabteilung im Unternehmen auszubauen. Speziell das Hinterfragen bestehender Maßnahmen sollte dafür sorgen, dass die bestehenden Ressourcen deutlich effektiver und effizienter im Sinne der Marketing- und Unternehmensziele eingesetzt werden. Dennoch zeigt ein Blick auf die aktuelle Aufstellung der Marketingabteilungen im B2B-Mittelstand (Vgl. Abschn. 1.2.3): Hier ist Luft nach oben. Bei allem Effizienzgewinn wird eine One-Man-Show im Marketing nicht die beschriebene Managementrolle für eine größere mittelständische Organisation übernehmen können. Transparenz und ein konsequenter Blick auf die benötigten Ressourcen für wichtige Kollaborationen sollten im Management zum Anlass genommen werden, um gemeinsam mit dem Marketing über die Marketingressourcen zu sprechen. Je nach Ausgangssituation

bieten sich neben dem klassischen Personalaufbau verschiedene Maßnahmen an, um innerhalb der Marketingfunktion im Unternehmen aufzurüsten:

- Interne Umverteilung von Aufgaben durch Kollaboration mit anderen Funktionsbereichen.
- Auslagern von Tätigkeiten an externe Agenturen und Dienstleister.
- Situativer Einsatz von Freelancern als Spezialisten für Einzelthemen.
- Identifikation von Tätigkeiten, die durch Technologie (z. B. KI, Marketing Automation) übernommen werden können.

Anders als traditionelle Managementansätze verzichtet Marketing Centricity auf Jahresbudgets oder ähnliche Mittel. Vielmehr gilt es den direkten Kommunikationsfluss und die geringen Abstimmungshürden zu nutzen, um flexibel zu reagieren und Ressourcen (finanzieller oder personeller Natur) genau dann zu schaffen, wann sie benötigt werden. In den meisten Fällen wird dies ein pragmatischer und praxistauglicher Ansatz sein, da benötigte Ressourcen im Rahmen agiler Kollaborationen nur schwer langfristig eingeschätzt werden können.

7. Schaffe eine übergreifende Informationsbasis

Daten- und Informationssilos verhindern Zielsynchronisierung, abteilungsübergreifende Kommunikation und letztlich die effektive Kollaboration im Sinne von Marketing Centricity. Ein großes Anliegen auf Managementebene sollte daher die sog. „Single Source of Truth (SSoT)" sein. Wenn etwa die Führungsmannschaft über Ergebnisse und Erkenntnisse von Kollaborationen spricht, sollten alle Beteiligten auf dieselben Informationen zurückgreifen (können). Diskussionen, die sich durch unterschiedliche Informationsstände oder fehlerhafte Daten ergeben, gilt es zu vermeiden.

Wie bereits in vorherigen Kapiteln beschrieben, bietet sich ein CRM-System (Customer Relationship Management) für viele Handlungsfelder als zentrale Informationsbasis an. Der CRM-Reifegrad ist im B2B-Mittelstand jedoch divers. Für Unternehmen, die bis dato noch kein CRM-System nutzen, ist es ratsam, sich initial mit der Thematik auseinanderzusetzen. Sofern bereits ein System im Einsatz ist, gilt es die aktuelle Nutzung (v. a. abteilungsübergreifend) und die Qualität der Informationen zu überprüfen, um Optimierungspotenziale zu erkennen.

Die übergreifende Informationsbasis muss jedoch nicht zwangsläufig ein CRM-System sein. Es bieten sich auch andere Lösungen (bspw. Power BI Dashboards) an. Hier gilt es mi den Funktionsbereichen gemeinsam zu prüfen, welche Lösung am praktikabelsten ist. Wichtig ist, dass folgende Dinge vermieden werden:

- Undokumentierte Informationen.
- Informationen, die nur einzelnen Funktionsbereichen zugänglich sind.
- Asymmetrien in den Informationen (z. B. mangelhafte Aktualität).

Gelingt eine übergreifende Informationsbasis, werden Diskussionen konstruktiv und sachbezogen geführt, um Maßnahmen im Sinne von Marketing Centricity zielgerichtet koordinieren zu können.

8. Agiere schnell und stelle Ergebnisse in den Fokus
Anstelle von langfristigen Prognosen und Planungen setzt Marketing Centricity auf Strategie durch Umsetzung. Agile Methoden (wie OKR's oder Scrum) fokussieren sich darauf, schnelle Ergebnisse am Markt zu realisieren, um die Umsetzung auf Basis der gewonnenen Erkenntnisse zu optimieren und die Strategie somit im laufenden Prozess nachzuschärfen. Managementseitig empfiehlt es sich daher, schnelle Zwischenergebnisse – etwa in Form von Minimal Viable Products (MVPs) – zu forcieren und die Diskussion um weitere Schritte, Ressourcen etc. anhand dieser Ergebnisse zu führen.

Damit verbunden bietet es sich an, vielversprechende Handlungsfelder in Kollaborationen zu pilotieren, um sie dann anhand reeller Erkenntnisse weiterzuentwickeln. Dabei stehen neue Themen ebenso wie die vorherigen Marketingmaßnahmen jederzeit auf dem Prüfstand. Letztlich gilt es im Rahmen von Marketing Centricity ein Managementsystem zu schaffen, welches alle zur Verfügung stehenden Ressourcen flexibel steuert, um sie jederzeit möglichst effektiv und effizient einzusetzen.

4.2   B2B-Marketing der Zukunft: Implikationen für Marketingleiter

Ob Head of Marketing oder Chief Marketing Officer (CMO), es gibt verschiedene Möglichkeiten, die Visitenkarte der Marketingleitung mit schönen Begriffen auszuschmücken. Fakt ist jedoch: Im Spannungsfeld zwischen operativer Umsetzung und strategischer Managementrolle (CMO = C-Level) dreht sich die Praxis vieler Marketingleiter im B2B-Mittelstand deutlich stärker um die operativen Themen. Mit Blick auf die knappen Ressourcen und die Aufgabenvielfalt ist das nicht weiter verwunderlich. Nichts desto trotz empfiehlt Marketing Centricity unbedingt: Weniger Operations, mehr Management.

Wie bereits im vorherigen Kapitel beschrieben, gehen damit wesentliche Veränderungen im (tatsächlichen) Berufsbild und der Praxis von Marketingleitern einher. Experten in Wissenschaft und Praxis bestätigen: Es braucht eine Transformation dieser Funktion im Unternehmen. Müller-Stewens et al. sprechen etwa vom sog. „Anwalt des Kunden", der als Schnittstelle zu weiteren Funktionsbereichen in agiler Zusammenarbeit dafür sorgt, den Kundennutzen sukzessiv zu optimieren. Darüber hinaus werden bereits Empfehlungen gegeben, um dies in der Praxis umzusetzen. Die Rede ist u. a.:

- vom Blick auf das Gesamtbild,
- von proaktiver Mitverantwortung für die Geschäftsentwicklung,
- von Digitalisierung der Marketingprozesse,
- von sichtbarer Kommunikation des Wertbeitrags
- und von der Handhabung eines hohen Maßes an Komplexität (Vgl. Müller-Stewens et al., 2020, S. 555 ff.).

Wenngleich sich diese Empfehlungen nicht konkret auf den B2B-Mittelstand beziehen, ist doch eine starke Nähe zu den Implikationen zu erkennen, die sich im Kontext von Marketing Centricity ergeben. So wird die Marketingleitung in vielen Fällen die zentrale Figur darstellen, um die Marketingfunktion aufzuwerten, die generalistische Managementrolle des Marketing zu realisieren, Kollaborationen zu koordinieren und die interdisziplinäre Zusammenarbeit zu steuern. Dass es dazu eine gewisse Zuarbeit aus der Managementebene benötigt, zeigt Abschn. 4.1. Es reicht jedoch nicht aus, darauf zu warten, dass die Unternehmensführung den roten Teppich ausrollt. In Position der Marketingleitung gibt es einige Möglichkeiten, um die Transformation des Marketing proaktiv zu gestalten. Wie also sollte sich die Marketingleitung im B2B-Mittelstand aufstellen, um die Marketingfunktion im Sinne von Marketing Centricity in der Gesamtorganisation zu positionieren?

1. Vom reaktiven zum proaktiven Marketing

Für den operativen Erfüllungsgehilfen ist im künftigen B2B-Marketing kein Platz mehr. Entsprechend können Marketingmaßnahmen nicht länger die Reaktion auf Anforderungen aus Management, Vertrieb und Co. sein. Proaktives Marketing bedeutet, auf Basis einer klaren Strategie zu agieren und alle Marketingmaßnahmen von dieser Strategie abzuleiten. Für Marketingleiter empfiehlt es sich unbedingt, eine solche Marketingstrategie zu entwickeln und durchzusetzen.

Wie bereits mehrfach in diesem Buch beschrieben, entsteht eine praxisfähige Marketingstrategie nicht im stillen Kämmerlein. Ebenso wenig ist sie als starrer Fahrplan zu verstehen, von dem nicht abgewichen werden darf. Vielmehr sollten Marketingleiter ihre Kollegen aus Management, Vertrieb, HR und Co. in die Pflicht nehmen, an der Strategie mitzuwirken. So entsteht eine interdisziplinäre Diskussion um Ziele und Anforderungen, mögliche Handlungsfelder und Maßnahmen sowie benötigte Ressourcen für die Umsetzung. Anstatt also im laufenden Tagesgeschäft immer wieder auf spontane (kleine wie große) Anforderungen zu reagieren, werden Ziele und Anforderungen sauber von den Unternehmenszielen abgeleitet und in ein System gegossen, welches als agiles Fundament für alle Marketingaktivitäten dient.

Diese Herangehensweise wird zwangsläufig den Blick der anderen Funktionsbereiche auf die Marketingfunktion verändern. Während es ein Leichtes ist, situativ Anforderungen zu formulieren und Aufgaben zu verteilen, gilt es nun Ziele zu synchronisieren, Zielkonflikte zu identifizieren, Zusammenhänge zu erkennen, Wertbeiträge zu ermitteln, Maßnahmen auf den Prüfstand zu stellen und Ressourceneinsatz transparent zu machen. Diese intensive Auseinandersetzung mit der Marketingfunktion schafft ein besseres Verständnis für die Arbeit im Marketing und die Hintergründe von Maßnahmen, was wiederum zentral ist, um die Marketingfunktion in der Gesamtorganisation aufzuwerten.

2. Schaffe ein System und verteidige dieses System
Wenn im Rahmen der Strategieentwicklung ein Zielsystem entsteht – etwa in Form von Objectives und Key Results (OKR's) – bildet dies die Basis zur Umsetzung von Marketing Centricity. Ein solches System gilt es nicht nur einmalig zu entwickeln und abzustimmen, sondern v. a. im laufenden Prozess zu verteidigen. Bereits mehrfach wurde auf den hohen Veränderungsgrad von Marketing Centricity hingewiesen. Dies bedeutet in erster Linie eine Umstellung in der Art und Weise, wie andere Funktionsbereiche mit der Marketingabteilung zusammenarbeiten.

So wird eine Vertriebsleitung, auch wenn sie an der Strategieentwicklung partizipiert und ihr Commitment zur Marketingstrategie gibt, nicht von heute auf morgen aus alten Mustern ausbrechen. Selbst unter besten Absichten ist es wahrscheinlich, dass es kurz- bis mittelfristig zu situativen Anforderungen kommt, welche die Marketingfunktion als operativen Gehilfen adressieren. Hierauf sollten Marketingleiter ein besonderes Augenmerk legen. Das bedeutet nicht, dass von der Marketingstrategie abweichende Aufgaben oder spontane Assets gänzlich ausgeschlossen sind (auch das wäre wenig praxistauglich). Jedoch geht die Marketingleitung mit der Marketingstrategie ein eigenes Commitment auf einen neuen Wertbeitrag des Marketing an der Unternehmensentwicklung ein. Damit geht die Verpflichtung einher, diesen Wertbeitrag auch zu realisieren. Aufgaben im traditionellen Sinne des Erfüllungsgehilfen dürfen daher nicht auf Kosten der Ressourcen erledigt werden, die es zur Umsetzung der Marketingstrategie benötigt.

Um der anvisierten Stellung des Marketing in der Gesamtorganisation gerecht zu werden, empfiehlt sich in der Praxis eine „klare Kante", kombiniert mit enger, konstruktiver Zusammenarbeit mit den Stakeholdern innerhalb der anderen Funktionsbereiche. Klare Kante bedeutet in diesem Kontext, auf die saubere Umsetzung der durch die Marketingstrategie definierten Maßnahmen und Kollaborationen zu bestehen und diese im Rahmen von Diskussionen konsequent als Argumentationsgrundlage zu nutzen (Umsetzung der Marketingstrategie als Priorität). Darüber hinaus gilt es den zumeist vorhandenen direkten Draht zum Management, zu Vertriebsleitung und Co. zu nutzen, um konstruktiv im engen Austausch zu bleiben. So können Lösungen gefunden werden, um auch weiterhin spontane Themen zu integrieren. All dies jedoch in einem Rahmen, der Stakeholder zufriedenstellt und gleichzeitig die Marketingstrategie nicht gefährdet. Ein konstruktiv argumentiertes „Nein" wird ebenfalls dazugehören und sollte fester Bestandteil des Werkzeugkoffers einer Marketingleitung im B2B-Mittelstand sein.

3. Schaffe Verbündete in den richtigen Positionen

Die praxistaugliche Umsetzung von Marketing Centricity lebt von Verbündeten. Eine zentrale Aufgabe von Marketingleitern im B2B-Mittelstand wird es sein, enge Beziehungen zu den Stakeholdern in den anderen Funktionsbereichen zu pflegen. In erster Linie sind diese Stakeholder das Management, die Vertriebsleitung, die Personalleitung und ggf. Führungskräfte in Produktmanagement und/oder F&E. Ein konstruktives Verhältnis zu diesen Personen auf Basis einer gemeinsam entwickelten Marketingstrategie ist die Basis, damit interdisziplinäre Kollaborationen nicht nur entstehen, sondern auch nachhaltig umgesetzt werden können.

Die Praxis im B2B-Mittelstand ist vor allem determiniert durch knappe Personalressourcen. Nicht nur die Marketingabteilung jongliert die Arbeitszeit ihrer Mitarbeitenden entlang diverser Handlungsfelder. Auch Vertriebler, Produktmanager und v. a. Führungskräfte werden ihre Zeit nicht ohne

Weiteres in Kollaborationen investieren können. So steht Marketing Centricity immer in direkter Konkurrenz zu anderen Themen, die sich im Arbeitsalltag ergeben. Entsprechend muss eine belastbare Priorisierung entstehen. Führungskräfte als Verbündete der Marketingleitung können eine solche Priorisierung realisieren, was zu Beginn der Transformation besonders wichtig ist. Im weiteren Verlauf der Umsetzung werden messbare Ergebnisse und Gewöhnungseffekte eine zusätzliche Basis darstellen. Bis dies jedoch der Fall ist, ist Stakeholdermanagement ein zentraler Erfolgsfaktor für Marketing Centricity.

4. Fordere den direkten Kontakt zum Management ein

Wenn von Verbündeten die Rede ist, wird die Geschäftsleitung der wohl wertvollste Verbündete für Marketingleiter sein. Hier gilt es den großen Vorteil der direkten Beziehung zwischen Marketingfunktion und Managementebene im B2B-Mittelstand zu nutzen. So wird eine Marketingstrategie nur dann Früchte tragen, wenn sie nachhaltig vom Management getragen wird. Um den Rückhalt und die Legitimation zu erlangen, ist der direkte Kontakt das beste Werkzeug.

Es empfiehlt sich daher, eine feste Reportingstruktur zu etablieren. So stellen Marketingleiter sicher, dass das Management zu jedem Zeitpunkt über Ergebnisse und Erkenntnisse der Marketingmaßnahmen informiert ist. Zugleich dienen diese Ergebnisse als Argumentationsgrundlage, um weitere Schritte innerhalb der Kollaborationen gehen zu können, Ausweitungen von Handlungsfeldern anzustoßen und weitere Ressourcen für erfolgversprechende Themen einzuholen.

Im Idealfall verankert der direkte Kontakt Marketing Centricity nicht nur auf oberster Managementebene, sondern sorgt auch dafür, dass das Management als Promoter der Themen auftritt (Vorbildfunktion). Es wird ungleich einfacher sein, Menschen im Unternehmen für Marketing-Centricity-Kollaborationen zu begeistern, wenn die Themen sicht- und spürbar aus dem Management heraus getrieben werden. Darüber hinaus steigert die aktive Teilhabe des Managements an den Themen sukzessiv das Verständnis für Marketing als Werttreiber. All das wirkt sich positiv auf die o. g. Transformationsbereitschaft im Unternehmen aus.

5. Ermögliche Wissensaufbau im Marketingteam

Marketing Centricity ist nicht nur organisatorisch, sondern auch inhaltlich eine große Herausforderung. Dabei wird sich der B2B-Mittelstand mit der Tatsache abfinden müssen, dass es unmöglich ist, alle Qualifikationen, die es zur Umsetzung der diversen Marketingmaßnahmen benötigt, in den eigenen

Reihen zu finden. Über Möglichkeiten des Outsourcing wurde hier bereits gesprochen. Darüber hinaus empfiehlt Marketing Centricity einen pragmatischen, explorativen Umgang mit der Themenvielfalt, welche die Unternehmens- und Marketinglandschaft mit sich bringt. Die Tatsache, dass sich kein Spezialist für Marketing Automation oder Social Selling im Unternehmen befindet, sollte einen Marketingleiter keinesfalls abschrecken, diese Themen trotzdem anzugehen.

Digitalisierung sorgt nicht nur dafür, dass sich die Handlungsfelder in rasantem Tempo erweitern, sie stellt auch eine Vielzahl an Möglichkeiten zur Verfügung, um sich Expertise rund um diese Handlungsfelder anzueignen. Sei es durch Online-Schulungsprogramme, Blogbeiträge, YouTube-Videos oder den direkten Expertenaustausch via LinkedIn und Co.: Wissen ist abrufbar. Als Marketingleiter sollte es ein besonderes Anliegen sein, den pragmatischen Wissensaufbau im eigenen Team zu fördern.

Am besten funktioniert dies natürlich anhand der konkreten Kollaborationen. So beinhaltet die Umsetzung immer auch einen Lernprozess. Die Aneignung und Verteilung von Wissen (im Marketingteam und darüber hinaus) ist zentral, um Kollaborationen zum Erfolg zu führen. „Learning by Doing" ist ein Credo, welches jedem Marketingteam im B2B-Mittelstand helfen wird. Für Marketingleiter empfiehlt es sich, Teammitglieder gezielt mit Themen zu betrauen, in denen es eine Expertise aufzubauen gilt. Im Rahmen der agilen Umsetzung dieser Themen sollte dieser Wissensaufbau schließlich dokumentiert und für alle anderen Teammitglieder nutzbar gemacht werden.

6. Bilde Teams, die über die Marketingabteilung hinausgehen

Marketing Centricity als Framework zeigt auf, dass Marketing keine Exklusivaufgabe der Marketingabteilung ist. Idealerweise werden die meisten Marketingthemen (wie in den diversen Beispielen in diesem Buch beleuchtet) innerhalb interdisziplinärer Teams in Kollaborationen bearbeitet. Das bedeutet für Marketingleiter, dass das eigene Team konsequent über die Marketingabteilung hinaus gedacht werden sollte. Diese Art der Teamkoordination gibt eine neue Perspektive auf Ressourcen, denn nicht alles, was marketingseitig initiiert wird, muss zwangsläufig innerhalb der Marketingabteilung umgesetzt werden. Marketing Centricity empfiehlt möglichst viel Freiheit in der Ausgestaltung und Koordination von Themen und Kollaborationen.

Die meisten Marketingthemen tangieren ohnehin diverse Funktionsbereiche im Unternehmen. Sei es die Digitalkampagne für und mit dem Vertrieb oder der Produktlaunch gemeinsam mit dem Produktmanagement, die Effektivität und Qualität der Umsetzung steigt durch den Abbau von Silos.

Jede Kollaboration, die über die Zeit im Rahmen von Marketing Centricity entsteht, trägt ihren Teil dazu bei, dass Marketing in der gesamten Organisation über die Marketingabteilung hinaus gedacht wird.

Dies kann und sollte ebenfalls beinhalten, über Unternehmensgrenzen hinauszudenken. Darunter fällt nicht nur die Integration von Freelancern, Agenturen, Beratern oder anderen Dienstleistern. Auch befinden sich mittelständische B2B-Unternehmen oft in sehr enger Kooperationen mit anderen Marktteilnehmern, wie bspw. Lieferanten und Technologiepartnern. Es empfiehlt sich unbedingt, diese externen Partner bei der Planung und Durchführung von Kollaborationen zu berücksichtigen und sich folgende Fragen zu stellen:

- Wie können externe Partner unsere Umsetzung optimieren (Effektivität oder Effizienz)?
- Wo ergeben sich Synergieeffekte zwischen unseren Zielen und denen externer Partner?
- Wie kann eine gemeinsame Umsetzung mit externen Partnern aussehen?

Auf diese Weise werden nicht nur (interne wie externe) Ressourcen gebündelt, sondern es entsteht ein gemeinsames Verständnis dafür, dass Vermarktung – ganz im Sinne des modernen Marketing – die Aufgabe aller Akteure im Unternehmen und um das Unternehmen herum ist. So wird Marketing von einer starren Abteilung zu einem agilen Netzwerk.

7. Fokussiere dich auf Umsetzung und Ergebnisse

Die initiale Herausforderung eines jeden Marketingleiters im Rahmen von Marketing Centricity ist die Entwicklung der Marketingstrategie. Wir sollten jedoch nicht dem Irrglauben unterliegen, dass damit die Strategisierung und Aufwertung der Marketingfunktion abgeschlossen sei. Ganz im Gegenteil: Wer einen Platz am Tisch fordert, wird sich diesen Platz verdienen müssen. Durch eine steigende Anspruchshaltung seitens der Marketingfunktion steigen auch die Erwartungen, die gegenüber Marketingleitern und ihrem Team gestellt werden.

Der beste Weg, um den Erwartungen aus Management, Vertrieb und Co. zu begegnen, sind messbare Ergebnisse. Speziell digitale Marketingmaßnahmen bieten die Möglichkeit, durch Datenanalyse belastbare Ergebnisse zu schaffen. Im Rahmen der Kollaborationen sollte es daher ein besonderes Anliegen sein, durch agile Umsetzung schnell Output zu generieren, der Ergebnisse am Markt liefert. Natürlich wird es in den wenigsten Fällen so sein, dass in den ersten Wochen schwindelerregende Verkaufszahlen entstehen.

Belastbare Ergebnisse sind nicht gleichzusetzen mit einer unrealistischen Erwartungshaltung. Dennoch tun Marketingleiter gut daran, bereits kurzfristig erste Daten und Erkenntnisse ans Management zu reporten, um anhand dieser Erkenntnisse die nächsten Schritte zu definieren. Nicht nur, dass eine sachbezogene Auseinandersetzung Managemententscheidungen nach Bauchgefühl verhindert, es stützt auch die systematische Herangehensweise und zeigt auf, wie aus strategischer Planung operative Umsetzung resultiert.

8. Mache Daten zu deinem Verbündeten
In digitalen Zeiten sind Daten Gold. Marketingleiter sollten sich aus unterschiedlichen Gründen unbedingt mit Datenanalysen und datenbasierten Entscheidungen auseinandersetzen. Der erste Grund wurde bereits genannt: Daten verhindern Bauchgefühl. Speziell bei Marketingthemen ist es hilfreich, wenn Diskussionen auf Basis von Daten und Informationen geführt werden. Bis dato basieren viele Entscheidungen im B2B-Mittelstand auf dem Bauchgefühl bzw. Erfahrungswerten aus dem Management. Ein zentraler Wertbeitrag, der seitens der Marketingfunktion geleistet werden kann, ist eine solide Datenbasis, um Entscheidungsfindung dadurch zu stützen.

Darüber hinaus sind Daten eine hervorragende Basis zur Steuerung. In strategischer Managementfunktion werden Marketingleiter in die Pflicht genommen, Ressourcen möglichst effektiv und effizient einzusetzen. Datenanalyse hilft nicht nur dabei, innerhalb der einzelnen Maßnahmen Optimierungen vorzunehmen, sondern gibt Marketingleitern die notwendigen Informationen, um Ressourcen so zu verteilen, dass sie bestmöglich auf die definierten Marketing- und Unternehmensziele einzahlen.

Wichtig ist: Daten werden selten auf dem Silbertablett serviert. Auch wenn viele Plattformen es so simpel aussehen lassen, ist es lohnenswert, sich mit weiteren Möglichkeiten der Generierung, Analyse und Nutzung von Daten auseinanderzusetzen. So helfen diverse Tools und Anwendungen dabei, bestehende Daten anzureichern und neue Daten zu generieren. Auch klassische Wege wie Kundeninterviews sind nach wie vor vielversprechend, um Informationen zu generieren und für die Unternehmensentwicklung zu nutzen.

9. Achte konsequent auf Effizienzsteigerung
An einer Tatsache wird auch Marketing Centricity nichts ändern: (Marketing) Ressourcen sind knapp. Auch wenn die Transformation im Unternehmen dafür sorgt, dass dem Marketing mehr Ressourcen zur Verfügung stehen, wird die Themenvielfalt eine mitunter noch akribischere Auseinandersetzung mit

der passenden Ressourcenverteilung notwendig machen. Einige der bis hierher genannten Implikationen helfen bereits dabei, Ressourcen effektiv und effizient einzusetzen.

Abschließend soll jedoch ein Punkt nochmals hervorgehoben werden: Technologienutzung im Marketing. So steht Marketingleitern und ihren Teams mittlerweile eine Vielzahl an digitalen Werkzeugen zur Verfügung, um die Effizienz im Marketing zu steigern. Es lohnt sich daher ein steter Blick auf alle Prozesse, die innerhalb der Marketingabteilung und in angrenzenden Bereichen durchgeführt werden.

- Lassen sich Prozesse standardisieren, um sie im Anschluss zu automatisieren?
- Können Tools genutzt werden, um Prozesse zu beschleunigen und den manuellen Aufwand zu reduzieren?

Je besser Marketingleiter mit solchen Möglichkeiten vertraut sind, desto besser können sie die Integration von effizienzsteigernden Maßnahmen fördern.

4.3 B2B-Marketer der Zukunft: Implikationen für Marketing Manager

Der B2B-Mittelstand hat ein besonders ambivalentes Verhältnis zu seinen Marketing Managern. Zum einen werden gute B2B-Marketer händeringend gesucht, zum anderen ist die Position des Marketing Managers die wohl am meisten unterschätzte Position in den Unternehmen. Im Kontext all der Herausforderungen und Handlungsfelder, die mit Marketing Centricity einhergehen, kommt den Marketing Managern eine besondere Rolle zu. Statt weiterhin Erfüllungsgehilfe des Vertriebs zu sein, gilt es, die B2B-Marketer der Zukunft zur treibenden Kraft in der Umsetzung der Marketing-Centricity-Kollaborationen zu transformieren. Was also können Marketing Manager tun, um sich für diese Aufgabe zu rüsten?

1. Den Generalisten gehört die Zukunft
Die „eierlegende Wollmilchsau" ist keine Neuheit im B2B-Mittelstand, doch was unterscheidet einen wirksamen Generalisten von der eierlegenden Wollmilchsau? Während die Redewendung suggeriert, eine Person könne alles und setze jedes Thema in absoluter Perfektion um (offensichtlich eine Utopie), ist die Rolle des Marketinggeneralisten deutlich pragmatischer zu

verstehen und dadurch reell in der Praxis umsetzbar/auffindbar. Hier geht es nicht darum, jedes Marketingthema – von Social Media über Recruiting-kampagnen bis zum CRM-System – in Perfektion zu beherrschen und um-zusetzen. Vielmehr gilt es Grundkenntnisse in all diesen Disziplinen aufzu-bauen, um in der Lage zu sein, Themen zu bewerten, Umsetzung zu steuern und bis zu einem gewissen Grad auch selbst umzusetzen.

Dieser Grad der Umsetzung mag manchen Lesern oberflächlich erschei-nen, doch ist er in vielen Anwendungsfällen im B2B-Mittelstand vollkom-men ausreichend. Während ein großes E-Commerce-Unternehmen von den Erfahrungswerten eines spezialisierten E-Mail-Marketers profitieren wird (weil dieser bereits diverse Szenarien, Sequenzen, Automationen etc. im Re-pertiore hat), werden diese detaillierten Erfahrungswerte im B2B-Mittel-stand in vielen Fällen (anfänglich) überhaupt nicht benötigt. Hier geht es mehr um die grundlegenden Hausaufgaben als um die hochspezialisierten Detailoptimierungen. Anstatt also der Spezialist für eine einzige Marketing-disziplin zu sein, wird eine übergreifende Grundkompetenz deutlich mehr Wirkung in der Praxis zeigen. Generalisten setzen nicht nur um, sondern verknüpfen Disziplinen, vergleichen sie gegeneinander, finden Synergien und entscheiden sich im Zweifel auch gegen einzelne Maßnahmen, wenn sie nicht zielführend sind (während ein E-Mail-Marketingspezialist wohl kaum seine eigene Disziplin einstampfen würde).

Nichts desto trotz wird es auch im B2B-Mittelstand Spezialisten brau-chen. Sobald die Grundkenntnisse der Marketinggeneralisten für die Umset-zung nicht mehr ausreichen, gilt es ganz im Sinne der Managementrolle (in-terne wie externe) Experten hinzuzuziehen und die Kollaboration mit diesen Experten zu steuern.

2. Echte Digitalkompetenz entsteht durch Umsetzung

Im digitalen Zeitalter ist die alte Weisheit von Sokrates („Ich weiß, dass ich nichts weiß.") aktueller denn je. Kein Mensch ist in der Lage, zu jedem Zeit-punkt über alle Digitalthemen, Trends und Entwicklungen Bescheid zu wis-sen, geschweige denn das Know-how zur Umsetzung dieser Themen aufzu-bauen. Das sollte jedoch niemanden davon abhalten, zu jedem Zeitpunkt konsequent in die Umsetzung zu gehen. Digitale Handlungsfelder verän-dern die traditionellen Mechanismen der Umsetzung. An Stelle von „Erst planen und Kompetenz aufbauen, dann umsetzen" tritt die agile Herange-hensweise „Planen durch umsetzen, lernen durch umsetzen". Natürlich ist dies kein Freifahrtschein, um sämtliche Maßnahmen blind „rauszufeuern" und sich dann mit der Begründung „agil" zu entschuldigen. Es empfiehlt sich lediglich der altbekannte Mut zur Lücke, da diese Lücke ohnehin nur durch reelle Umsetzung geschlossen werden kann.

Digitalkompetenz bedeutet demnach nicht, einen digitalen Kanal in- und auswendig zu kennen. Es bedeutet, in der Lage zu sein, digitale Umsetzung auf Basis von aktuellen Daten und Informationen zu steuern. Da diese Daten nicht vor, sondern während der Umsetzung entstehen, finden auch Planungsprozesse und Kompetenzaufbau während der Umsetzung statt. Beispielsweise wird LinkedIn für viele B2B-Mittelständler ein attraktiver Marketing- und Vertriebskanal sein. Nun kann und sollte sich ein Marketing Manager Grundkenntnisse zu LinkedIn aneignen. Die Plattform als solches und v. a. die individuellen Zusammenhänge in der eigenen Branche (relevante Themen, technische Leitplanken, Präferenzen der Zielgruppe) können sich jedoch täglich ändern. Explorative Umsetzung sorgt für die notwendigen Erkenntnisse, um den Veränderungen gerecht zu werden.

3. Traue dich, Manager zu sein

Kaum eine Personengruppe wird die Strategisierung des Marketing so hautnah zu spüren bekommen wie die Marketing Manager. Damit einher geht die Identifikation mit einer veränderten eigenen Rolle in der Gesamtorganisation. Marketing Manager sind nicht länger diejenigen, die – überspitzt formuliert – kopfnickend jede Anforderung hinnehmen und umsetzen. Sie planen und steuern ihre Umsetzung (und die Umsetzung anderer im Rahmen der Kollaborationen) selbst (Vgl. Abschn. 2.2.3). Damit einhergehend gilt es zwei Dinge zu beherrschen: Aufgaben abgeben und „Nein" sagen.

Je kleiner die Marketingabteilung ist (speziell wenn es sich um eine One-Man-Show handelt), desto schwieriger wird es fallen. Marketing Manager sind es gewohnt, Ideen nicht nur einzubringen, sondern im Anschluss auch für die gesamte Umsetzung zuständig zu sein. Im Rahmen von Marketing Centricity verändert sich das. Die Marketingabteilung ist nicht länger beschränkt durch die eigenen Abteilungsgrenzen. Aufgaben gilt es nicht mehr allein innerhalb der Marketingabteilung zu erledigen, sondern in Kollaboration mit weiteren internen wie externen Personen. Erfolgsentscheidend ist nicht länger die reine Umsetzung von Aufgaben, sondern die wirksame Steuerung dieser. Dazu gehört es nun einmal auch, Aufgaben konstruktiv zu hinterfragen und im Zweifel abzulehnen, wenn sie der Planung entgegen stehen und Ziele gefährden (ähnlich der Implikationen für die Marketingleitung).

4. Baue Beziehungen auf

Manager benötigen Verbündete. Ähnlich wie auch die Marketingleitung werden Marketing Manager in der operativen Steuerung und Umsetzung erfolgreicher sein, wenn sie gute Beziehungen zu anderen Personen, Funktionsbereichen etc. pflegen. Während die reine Umsetzung von Marketingmaßnahmen – mal abgesehen vom Einholen von Informationen – noch gut in Eigenregie funktionierte, machen es sowohl die Vielzahl der Marketingthemen als auch die inhaltliche Natur der Themen zwingend erforderlich zu kollaborieren. Social Selling funktioniert nicht ohne den Vertrieb, ein Produktlaunch funktioniert nicht ohne das Produktmanagement und eine Recruitingkampagne funktioniert nicht ohne die Personalabteilung. Je stärker die Beziehungen eines Marketing Managers sind, desto effektiver funktionieren die Steuerung von Aufgaben, der Austausch von Erfahrungen und die Zusammenarbeit an gemeinsamen Themen.

Neben internen Beziehungen empfiehlt es sich auch über den Tellerrand des eigenen Unternehmens hinauszuschauen. Dabei sei nicht nur auf die Zusammenarbeit mit Agenturen, Beratern und Freelancern hingewiesen, sondern auch auf Networking als solches. Sei es traditionell über Networkingevents oder digital über Plattformen wie LinkedIn: Marketing Manager haben heute diverse Möglichkeiten, sich ein starkes Netzwerk aufzubauen. Ein solches Netzwerk hilft bei konkreten Fragestellungen („Ich brauche einen Experten für XYZ" oder „Ich habe ein Problem bei XYZ, wer kennt eine Lösung?") oder dient der eigenen Inspiration, um sich über Themen, Trends und Entwicklungen auf dem Laufenden zu halten.

5. Lerne, handle, argumentiere und entscheide anhand von Ergebnissen

Dem ein oder anderen Marketing Manager wird die abwertende Beschreibung „die mit den bunten Bildchen" durchaus geläufig sein. Nun zielt Marketing Centricity – getrieben von den Entwicklungen des Digitalmarketing – darauf ab, die Marketingfunktion zu einem zentralen Werttreiber im Unternehmen zu transformieren. Dieser Wert bemisst sich an Ergebnissen. Entsprechend gilt es für Marketing Manager, Ergebnisse zum Zentrum ihrer Arbeit zu machen. Das mag nicht weiter erwähnenswert klingen – immerhin zielen Aktivitäten doch immer auf ein Ergebnis ab – doch es hat definitiv seine Daseinsberechtigung in dieser Auflistung. Erfahrungen zeigen, dass viele Maßnahmen im Marketing (bspw. Social-Media-Präsenzen) mehr dem Selbstzweck dienen, anstatt sie an Zielen und einer übergeordneten Strategie auszurichten. Sätze wie „Das sollte man ja heutzutage machen." sind dabei nicht ungewöhnlich.

Im Selbstverständnis des Werttreibers haben solche Aussagen jedoch keinen Platz mehr. Stattdessen tun Marketing Manager gut daran, mit all ihren Aktivitäten Ergebnisse zu erzeugen, die auf die übergeordnete Marketingstrategie einzahlen und sich entsprechend argumentieren lassen. Bunte

Bildchen werden nur noch dann produziert, wenn sie zu Ergebnissen führen. Kollaborationen im Rahmen von Marketing Centricity zielen auf schnelle Ergebnisse ab, die wiederum zu Erkenntnissen und Optimierungen führen. Eine solche Vorgehensweise ist die Grundlage, um Bottom-up dafür zu sorgen, dass die Marketingfunktion eben den Rückhalt erhält, den es zur Transformation und nachhaltigen Aufwertung benötigt.

6. Fordere direkten Kundenkontakt ein

Vielen Marketern im B2B-Mittelstand wird nachgesagt, nicht nah genug am Kunden zu sein, um wirklich kundenzentriert entscheiden und handeln zu können. Kundenkontakt bleibt in vielen Branchen ein Exklusivrecht des Vertriebs. Marketing Centricity jedoch benötigt und fordert Marktnähe, vor allem auf der Ebene der Marketing Manager. Der Vorteil vieler mittelständischer B2B-Unternehmen ist der bestehende direkte Kundenkontakt. Es bestehen keine anonymen Kundenbeziehungen, sondern persönliche Kontakte zum Buying Center. Diese Kontakte gilt es im Marketing zu nutzen, um Erfahrungen zu sammeln, Erkenntnisse zu gewinnen und die eigene Arbeit daran auszurichten. Augenhöhe zum Vertrieb entsteht dann, wenn kein kundenbezogenes Informationsdefizit mehr besteht.

Marketing Manager haben verschiedene Möglichkeiten, um in den direkten Kundenkontakt zu treten. Sie können bspw. an Kundenbesuchen oder Vertriebsmeetings teilnehmen, entweder als aktiver Teil der Konversation oder auch als stiller Beobachter. Darüber hinaus bieten sich systematische Kundeninterviews – etwa regelmäßige Befragungen zur Kundenzufriedenheit – an, um explizit an Kundeninformationen zu gelangen. So sind Marketing Manager in der Lage, ihre Informationsbasis (wie Online-Daten über Kundenverhalten) zu erweitern und ihr Verständnis für Kundenbedürfnisse, Kaufprozesse etc. zu vertiefen. Gleichzeitig entsteht ein wichtiger Gegenpol zum Vertrieb als alleiniger Interpret von Kundeninformationen. Unterschiedliche Perspektiven auf den Kunden, die sich aus dem direkten Kontakt ergeben, erhöhen die Wahrscheinlichkeit, dass Kundeninformationen richtig gedeutet und somit wirksam für die eigene Vermarktung genutzt werden.

7. Setze um. Lerne. Optimiere

Diese letzte Implikation kombiniert schließlich Ergebnisorientierung und Wissensaufbau und ist somit die wohl wichtigste Empfehlung an Marketing Manager im B2B-Mittelstand. Agile Vorgehensweisen im Sinne von Marketing Centricity fokussieren sich immer auf Umsetzung. Dabei geht es nicht darum, dass jede Maßnahme von Beginn an die gewünschten Ergebnisse erzielt. Eine solche Erwartungshaltung ist utopisch und somit nicht praxistauglich. Vielmehr geht es darum, mit jeder Maßnahme, jeder Initiative und jedem neuen Zyklus zu lernen. Alle Aktivitäten sollten darauf abzielen, neue Erkenntnisse zu gewinnen, welche wiederum die Grundlage für Optimierungen darstellen. So entwickeln sich sowohl die einzelnen Handlungsfelder als auch die Marketingfunktion als solches weiter, was am Ende des Tages der Motor zur Verankerung von Marketing Centricity in der Gesamtorganisation ist.

Literatur

Buch

Kröger, J., & Marx, S. (2024). *Agiles Marketing. Wie Marketing in dynamischen Zeiten zum Business Enabler wird* (2. Aufl.). Springer Gabler.
Staudacher, J. (2021). *Kundenorientierung. Grundlagen, Modelle und Best Practices für eine erfolgreiche Transformation*. Springer Gabler.

Beitragswerke

Müller-Stewens, B., Müller-Stewens, G., & Müller-Stewens, J. (2020). Der Chief Marketing Officer – Auf der Suche nach Mehrwert. In M. Bruhn, C. Burmann, & M. Kirchgeorg (Hrsg.), *Marketing Weiterdenken. Zukunftspfade für eine marktorientierte Unternehmensführung* (2. Aufl., S. 555–574). Springer.

5

Fazit und Ausblick

„Es war nie der Plan, dass daraus mal ein explizites Modell, geschweige denn ein gesamtes Buch entstehen würde", so meine Worte im Vorwort dieses Buches, und weiter: „But here we are." And here we are. Knappe 60.000 Worte später liegt das Urteil darüber, ob ich dem Anspruch eines praxisorientierten Werkes zur Transformation von Marketing im B2B-Mittelstand gerecht geworden bin, beim Leser selbst. Denn genau dort muss es liegen: bei den Menschen, – den Unternehmern, Marketingleitern und Marketing Managern in der Praxis – die Marketing Centricity letztlich in die Umsetzung bringen. Der Anspruch war es, ein Managementsystem zu schaffen, welches es verschiedenen Bezugsgruppen im B2B-Mittelstand ermöglicht, Veränderung voranzutreiben und ihre Unternehmen angesichts der großen Herausforderungen zukunftsfähig aufzustellen. Resultierend aus der Erkenntnis: All die Themen, die sich um die mittelständischen B2B-Unternehmen herum auftun, sind am Ende des Tages Marketingthemen. So gut wie alle unternehmerischen Fragen sind letztlich Vermarktungsfragen. In konsequenter Umsetzung von Marketing Centricity finden wir Antworten auf diese Fragen.

Bleibt die abschließende Frage mit Blick in die Zukunft: Wird der B2B-Mittelstand sich transformieren? Wohlwissend, dass die Beantwortung dieser Frage einem Blick in die Glaskugel gleichkommt, sage ich: Ja, er wird. Ich bin zuversichtlich, dass eine Veränderung in der Art und Weise, wie Vermarktung im B2B-Mittelstand gedacht und gelebt wird, stattfindet. Und zwar nicht nur in einzelnen Unternehmen, sondern flächendeckend. Der Grund liegt auf der Hand: Transformation entsteht nicht innerhalb einer komfortablen Marktsituation. Transformation entsteht dann, wenn

© Der/die Autor(en), exklusiv lizenziert an Springer Fachmedien Wiesbaden GmbH, ein **197**
Teil von Springer Nature 2025
T. Fangmann, *Marketing-Centricity im B2B-Mittelstand,*
https://doi.org/10.1007/978-3-658-48868-0_5

die Marktverhältnisse es dringend erforderlich machen. In einer solchen Situation befinden wir uns sowohl gesamtwirtschaftlich als Industriestandort Deutschland als auch speziell im B2B-Mittelstand.

Es gibt Wege, um mit genau dieser Situation umzugehen. Die Wege mögen unklar erscheinen, denn eine VUCA-Welt macht geradlinige Langzeitplanung zu einer utopischen Wunschvorstellung. Doch genau hier greift – es könnte im Kontext von Marketing Centricity kaum passender sein – das bekannte Sprichwort des deutschen Schriftstellers Franz Kafka: „Wege entstehen dadurch, dass man sie geht." In dem Sinne wünsche ich gutes Gelingen und viel Freude bei der Umsetzung der Implikationen aus diesem Buch.

The manufacturer's authorised representative in the EU is Springer
Nature Customer Service Centre GmbH, Europaplatz 3, 69115 Heidelberg,
Germany. If you have any concerns regarding our products, please
contact ProductSafety@springernature.com

Printed and bound by CPI Group (UK) Ltd, Croydon, CR0 4YY

28/04/2026

02098516-0008